대학생을 위한

창의적 글쓰기와 토론

남기택 • 최도식 • 국원호 • 박상익 지음

삼경문화사

머리말

현대사회를 가리켜 담론(discourse)의 시대라고 한다. '성공적 자기 PR'이나 '설득의 윤리학'과 같은 주제가 시대의 화두가 되고 있는 작금의 현상도 효과적인 자기표현의 중요성을 반증하는 사례이다. 오늘날과 같은 경쟁사회에서는 자신이 지닌 실력만이 아니라 그것을 어떻게 효과적으로 표현하고 타인을 설득하느냐의 능력이 중요한 경쟁력이 되고 있음을 볼 수 있다. 대학에서 글쓰기 교육이 강화되어야 하는 이유는 담론과 설득의 시대라고 하는 당대의 사회적 실정과 밀접히 연동된다. 적극적 자기표현을 통해 사회와 공동체에 능동적으로 참여할 수 있을 때 비로소 자아의 실현이나 합리적 삶의 가능성이 열리게 된다.

이러한 성과 중심적 시대가 도래한 배경에는 자본주의의 보편화와 이에 따라 점차 미분화되는 사회 변모의 과정이 전제되어 있다. 지성인을 양산하는 최고 학부로서의 대학 교과 과정에서는 현 사회의 특성이 반영되어야 할 것이다. 요컨대 시대에 걸맞은 지식인으로서의 기본 자질을 함양하기 위해서는 모국어를 이해하고 이를 바탕으로 효과적으로 자신의 의사를 전달할 수 있게끔 하는 글쓰기 교육이 필수적 과정이라 하겠다.

이 책은 강원대학교 학생들을 위한 글쓰기 교재로 기획되었다. 위에서 제기된 글쓰기 교육의 중요성과 당위성은 효과적인 교수법의 필요성과 자연스럽게 연결된다. 매 학기 교양강좌로 진행되고 있는 글쓰기 수업은 공통된 교재 이외의 구체적인 강의 방식을 교강사들에게 일임하여 진행되고 있다. 이때 개별 강좌의 특성이 고려되어야 한다. 예컨대 수강생 수나 분위기, 참여 정도, 이해도 등에 따라 가장 효과적인 방식으로 수업을 진행시키는 것은 교강사의 재량임이 분명하다. 그와 더불어 공통된 실습과제나 연습문제의 강평 방안 등이 병행된다면 보다 내실 있는 글쓰기 수업이 이루어지리라 본다.

이와 관련하여 디지털 매체를 활용한 강의 방식과 콘텐츠 개발도 중요한 부분이다. 첨단화된 디지털 시대를 맞아 교육의 콘텐츠 역시 온라인 환경 도입이 적극 유도되고 있는 실정임이다. 어떤 방식이 가장 효과적이고 또한 필수적인가에 대한 인식과 경험의 공유는 강좌의 효율성은 물론 내실 있는 강의 진행을 위한 필수 수단이 될 수 있을 것이다. 그럼에도 불구하고 글쓰기 교육은 면대면 강좌를 위시하여 학생 개개인의 일대일 강평 지도가 필수적으로 요청되는 교과목이라고 할 수 있다. 글쓰기의 과정이 철저히 개인적 사유에 의한 개인적 작업이라는 기본 조건을 망각해서는 안 된다. 따라서 공통의 교안이나 실습 콘텐츠를 마련하되 이를 운용하는 과정에서는 구체적 강좌의 조건에 대한 교강사의 자율적 판단과 운용이 반드시 보장되어야만 할 것이다.

참고로 우리나라 작문 교육은 다음과 같이 정의되어 있다.

> 학생의 문필활동 조성을 통하여 표현능력을 기르고 인간형성을 도모하는 교육이다. 작문교육은 국어교육의 일환으로서 국어에 의한 문자표현을 숙달시키고, 사회생활에 적응하며 창조하는 능력을 육성하는 것이 목표이다. 학생의 생활경험·감상·의견·주장을 정리하여, 남에게 착오 없이 이해될 수 있도록 문자표현을 하는 힘을 길러야 한다. 작문교육의 내용은 각급학교의 교육과정에 구체적으로 제시되어 있는데, 4가지로 분류하면 다음과 같다.
>
> ① 작문의 기초: 목적과 필요에 따라, 단락으로 정리된 문장표현을 할 수 있게 한다.
>
> ② 작문의 절차: 구상과 집필 등 글짓기에 필요한 절차를 알게 하고, 집필에서는 주제에 따라 구성하고, 기술하고, 퇴고에 의하여 표현을 완성시키는 등 절차에 숙달하게 한다.
>
> ③ 표현의 기술: 개성적·주관적인 경향의 표현과 함께 일반적·객관적 표현에도 익숙하게 하는 동시에, 과거형·현재형 및 종합적 서술 등에 숙달하게 한다.
>
> ④ 여러 종류의 글짓기: 여러 가지 생활의 장과 기회에서 얻어지는 생활경험을 서술하는 보고문·논설문·서간문·일기문·기행문·시사문·게시문·서식 등 글의 종류별 특징과 쓰는 요령을 익히게 한다.
>
> —중등교육 과정에서 작문 교육의 정의

하지만 이와 같은 작문 교육의 목적이 제도권 중등교육 과정에서 내실 있게 진행되리라고 보기는 어렵다. 주입식 암기 교육으로 대표되는 현 입시 위주의 교육 풍토에서 활발한 토론과 실습을 통한 글쓰기 능력의 내면화는 요원한 과제가 아닐 수 없다. 대학의 글쓰기 교육은 이러한 중등교육을 이어받아 실무적이고 구체적인 이해를 요하는 과정인 동시에 보다 고차원적인 작문이론 이해와 실습을 도모하는 코스가 되어야 할 것이다. 이 책은 위와 같은 문제의식을 바탕으로 현 글쓰기 교육의 실태와 문제점을 파악하고, 이에 대한 대책의 일환으로 효율적인 글쓰기 교재의 한 형태를 제시하고자 하였다.

글쓰기 교육의 내실화를 위해 우선적으로 필요한 부분이 학생들의 긍정적 동기 부여에 있다고 본다. 이를 위해 언어 능력이 단순히 기능적 차원에 그치는 것이 아니라는 점을 분명히 이해할 필요가 있다. 작문 기술양식에 대한 이해에 선행하여 언어의 중요성이라든지 위상에 대한 이론적 정리를 보다 체계화할 필요가 있는 것이다. 이에 대해서는 현대 언어학의 수많은 성과가 모두 참고자료가 될 수 있다. 관건은 이를 이해하기 쉽게 정리하여 학생들의 공감을 얻는 차원일 것이다. 이론적 접근은 또 다른 반작용이라는 역효과를 낳을 수도 있기 때문이다.

그 밖에도 학생들의 주된 관심사인 현대인의 능력을 글쓰기의 위상과 연관시키는 차원이 중요하다. 설득의 시대에 부합하는 인재상이 절실히 요구되고 있는 것이 오늘의 현실이다. 이와 관련해서는 주목하고자 하는 방법은 글쓰기 교육과 다양한 프레젠테이션 능력의 접합이다. 효과적인 프레젠테이션은 소프트웨어의 활용 능력에 따라 보장되는 것이 아니다. 실제 글쓰기 강좌에서도 진지한 글쓰기보다는 다양한 매체의 활용 부분에서 학생들의 흥미와 적극성이 배가되는 점을 확인할 수 있다. 이에 파워포인트를 위시한 소프트웨어를 활용한 개인별·조별 발표의 다양한 사례를 개발하고, 이를 통해 기본적인 어법은 물론 효과적인 자기표현의 실무를 익히는 효과를 도출하고자 한다. 무엇보다도 이 책은 창의적 상상력과 관련된 글쓰기의 중요성에 착안하여 기획되었다. 이는 강원대학교 학생들을 위한 것으로 전제되지만, 대학의 글쓰기 교과 과정에 접목될 수 있는 일반론적 수위를 함의하고 있으리라 본다.

바쁜 와중에 공동 집필에 참여해 주신 집필진과 그 밖의 모든 교강사 선생님들께 감사드린다. 부족한 원고를 잘 묶어 준 출판사의 후의도 잊을 수 없다. 이 책이 학생들의 글쓰기 능력 향상에 있어 조금이라도 도움이 되길 바란다. 지속적인 갱신과 재생산의 실천 과정 속에서 이 책의 진정성이 입증되리라 믿는다.

공저자 적음

차례

제 1 장 교양의 의미와 자기주도적 글쓰기

- 1. 글쓰기, 지식인의 조건
- 2. 지식기반사회와 교양의 의미
- 3. 자기주도적 글쓰기의 프로세서

1. 글쓰기, 지식인의 조건

현대사회를 가리키는 형용어구 중에 '설득의 시대'라는 표현이 있다. 이 말은 현대사회가 적극적인 의견 제시를 매개로 대인관계 혹은 사회 활동이 이루어지고 있음을 암시한다. 그럼에도 불구하고 우리 대학생들은 자신의 전공이나 영어 공부 등에 주로 매달린 나머지 사회 활동의 기초가 되는 정확하고 체계적인 의사소통 능력에 대해서는 소홀한 면이 없지 않다. 우리말로 내 생각을 표현하는 데에 무슨 어려움이 있으랴, 워낙 상식적인 내용이니까 등등의 안일한 생각으로 인해 정작 중요한 '기본'의 의미를 인식하고 있지 못한 학생들이 많은 것이다.

국어를 모국어로 쓰는 사람으로서 정규 중등교육을 받은 학생들이라면 기본적인 어법을 누구나 익숙하게 알고 있다. 또한 기존의 정규 교육과정을 통해서 우리는 글쓰기와 유사한 많은 학습 단계를 거쳤다. 그로 인하여 글쓰기의 필요성을 실감하는 학생은 드물다.

하지만 막상 대학에 들어와 리포트를 쓰고 과제를 수행할 때 학생들 대개가 우리말에 대한 이해와 작문 실력이 많이 부족한 것에 놀라게 된다. 어법에 대한 몰이해, 어휘력의 빈곤, 독서 경험의 부재 등 문제점은 한두 가지가 아님을 그때에서야 실감한다. 다음의 사례는 어느 포털 게시판에 올라와 있는 글이다.

> 대학교육에서 작문 교육의 필요성이 왜 있을까요... -_-a
>
> 저는 국어를 싫어하진 않지만 강제로(?)시키는 국어는 상당한 거부감이 들더라구요.
> 이공계인데 꼭 필수교양으로 국어작문을 들어야하는지...
> 다른 필수전공들어야할것들이 훨씬더 많은데...
> 물론 나중에 필수 전공에서 논문을 쓰게 되겠지만, 거기에서 필요한 작문 지식들은 초-중-고등학교때 이미 열심히 수업시간에 배운것으로도 충분하지 않을까요?
> 그리고 그런식으로 치면 인문계열 학생들도 수학을 더 배워야하지 않나요?(필수요양으로...)
> 대학교육에서 작문 교육의 필요성이 왜 있을까요... -_-
>
> —모 포털사이트에 게시된 한 대학생의 질문

위의 글은 작문 교육의 필요성을 전혀 인식하지 못하고 있으며, 그것을 표현하는 문구 자체도 어법을 제대로 지키지 못하고 있다. 형식적 어법으로부터 자유로운 사적 대화가 아님에도 불구하고 맞춤법이나 띄어쓰기가 어긋난 부분이 발견된다. 형식적 오류보다도 더 큰 문제인 것은 민족어로서의 국어에 대한 이해, 토론과 강평에 의한 구체적 작문 교육의 필요성, 전공을 불문하고 지식인으로서 모국어 이해의 필요성, 논문작성법 등 고차원적 작문 기술의 이해 등에 대한 관심이 결여되어 있다는 점이다. 이는 위 사례에 한정되는 것만이 아니라 대개 대학생들이 글쓰기로 인해 겪는 보편적인 어려움이기도 하다. 다음의 사례는 어느 티스토리(Tistroy)에 게시된 사용자의 글쓰기에 대한 고충을 진솔하게 보여 준다.

> 글쓰기는 항상 높은 벽이었습니다.
> 대학 시절 교양 수업의 과제는 대부분 5장 이상의 리포트를 쓰는 것이었는데
> 한 장을 쓰면 이미 할 말이 끝나버리는 저로써는 참 어려운 일이었습니다.
> 일기를 쓰면 도움이 될까 싶어 드문드문 쓰기도 해봤지만
> 여전히 꾸준히 쓰기란 힘들었습니다.
>
> 그래서였을까요.
> 글을 쓰는 행위와 그것을 업으로 삼은 작가들은 선망의 대상이었습니다.
> 할 수 있을지, 어떻게 해야할지 모르겠지만
> 언젠가 꼭 내 책을 내고 싶은 소망도 있었습니다.
> 블로그를 시작한 것도 그 때문이었죠.
>
> —「리치하게 너디하게」, 티스토리 부분

글쓰기 능력은 결코 난공불락의 요새가 아니다. 오랜 제도교육을 통해서 우리는 이미 글쓰기의 기본 형식과 이론에 대해서 반복적으로 교육받아 왔다. 대학교에서 공부하고 있는 대부분의 학생들이라면 적어도 글쓰기와 관련하여 새롭게 알게 되었거나 이해가 어려운 이론은 없다. 문제는 그러한 이론과 교육을 내 자신의 문제로 실감하지 못한다는 데에 있다. 자발적으로 글을 쓰는 기회 자체가 적고, 그로 인해 나의 글쓰기 과정에 나타나는 문제점이 무엇인지를 의식적으로 고민해 보는 기회가 없는 것이 오늘날 많은 학생들이 글쓰기에 어려움을 겪게 되는 주된 이유일 것이다.

대학생이라면 전공을 불문하고 효과적인 말하기 및 글쓰기의 표현 방식을 익혀야 한다. 각종 소셜미디어(SNS)와 댓글 문화에 익숙해진 현대인에게 체계적이고 효율적인 의사전달은 필수적으로 갖추어야 할 요건이다. 전문적인 자기표현 능력은 인문사회 계열은 물론이거니와 자연이공 계열에 있어서도 필수적 소양이라 할 수 있다. 대학생의 경우, 수강 중인 교과목의 과제물로 다양한 보고서를 제출해야 하고, 대학 졸업 자격을 인정받기 위해서는 보다 높은 차원의 학위논문을 작성해야 한다. 수요자 중심의 기능 교육이 강조되면서 활발한 토론과 참여를 통한 수업 형식이 보편화된 것도 잘 알려진 사실이다. 졸업 후에도 자신의 업무 실적이나 기획안을 보고하고 공개적으로 발표하는 것은 일상적인 일이다.

MIT 지하철 역 앞에는 COOP이란 이름의 커다란 책방이 있다. 이 책방에서 가장 잘 팔리는 책 가운데 하나가 'The Elements of Style'이라는 작문책이었다. 왜 그런가 보았더니 MIT 입학생은 2학년 초까지 '쓰기 1단계' 과목을, 졸업 전에 '쓰기 2단계'라는 두 개의 관문을 통과해야 졸업을 할 수 있다. 작문 과목을 수강하거나, 글을 제출해 합격해야 하는 것이다. (중략) 학생 글쓰기 지도를 위해 MIT는 '쓰기 프로그램과'를 두고 있다. 여기에 소속된 교수와 강사는 29명. 소설가, 기자, 작가, 역사가, 과학자 등 다양하다. (중략) 작문 수업 때만 글쓰기를 시키는 게 아니다. MIT에서 가장 인기 있는 스티븐 핑커 교수의 심리학 과목에 들어가 보았더니 점수의 10%가 출석, 40%가 시험, 50%가 보고서다. 보고서의 주제는 자유. 보고서는 3차에 걸쳐서 내야 한다.

"MIT가 쓰기를 강조하는 이유는 쓰기를 통해 명쾌한 사고 능력이 생기게 되고, 이것이 연구 능력과도 직결되기 때문이다." 바바라 골도프타스 교수의 말이다. 실제로 MIT에서는 글을 잘 썼던 학생들이 졸업 뒤 성공했다는 조사 결과가 나와 있다. 미국의 한 학자가 20개 연구소에서 일하는 과학기술자 265명을 상대로 설문 조사를 한 결과도 있다. 응답자의 절반이 '쓰기 능력이 개인적 경력과 출세에 큰 영향을 주었다'고 밝혔다. 특히 매니저는 71%가 그렇다고 대답했다. "자신의 생각을 명쾌하고 논리적으로 표현할 수 있는 젊은 엔지니어는 졸업 뒤 5년 안에 매니저가 될 수 있다.", "형편없는 연구제안서와 보고서로는 연구비와 고객을 얻을 수 없다.", "커뮤니케이션의 질은 아이디어의 습득에 매우 강한 영향을 미친다." 이들이 설문지에 써놓은 내용이었다. 미국에서는 과학자와 엔지니어들이 자신의 시간 중 3분의 1을 쓰기, 읽기, 편집, 프레젠테이션 준비에 소모한다. 승진할수록 비율은 더 늘어나 평연구원은 34%, 중간관리자는 40%, 매니저의 50%를 쓰면서 보낸다.

글쓰기가 꼭 출세와 승진을 위해 필요한 것만은 아니다. 위대한 과학자들 가운데는 위대한 작가가 많다. 지동설을 담은 『대화록』을 써 로마 교황청에 끌려간 갈릴레오, 다윈의 『비글호 항해기』와 『종의 기원』, 슈뢰딩거의 『생명이란 무엇인가』, 레이첼 카슨의 『침묵의 봄』, 리차드 도킨스의 『이기적 유전자』는 과학자가 대중을 위해 쓴 글이 어떤 식으로 지적 혁명의 도화선이 되는지를 단적으로 보여주는 사례다.
한국의 이공계 대학도 쟁이만 만드는 교육에서 벗어나 글쓰기, 경영 같은 인문학적 소양을 갖추도록 지식인 교육을 해야 한다.

—신동호, 「과학자 왜 잘써야 하나」, 『고대신문』 부분

이처럼 글쓰기는 한국의 대학 교육에서만 중요하게 인식되고 있는 것이 아니다. 오히려 미국이나 유럽의 많은 대학은 우리보다 더 글쓰기를 중요한 대학 교육의 한 과정으로 인식하고 있다.

또 한편으로 자신의 생각을 효율적으로 표현할 수 있는 글쓰기 능력은 단순히 대학 교과과정에서만 필요한 소양이 아니다. 사회에 진출한 수많은 직장인들이 글이나 발표를 통한 정확한 의사전달 능력의 필요성을 체감하고 있다. 오늘날과 같은 전문화·정보화 시대에 글쓰기, 프레젠테이션 능력의 중요성은 더욱 절실해지고 있다. 아래 기사는 이 시대에 우리말에 대한 이해와 이를 활용한 프레젠테이션 능력의 필요성을 단적으로 보여주고 있다.

신세대 신입사원들은 외국어 구사능력보다는 국어사용 능력이 더 많은 문제점으로 지적됐으며 인사담당자의 40% 가량은 입사 시험에 국어능력 평가를 포함시켜야 한다고 생각하고 있는 것으로 조사됐다.

온라인 리크루팅업체 잡코리아(www.jobkorea.co.kr)는 최근 기업 인사담당자 728명을 대상으로 설문조사한 결과 '신입사원들에게 가장 부족하다고 생각되는 업무능력'에 대한 질문에 '국어 관련 능력'을 꼽은 응답자(5.6%)가 '외국어 능력'을 꼽은 응답자(5.1%)보다 많았다고 5일 밝혔다.

'국어관련 능력'은 '업무의 전문성'(48.2%), '대인관계 능력'(31.9%)에 이어 세 번째로 신입사원들이 가장 부족한 업무능력으로 뽑혔다.

신입사원들의 국어능력 만족도에 대해서는 "그저 그렇다"는 응답이 65.4%로 절반을 훌쩍 넘겼고 "불만족"이라는 의견도 23.1%(168명)나 됐지만 "만족한다"는

답은 11.5%(84명)에 그쳤다.

국어능력 중 가장 부족하다고 생각하는 부문으로는 쓰기나 말하기 등 표현능력을 지적한 응답이 39.7%로 가장 많았으며 창의적 언어능력(20.6%), 논리력(17.7%), 문법능력(13.0%), 이해능력(6.6%), 국어관련 교양 지식(1.9%) 등 순으로 나타났다.

국어와 관련된 업무능력 중 가장 부족하다고 생각하는 부문은 기획안 및 보고서 작성능력이 53.2%로 과반수를 넘었고 대화 능력도 31.6%를 차지했으며 프레젠테이션 능력(12.8%), e-메일 작성 능력(1.6%)도 문제로 지적됐다.

면접시 평가하는 지원자의 화술 능력으로는 "논리적으로 말하는 능력을 본다"는 답이 63.5%로 가장 많았고 이해 능력(17.3%), 상대의 말을 경청하는 자세(12.4%), 풍부한 어휘 선택 능력(3.7%), 표준어 구사능력(2.9%) 등 순으로 조사됐다.

한편 신입사원을 채용할 때 토익이나 토플 등 영어능력 평가처럼 한국어 능력시험이 도입돼야 하느냐는 질문에는 43.8%의 인사담당자들이 "필요하다"고 답한 반면 "필요없다"는 의견은 23.4%에 불과했다.

—「인사담당자 40% 이상 "국어능력 평가해야"」, 『연합뉴스』 부분

요컨대 글쓰기를 위시하여 기본적인 의사소통 능력은 현대인에게 필수적인 교양과 상식에 해당된다. 우리 시대의 지성인인 대학생이라면 그 중요성은 더 말할 나위가 없다. 대학생의 기본적 조건으로서 글쓰기란 이러한 맥락에서 나온 비유일 것이다. 따라서 글쓰기에 대한 기초적인 이해와 다양한 활용 능력을 대학 교과과정을 통해서 충실히 습득할 필요가 있다.

2. 지식기반사회와 교양의 의미

4차 산업혁명 시대를 살아가고 있는 우리에게 가장 요구되는 자질은 무엇일까? 4차 산업혁명을 맞이하기 전 우리는 이미 정보화사회를 경험했고 정보의 유통과 공유가 지식의 원천이자 개인을 넘어 국가의 경쟁력이 되고 있음을 실감했다. 이처럼 21세기 정보에 의한 지식기반사회는 우리의 일상생활과 산업 전반에 걸쳐 새로운 지평을 열어가고 있다. 그 새로운 지식사회의 지적 지형은 또 한편으로 폭넓고 깊이 있는 교양을 우리에게 요구하고 있다.

그렇다면 대학생이 갖추어야 할 교양은 어떠해야 할까? 과학 기술이 발전하고 변화해도 여전히 변하지 않는 것이 있다. 그것은 올바른 세계관과 건전한 가치관

이다. 반면에 급변하는 기술과 정보를 습득해야 할 의무도 있다. 변화하는 기술과 정보를 습득하지 못하면 우리는 일상생활로부터 도태되고 사회 내 공동체의 일원으로 살아가는 데 어려움을 겪게 된다. 그러므로 새롭게 생성되고 생산되는 시대성의 기본적 지식을 빠르게 습득하는 보편적인 지적 함양이 필요하다. 또한 글로벌 정보사회라는 새로운 시대상을 맞아 비판적·창의적 사고와 원활하고 개방적인 의사소통을 통해 공동체의 문화적 삶을 자율적으로 주도할 수 있는 자질을 함양할 필요도 있다.

정보화사회가 더 혁신적인 기술 혁명을 가져오고 인터넷을 통한 유비쿼터스가 세계화를 가속해 나가는 과정에서 앞으로 대학생이 갖추어야 할 지적 지형에 대한 고민이 중요하다. 무엇보다 고정된 지식의 축적을 넘어 유동적인 정보의 유통과 공유를 향해하면서 상황에 적절히 대처할 수 있는 열린 창의적 사고와 능력이 필요하다. 이것을 대비한 기초적인 자질과 능력을 정리하자면 다음과 같다.

첫째, 지식을 스스로 창출하고 응용하고 적응할 수 있는 기초적 사고 능력이다. 빅데이터를 경험하고 있는 우리는 엄청난 양의 정보 가운데서도 나에게 유용한 정보를 선별할 수 있는 비판적 사고 능력이 필요하다. 더욱이 새로운 정보를 산출할 수 있는 창의적 사고 능력 또한 갖추어야 한다. 비판적 사고와 창의적인 사고능력을 갖출 때 나에게 주어진 상황 속에서 문제의 핵심을 찾고 그 문제를 원만히 해결할 수 있는 능력도 생겨날 수 있다.

비판적 사고+창의적 사고+문제해결 능력

둘째, 나의 생각을 공동체의 사회 구성원과 공유할 수 있는 사회적 의사소통 능력이다. 사회적 의사소통 능력은 다른 사람의 생각이나 사유를 정확히 이해하는 이해력, 문해력(文解力)을 바탕으로 문어적(文語的)·구어적(口語的) 표현을 통해 자신의 의견을 논리적으로 조리 있게 펼침으로써 타인을 설득시킬 수 있는 능력이다.

이해력+문해력+문어적·구어적 표현 ⟶ 의사소통 능력

셋째, 세분화된 분야들의 위상을 전체 속에서 가늠할 수 있는 종합적 사고 능력과 통찰력이다. 정보사회에서 우리가 해결해야 할 중요한 문제는 대체로 여러 지식 분야에 걸쳐 있는 복합적인 문제다. 이를 총체적으로 조망하는 능력이 없으면 부분에 관한 전문지식도 무력해지기 쉽다. 따라서 연관된 문제를 전체적으로 조망할 수 있는 안목이 무엇보다 중요하다.

복합적인 문제+전문지식 ⟶ 종합적 사고 능력과 통찰력

넷째, 이성과 감성을 넘나드는 능력이 필요하다. 디지털 방식이란 바이너리 코드를 이용해 각종 정보를 그 질적 성격에 구애받지 않고 수학적으로 연산 처리하는 방식이다. 질적 성격이란 감각적 지각의 대상으로 우리의 감성을 움직이는 것이고, 바이너리 코드로 처리하는 수학적인 연산은 정밀한 사고 활동이다. 따라서 이 두 영역을 넘나들 수 있기 위해서는 정서적 감응 능력과 합리적 사고 능력이 동시에 요구되며 나아가 이 둘이 함께 협동하는 통합적인 사고를 할 수 있어야 한다.

감각적 지각 대상+논리적 연산 ⟶ 통합적 사고

근대 초 구텐베르크의 활자 인쇄술이 도서보급을 통해 의사소통, 정보습득의 양식을 논리적 사유의 원리에 따르게 했다면 21세기의 디지털 기술은 그와 반대로 논리를 넘어서는 총체적 지각 양식을 확산시키고 있다. 사유와 감각의 호환 기술은 이제 감각 내용의 논리화, 사유 내용의 감각화를 수행함으로써 합리성의 문명을 용해시키고 그 자리에 초합리성의 문화를 구축하려 하고 있다. 이러한 새로운 지적 지형은 한마디로 말해 우리에게 합리적인 과학적 수학적 사유의 능력뿐만 아니라 예술적 감수성, 인문학적 직관, 도덕적 성찰 등을 함께 요구하고 있다.

그렇다면 우리 시대에 '교양'이란 어떻게 정의되고 있을까? 우리나라 교양교육과 관련된 대표적 기관인 한국교양기초교육원에서는 대학 교양기초교육의 표준 모델을 제시한 바 있다. 이에 따르면 "교양기초교육이란 대학 교육 전반에 요구되는 기본적 지식 및 자율적 학구능력의 함양을 포함하여 인간, 사회, 자연에 대한 폭넓은 이해를 바탕으로 올바른 세계관과 건전한 가치관을 확립하는 데 기여하는 교육으로, 학업분야의 다양한 전문성을 넘어서서 모든 학생들에게 요구되는 보편적 교육이다. 특히 글로벌 정보사회라는 새로운 시대상을 맞아 비판적·창의적 사고와 원활하고 개방적인 의사소통을 통해 공동체의 문화적 삶을 자율적으로 주도할 수 있는 자질을 함양하는 교육이다."라고 정의된다. 한국교양기초교육원에서는 교양 및 교양교육의 의미에 대해서 다음과 같이 요약한다.

> 가. '교양'(culture/Kultur)이란 '경작된 정신의 수확물'로서 수준 높은 교육을 받은 지도적 시민들이 지녀야 할 지적 정서적 도덕적 자질, 능력, 덕성을 뜻한다.
>
> 나. '교양교육'(Bildung)이란 '인간다운 인간'을 형성한다는 의미로서 "스스로가 스스로를 창조하는 정신적 자아의 자기형성"(J. G. Fichte)이요, "인간의 인간다움 그 자체만을 위한 주체적 자아의 형성이요, 자기형성의 이상을 준거로 하는 자기반성적 태도의 도야이자 아울러 타자 및 세계에 대한 관계의 형성이기도 하다"(K. W. Humboldt). 교양교육은 또한 "보편적 지식과 품성에 바탕한, 특정의 직업과 무관하게 그 자체로 선하고 모범적인 사람됨의 구현"(K. W. Humboldt)을 목적으로 한다. 따라서 교양교육의 핵심은 "인간 본성의 내적 능력을 지혜로 키워 올리는 것"(J. H. Pestalozzi)과 "현실을 파악하고 그에 대해 판단하여 그것을 자신의 것으로 소화해내는 능력의 함양"(F. Paulsen)이다.
>
> 다. 교양교육은 자유교육(Liberal Education)의 이념과 일반교육(General Education)의 이념이 복합된 것이다.
>
> —한국교양기초교육원

이상과 같은 우리 시대가 처한 상황과 변모하는 지적 실정을 염두에 둔다면 교양의 의미는 강조될 수밖에 없다. 특히 교양교육은 인간과 세계에 대한 바람직한 가치관 정립, 융합적 사고 및 창의적 문제해결 능력을 함양하기 위한 대표적 범주에 해당된다. 또한 공동체의식과 시민정신을 함양하고 심미적 공감 능력을 함양하는 것도 교양교육의 주된 목표라 할 수 있다.

3. 자기주도적 글쓰기의 프로세스

1) 글쓰기의 효용

글쓰기는 주어진 업무나 해결해야 할 문제에 대해 생각하고, 생각해 낸 견해를 정리하여 조리 있게 전달하는 핵심 능력의 총칭이다. 글쓰기는 단순히 글을 쓰는 일이 아니다. 문서의 빈칸을 메우는 서술형 문제의 답을 작성하는 것이 아니다. 글쓰기는 중요한 커뮤니케이션의 수단이다. 글을 잘 쓴다는 것은 커뮤니케이션의 역량뿐 아니라 창의적 사고에 뛰어나 문제를 해결하는 능력을 입증하는 하나의 프로세스라고 할 수 있다. 또한 글쓰기는 주어진 업무나 해결해야 할 문제를 고심하고 사유함으로써 창출된 아이디어를 논리적으로 정리하여 조리 있게 전달하는 핵심 능력이다.

> 어느 인디언 노예에 관한 재미있는 일화가 있다. 한 인디언 노예가 주인에게서 무화과가 든 바구니와 편지를 전하라는 임무를 부여받았다. 그는 가는 도중 바구니에 든 무화과를 보고 들여다보면서 먹고 싶다는 유혹을 뿌리칠 수 없었다. 하나를 먹고 두 개를 먹다보니 열매의 대부분을 먹어 치우고 남은 열매 몇 알만 전해주었다. 물건을 전달받은 주인의 친구는 편지를 읽은 후, 그 내용을 밝히면서 노예를 책망했다. 그러나 무지한 인디언 노예는 증거가 있음에도 불구하고 사실을 부인하며 종이를 향해 거짓 증거라고 욕설을 퍼부었다.
>
> 그 후, 무화과 바구니와 함께 열매의 정확한 수를 명시한 또 다른 편지를 전하라는 심부름을 하게 된 인디언은 처음과 마찬가지로 열매의 대부분을 먹어 치운다. 그러나 이번에는 열매를 먹기 전에 편지를 큰 바위 밑에 숨긴다. 편지가 열매 먹는 것을 보지 못하면 고자질을 할 수 없을 것이라고 생각했기 때문이다.
>
> 그러나 인디언에게는 전보다 더욱 큰 책망이 가해졌다. 결국 인디언은 종이의 신성(神性)에 감탄하며 자기의 잘못을 시인했다. 그리고 그는 앞으로의 모든 임무에 절대 충실할 것을 약속했다.
>
> —존 윌킨스,『머큐리, 또는 신비롭고 신속한 사자(使者)』부분

윌킨스가 지적한 바와 같이 위 일화는 글쓰기라는 기술이 발명 당시에는 얼마나 신기한 것으로 느껴졌을까를 보여주는 장면이다. 이는 세상에 그 존재가 알려진 지 얼마 안 된 아메리카 인디언들이 종이가 말을 할 수 있다는 사실을 알았을 때 느꼈던 낭패감과 당혹감에서 잘 드러난다. 글은 신비한 힘을 갖고 있다. 과거나 현재나 그 힘은 동일하다.

우리는 오늘날의 사회를 정보화사회요 지식기반사회라 부른다. 정보화사회란 정보의 소통이 고도로 발달한 사회이며 정보가 유력한 자원이 되고, 정보의 처리·가공에 의한 가치의 생산을 중심으로 발전해가는 사회를 일컫는다. 정보화사회의 가장 큰 특징은 뉴미디어의 발달과 사이버 공간의 등장이다. 정보화사회에서 정보의 확산과 과잉 생산은 뉴미디어에 의한 커뮤니케이션 양식에 변화를 가져왔다. 뉴미디어의 발달에 의한 커뮤니케이션의 양식은 정보의 확산이 초래한 정보의 과잉 생산으로부터 불필요한 정보를 걸러내어 필요한 정보만을 가져오는 문해력과 비판적 사고 능력을 요구한다. 그리고 사이버 공간의 등장은 상징, 이미지, 기호, 소리 등을 통한 커뮤니케이션의 세계를 열었다. 사이버 공간에서의 커뮤니케이션은 '익명성'이라는 특성 때문에 네티즌이 불확실한 정보를 유포함으로써 정보의 무책임성이 증대되었으며 개인의 사생활 침해, 불건전한 정보의 유포를 막을 수 없게 되었다. 이 때문에 정보화사회에서 말과 글은 중요한 커뮤니케이션 양식의 하나다.

정보화사회에서 가장 중요한 능력은 말을 다루는 능력과 글을 쓰는 능력이 될 것이다. 우선, 매스미디어의 발달은 말하기 능력과 글쓰기 능력이 중요하게 인식된다. 특히, 매스미디어와 컴퓨터가 결합한 멀티미디어의 발달로 인하여 사람들은 SNS, 유튜브 등을 통해 어느 장소에서나 생활에 필요한 모든 정보를 입수할 수 있게 된다. 그로 인하여 사람들 간의 개별적 접촉은 더욱 어렵게 되어 타인에 대한 판단은 상징, 이미지, 기호, 소리 등에만 의존하여 타인을 판단하고 평가하게 된다. 이러한 현상이 오늘날 적지 않게 나타나고 있다. 정치인이나 대학교수가 방송에 출연하여 대담을 하게 되면, 그 사람의 실제 정치행적이나 연구업적보다는 그 사람의 발표력에 기초하여 "똑똑한 사람"이니 "별로 아는 것도 없는 사람"이니 하고 평가하는 사람들을 우리는 흔히 보게 된다.

매체를 통하지 않고 직접 얼굴을 맞대고 정보를 주고받는 경우에도 말과 함께 글의 중요성은 여전하다. 말과 글은 정보를 전달하는 가장 중요한 수단이다. 정보를 제공하는 사람의 스피치 능력이 떨어지는 경우 전달되는 정보는 불완전할 수밖에 없고, 당연히 그 사람의 능력은 평가 절하된다. 이러한 현상은 학생들이 수업에서 질문하거나 발표를 할 때, 또는 직장인이나 전문직 종사자가 동료나 고객을 대상으로 프레젠테이션을 할 때 일어날 수 있는 일이다. 아무리 아는 것이 많더라도 이를 효과적으로 표현하지 못하면 상대는 당연히 제공되는 정보의 질을 의심할 수밖에 없고 나아가서는 발표자나 글쓴이의 능력까지도 의심하게 된다. 반대로, 발표력이 뛰어난 경우에는 정보 자체도 효과적으로 전달될뿐더러 발표자에 대한 신뢰도 높아져서 결국 발표자의 능력 자체를 높이 평가하게 된다. 말하자면, 말하는 능력, 글을 쓰는 능력이 그 사람의 전반적인 능력, 곧 이미지를 대표하게 되는 셈이다.

그렇다면 왜 창의적 글쓰기와 발표에 대한 인식이 필요한 것일까? 일반적으로 글쓰기는 인문학적인 영역에 가깝다. 글을 쓰게 될 때 우리는 인문학적 소양을 바탕으로 글을 쓰게 된다. 인문학적 소양은 책을 많이 읽고 새로운 지식과 기술을 많이 습득했다고 하여 얻어지는 것이 아니다. 풍부한 독서량, 새로운 지식과 기술의 습득은 누군가가 겪은 특수한 삶의 경험이며, 그 체험이 만들어낸 창조적 생산이 인문학적인 소양이다. 어떤 법칙으로 설명될 수 없는 인간의 다양한 경험과 사건에 대한 서술, 진술이 글쓰기인 셈이다.

대개 자연과학 글쓰기는 인문학적 배경을 바탕에 두고 물질세계에 대한 이해와 인식을 전면적으로 드러내는 글쓰기이다. 때문에 경험적 태도를 바탕으로 물질세계를 합리적으로 이해하고 정확하게 제시하는 일이 자연과학 글쓰기에서 이루어져야 할 몫이다. 따라서 자연과학 글쓰기는 실증적인 자료를 수집하고 검토해서 주장을 객관화한다. 주장을 객관화한다는 것은 어떤 자연 현상, 물질 현상을 계량화하거나 수치화해서 이해하려는 태도다. 이러한 태도는 경험주의적 학문에 영향을 받은 귀납적인 태도다. 요컨대 자연과학 글쓰기는 관념론적인 태도로부터 벗어나 세계와 대상을 객관적으로 이해하고 합리적인 논증을 통해 정확하게 제시하려는 데에 있다.

일반적으로 글쓰기는 인간의 경험, 체험이 중요하게 인식되기 때문에 실증적인 자료보다는 비실증적인 감정에 의존하는 경향을 지닌다. 이러한 글쓰기는 글쓴이가 대상을 주관화하거나 세계를 자아화한 대상 인식, 세계 인식이다. 때문에 연상성이나 간접화가 글쓰기의 중요한 하나의 방식으로 자리 잡게 된다. 따라서 일반적인 글쓰기는 연역적인 태도, 유추적인 태도, 모순적인 태도, 또는 역설적인 태도마저 더해져서 관념론적인 경향을 보이게 된다.

일반적으로 글을 쓴다는 것은 뒤엉킨 생각을 질서 있게 정리하고 체계화하는 일이다. 우리는 어떤 대상을 바라봄에 있어 여러 가지 생각이 떠오르게 된다. 그리고 그 생각을 뒷받침할 여러 데이터들을 수집하거나 축적해 놓은 지식으로부터 뽑아내어 새롭게 가공한다. 이 가공의 과정이 질서를 부여하는 것이며 체계화를 마련하는 일이 된다. 때문에 글쓰기는 어떤 물질현상에 대한 연구 계획을 수립하고 사고를 발전시키는 과정에 중요한 역할을 담당하게 된다. 더욱이 연구 결과를 추리하거나 중요한 결정을 내리는 과정에 도움을 준다.

글쓰기의 능력은 연구의 결과, 개발의 결과를 공표해야 하는 과학 기술자에게도 필수적인 하나의 능력이다. 아무리 좋은 연구 결과가 있다할지라도 그 연구 결과가 합리적으로 전달되고 쉽게 이해되지 않는다면 무용지물에 가깝다. 훌륭한 연구 결과를 무용지물이 되지 않게 하려면 어떻게 전달하고 이해시킬 것인가를 고민하지 않을 수 없다. 때문에 글쓰기 능력은 인문사회과학 연구자뿐만 아니라 이공학자, 보건과학 연구자들도 반드시 갖추어야 할 하나의 능력인 것이다. 그러므로 우리는 글쓰기 훈련을 통해 창의적인 아이디어, 사회 현상 분석, 과학적이고 의료적인 내용을 정확하게 명쾌하게 간결하게 전달하는 글쓰기 능력을 갖추어 나가야 할 것이다.

2) 자기주도적 글쓰기의 프로세스

'자기수도'란 말은 그리스 시대, 특히 소크라테스, 플라톤 시대에 언급된 '자습(self study)'의 개념에서 유래한다. '자습'은 스스로의 학습을 의미하는 것으로 자기 자신에 의한 자발적 교육을 의미한다. 자기주도적 학습이란 자신의 관점과 일치하는 학습내용, 자신의 능력에 맞는 학습계획, 자신이 요구하는 학습목표를 스스로 설정하여, 스스로 진도를 조절하며, 스스로 평가하는 것을 말한다. 따라서 자기주도적 학습에서 학습이란 하나의 목표 지향적이고 복합적인 활동이며, 나 자신의 의식적인 지시와 규율 아래 자율적으로 이루어지는 학습 활동이다.

자기주도 학습은 첫째, 미래 지향적, 창의적 학습능력을 갖는 기반이 될 수 있다. 미래 사회는 분명 급속한 정보화, 신지식의 폭발적 증가로 평생 학습하는 사회가 될 것이다. 그러므로 많은 기업들은 창의적 사고로 새로운 가치를 창조할 수 있는 능력을 갖춘 인재를 요구한다. 둘째, 자기 분석력과 자기를 인정하는 자기 관리에 충실한 자세를 갖는 기반이 될 것이다. 자기에 대한 능력 소질과 개인차와 특성을 잘 이해하고 이를 바탕으로 한 자기 관리를 통한 다음 단계로의 전이가 가능한 능력을 기대할 수 있을 것이다. 셋째, 자기주도 학습은 목표 달성에 효과적이다. 스스로의 학습 의욕을 기대할 수 있기 때문에 학습 과정의 효율성을 높일 수 있다. 자기주도 학습은 자기 관리에 충실해야 하며, 규칙을 지키고 협동의 의미를 인정하는 등 전체를 인정하는 태도로부터 궁극적으로 조화를 기대할 수 있다.

〈자기주도 학습의 상호작용〉

우리 사회는 학생들에게 수직적이고 위계적인 학습을 강요해 왔다. 그 결과 학생들은 수동적으로 학습에 임하는 자세를 취해온 것이다. 자기주도적 글쓰기는 수동적인 글쓰기 활동에서 벗어나 학습의 주체로서 글쓰기 활동의 전 과정에 걸쳐 보다 적극적으로 임하면서 자율적인 참여를 유도하여 글쓰기의 전반적 과정을 향상해나가는 자기 주도적 활동이다.

우리는 학습에 임할 때 '참여형'인지 '의존형'인지 '회피형'인지를 진단해 볼 필요가 있다. 특히 글쓰기는 참여형, 의존형, 회피형인가에 따라 그 활동의 성과는 많은 차이를 보인다. 사실상 글쓰기 능력의 향상은 실제로 글을 쓰고 퇴고하고 다시 쓰는 과정을 되풀이할 때 가시적인 성과를 얻을 수 있다. 따라서 회피형일 경우 주어진 과제나 제시된 주제부터 거부한다. 이 경우 대개 글쓰기는 나하고 맞지 않으며, 흥미를 느낄 수 없고 필요성도 모르겠다는 말을 하게 된다. 많은 이공 계열 학생들은 회피형인 경우가 많다. 그들 대부분은 글쓰기에는 취미가 없으며, 흥미도 못 느끼겠고 왜 해야 하는가도 모르겠다는 묵묵부답으로 일관해 온다. 의존형의 경우 주어진 과제만을 수행하려는 경향을 보인다. 더욱이 주제, 소재를 찾지 못해 교수자에게 의존하며, 주제가 제시되어도 글의 구성과 전개를 펼치지 못해 끊임없이 해결의 실마리를 찾고자 교수자에게 의존한다.

자기주도적 글쓰기는 전통적인 글쓰기 학습과는 달리 학생 개개인의 다양한 글쓰기 능력과 수준, 글을 쓰는 스타일과 전략의 고유성을 교수자로부터 진단받아 학습의 과정을 설계하는 것이다. 따라서 학생 스스로가 학습 목표, 학습 수준, 학습 내용, 학습 방법을 자신의 가치, 요구, 선호 등에 의해 결정하고 자신의 학습 스타일이나 능력에 맞게 쓰기 과정을 통한 결과에 따라 부족한 영역을 보충해 나가는 글쓰기 과정이다.

자기주도적 글쓰기는 주어지는 과제의 주제나 소재를 받아들여 글을 구성할 수 있는 새로운 자료, 정보, 지식을 수집하는 사전 활동 단계를 수행해야 한다. 이렇게 수집된 다양한 정보와 자료는 찬성과 반대, 긍정적 측면과 부정적 측면, 내적 측면과 외적 측면, 물리적 측면과 정신(심리)적 측면 등으로 변별하여야 한다. 이 변별된 자료는 주제와 관련이 있는 정보와 관련이 없는 정보로 구분해야 하며, 제재로 글 속에 담을 수 있는 정보와 담을 수 없는 정보로 구분해야 한다. 그리고 자신이 갖춘 기존 지식을 탐색하는 과정을 통해 사전 지식과 새로운 지식과의 연결 접점을 찾아서 글의 내용을 구성해야 한다.

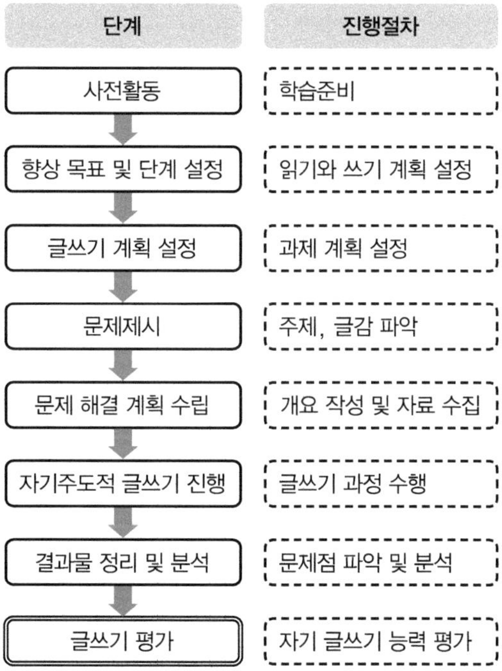

〈자기주도 글쓰기의 단계와 진행 절차〉

이렇게 글의 개요가 구성되면 과제 수행의 과정으로 글쓰기를 순차적으로 해 나가게 된다. 자기주도적 글쓰기의 진행은 학생에 의해 설정된 쓰기 계획에 따라 자료수집-읽기-쓰기를 진행하게 된다. 이후 담당 교수로부터 쓴 글에 대한 첨삭을 받아 결과물을 정리한다. 결과물 정리 및 분석에서는 자신이 쓴 글에 대한 문제점을 교수자로부터 받은 지도를 바탕으로 스스로 문제점을 파악하고 분석해야 한다. 특히, 문장과 서술의 문제, 표현의 문제, 논지 및 논리 전개의 문제, 주제의 명료성 문제 등을 토대로 다시 쓰기를 통해 글을 개선해 나가야 한다. 그런데 자기주도적 글쓰기는 과제 수행을 끝마쳤다고 끝나는 것이 아니라 반드시 성찰의 단계를 밟아야 한다. 즉 자기 글쓰기 능력을 평가해서 고쳐야 할 점과 무의식적으로 갖고 있었던 글쓰기 습관을 다음 글쓰기에서 고쳐나갈 수 있어야 하며, 나쁜 습관의 경우 글을 쓸 때 의식해서 버릴 것은 버려야 한다.

실습 및 강평

1. 〈창의적 글쓰기와 발표〉의 학습계획서를 아래 주어진 양식대로 작성해 보자.

학습계획서

성명		학번	
단과대학		소속학과	
전화번호		e-mail	

교과학습계획			
과목명		담당교원	
이수구분		과목코드	
교과설명			
학습목표			
세부목표			
실천계획			

2. "'나'에게 왜 글쓰기가 필요한가?"를 제1장 '지식인의 조건', '교양의 의미', '자기주도적 글쓰기'의 세 가지 측면에서 각각 작성해 보자.

첫째,

둘째,

셋째,

제2장 글쓰기의 의의와 창의적 사고의 필요성

1. 글쓰기의 욕망과 의의

오래전 인간은 자연이 '나'며, '나'는 자연의 일부로 생각해 왔다. 인간과 자연은 구별됨이 없었고, 인간도 자연과 하나라는 인식을 했었다. 그런데 언제부터인가 인간은 나와 자연을 분리하기 시작했으며, 나와 자연의 단절을 통해 자연이라는 대상과 인간이 다르다는 인식을 보여 왔다. 이러한 인식으로 인하여 인간은 스스로가 인간과 동물을 구분하기에 이르렀다.

인간은 인간과 다른 동물을 구분하는 몇 가지 특성을 자기 스스로 발견한다. 그 특성은 몇몇 학명으로 명명되는데 그중에서도 '지혜인'이라 일컫는 호모 사피엔스(Homo sapiens)는 인간과 동물을 구분하는 제일의 원리로 받아들여지고 있다. 그런데 인간의 지혜란 사람과 사람이 만나 의견을 나누고 생각을 정리하면서 체계화를 이루었을 때 지혜가 발휘된다. 또한, 인간은 지혜를 발휘해 문자를 창조한다. 문자가 발명되면서부터 인간은 다른 생명체와는 달리, 문화를 일구어낼 수 있었다. 이러한 인간의 특성을 한 학자는 글쓰는 인간(호모 스크리벤스, Homo scribens)이라고 부르기도 하였다.

그럼 이렇게 지대한 영향력을 미치는 문자는 어떻게 발명된 것일까? 문자의 발명에 대한 흥미로운 2개의 신화를 소개한다. 먼저 동아시아 문화권의 가장 중요한 문자인 한자이다. 한자는 고대 황제(黃帝)의 사관이었던 창힐이 새의 발자국 모양을 보고 글자를 만들었다. 이를 '창힐조자설(蒼頡造子說)'이라고 한다. 고대인들은 각종 동물의 발자국을 보면서 사냥하고, 맹수를 피하며, 식량을 찾았을 것이다. 그래서 점차 다른 형상인 발자국이 각각의 의미를 지닌다는 것을 인식하였을 것이다. 이는 동물의 이미지를 '기호화'하는 결과를 낳았고, 이는 언어의 특징인 '기호성'과 연결된다.

또 다른 언어 발명 신화는 고대 그리스의 신화이다. 플라톤의 대화편 '파이드로스(Phaedrus)'에는 소크라테스가 소개한 이집트 신화 중 문자의 발명자인 토트(테우스, Theuth) 신과 아몬 신(이집트의 왕 타무스, Thamus)의 대화가 실려 있다.

> "당신의 발명(문자)은 배우는 자들의 영혼에 망각을 일으킬 것입니다. 그들은 더 이상 기억력을 사용하지 않을 테니까요. 왜냐하면 그들은 외적으로 쓰인 낯선 문자를 과신하여 스스로는 무엇을 기억하려 하지 않을 것입니다. 당신이 발견한 것은 기억에 도움 되는 것이 아니라 회상에 도움이 되는 것이고, 당신은 제자들에게 진리를 보여 주는 게 아니라 진리의 유사물을 보여 주게 될 뿐입니다. 그들은 강의를 듣지 않고 많은 것들을 알게 되면서 모두 다 알고 있는 듯 박식해 보이겠지만 대개는 아무것도 알지 못합니다. 그들은 진정한 지혜가 아닌 지혜의 외양만을 갖춘 성가신 동반자가 되고 말 것입니다."

이 신화에서 타무스 왕은 문자를 채용하지 않을 것이라고 주장하며, 문자가 결국 죽어버린 지혜가 될 것이라고 설명한다. 아울러 사람들은 문자를 통해 무언가를 기억하려고만 할 것이라고 말한다. 그런데 이렇게 달라보이는 두 신화에도 '문자'에 대한 고대인들의 생각이 공통적으로 담겨 있다. 바로 문자는 사물을 기록하는 힘이 있다는 생각이다. 어떤 생각이나 사실을 무한하게 기록하여 보존할 수 있는 힘, 그것이 바로 글쓰기를 욕망하게 하는 것이다. 아울러 그 힘은 인류 문명 건설의 핵심적인 토대가 된 것이다.

인간은 말하는 동물(Homo loquens, 언어인)이다. 인간이 말을 한다는 것은 다른 어떤 속성보다도 인간을 다른 동물과 구별하게 한다. 인간은 언어를 통해 의사소통을 한다. 의사소통 없는 지혜는 없다. 그만큼 인간에게 언어는 혁명적 발견이었다. 인간이 발명을 했든 발견을 했든 언어는 사회 속에서 자신의 생각과 의견을 타인에게 전달할 수 있는 효율적인 의사소통 수단이다. 의사소통 수단이 효율적일 수 있으려면 하나의 법칙성, 규칙성(Homo grammaticus, 문법적인 인간)을 갖고 있어야 한다. 언어는 철저한 법칙성, 규칙성을 지니고 있다. 그렇기에 효율적인 의사소통의 수단이 될 수 있었고 지금도 되고 있다.

언어는 법칙과 규칙을 지니고 있다. 이것을 우리는 문법이라 한다. 문법에 어긋난 문장을 비문(非文)이라 한다. 언어는 음성언어와 문자언어로 나누어진다. 음성언어로 수행된 문장이든 문자언어로 수행된 문장이든 문법에 어긋나는 순간

의미전달에 장애가 생기면서 의사소통이 와해된다. 그러므로 우리는 말을 한다거나 글을 쓸 때 문법에 맞는 표현을 하게 된다. 말에서보다 글에서 문법은 더 중요하다. 우리가 언어 수행 능력을 갖추고 있다는 것은 말을 알고 있다는 것이다. 말을 알고 있으면 낱말과 낱말을 결합하여 구(句)를 만들거나 구와 구를 결합하여 문장을 만들 수 있다. 이것은 어떤 언어를 알고 있으면 이제까지 말하지 않은 새로운 문장을 만들어 내거나 이제까지 듣지 못했던 문장을 이해할 수 있는 능력이 있다는 것을 의미한다. 이러한 능력을 언어 사용에 있어서 '창조적인 면'의 일부라고 한다. 말을 알고 있는 사람이라면 누구든 말을 할 때에 새로운 문장을 '창조'할 수 있고, 실제로 창조하고 있으며, 또한 다른 사람들이 '창조'한 새로운 문장을 이해할 수 있다.

우리는 새로운 문장을 이해하고 창조하면서도 또 다른 문장을 끊임없이 창조한다. 인간의 끊임없는 말의 창조는 또 다른 말을 낳는다. 그 창조의 과정 속에 글쓰기는 자리한다. 글쓰기는 창조의 과정이다. 무엇인가를 창조한다는 것은 다른 한편으로 자기 자신의 생각과 사고를 표출하는 것이다. 자기를 표현하고 싶은 인간의 끊임없는 욕구는 글쓰기를 하게 한다. 글을 통해 자기 자신을 표현하고, 자신의 생각을 다른 사람에게 전달한다. 이 전달의 과정에서 우리는 상대방이 설득되기를 원하고 나의 매력을 알아주기를 원한다.

인간은 사회적 동물이다. 그래서 인간은 사회생활을 위해 다른 사람과 의사소통을 시도하고자 한다. 심지어 인간에 실망하여 인간 사회에서 떠난 사람까지도 타인과 '언어'를 통한 의사소통을 시도한다. 1990년대 중반 미국의 크리스토퍼 맥켄들이라는 청년이 사람들과 환멸을 느끼고, 미국의 알래스카 주에 은거하였다. 그는 5년 뒤, 죽은 채 발견되었다. 그가 발견된 그의 버스에는 강조된 글씨체로 "두 해 동안 그는 지구를 걸었다. 극도의 자유, 과격주의자, 길을 집으로 삼는 미학적 여행자. 문명에 중독되지 않기 위해 대지를 걸었다."라고 쓰여 있었다. 극도의 고립주의를 스스로 선택한 멕켄들은 마지막에 다른 이에게 글을 전달하고 싶었다. 맥켄들조차 죽는 순간에는 다른 사람에게 자신의 생각을 전달하고 싶었던 것이다. 그리고 타인에게 자신의 축복을 전달하고자 하였다. 이러한 인간의 글쓰기 욕망은 최첨단 기기를 통해 동영상을 감상하는 2020년대에도 여전하다. 수많은 SNS의 근간은 언어이며, 설사 언어가 없는 사진 위주의 SNS에도 해시태그는 여전히 달려 있다. 이러한 사실을 감안할 때, 인간의 글쓰기 욕망은 참을 수 없는 것이다.

하지만 글쓰기의 욕망은 단순히 다른 사람과 소통하거나 지식을 보존하기 위한 것만은 아니다. 일기를 써 본 학생이라면 이해할 수 있을 것이다. 글쓰기를 통해서 우리는 자신을 성찰하고, 더 나은 자신이 될 수 있다. 우리 내면에 있는 생각을 밖으로 꺼내어 문자로 기록하는 순간, 그 기록물은 더 이상 '나'가 아니다. 내 안에 있던 '과거의 내 생각'이 되는 것이다. 그것을 다시 읽는 행위는 과거의 나를 성찰하는 행위가 되는 것이다. 아래의 글을 읽어보자.

이따금 "문장론이 뭐냐"는 식의 질문을 받는다. 그런데 나는 글을 쓰고 있긴 하지만 여전히 내가 글 쓰는 사람이라는 현실에 익숙하지(하고 싶지) 않아서 늘 대답을 흐리곤 한다. 사실 나는 어떤 문장론을 갖고 글을 쓰진 않는다. 내가 글을 쓰는 이유, 즉 내가 단어와 단어를 꿰고 이어 붙여 사람들에게 보이는 이유는 단지 세상에 대한 생각을 나누기 위해서다. 나는 글의 소재를 얻기 위해 세상을 들여다보는 게 아니라 세상을 들여다보기 위해 글을 쓴다. 어쨌거나, 문장론이 있든 없든, 내가 초고를 써놓고 퇴고를 거듭하는 걸 보면 나에게도 문장에 대한 어떤 태도는 있는 것 같다. 아마도 그건 두 가지일 것이다. 간결함과 리듬.

내가 쓰는 글의 8.5할쯤에 해당하는, 공을 들여 쓰는 글은 초고를 쓰면 적어도 서너 번 이상은 퇴고를 한다. 군더더기라 느껴지는 건 망설임 없이 없애거나 좀 더 간결한 표현으로 바꾼다. 나는 중언부언 하는 것만 군더더기라 생각하는 게 아니라 쓸데없이 화려한 표현도 군더더기라 생각한다. 그리고 일부러 반복 효과를 내려는 게 아니라면 같은 글에선 같은 단어를 쓰지 않는다. 10매 이하 칼럼에선 반드시, 30매가 넘어가는 긴 글에선 되도록 그렇게 한다. 동시에 리듬을 만들어간다. 거창하게 말해서 운율을 맞추는 건데, 눈으로 소리 내어 읽으면서 리듬감이 흐트러지거나 호흡이 끊기는 부분은 글자 수를 고치거나 단어를 바꾼다.

간결함과 리듬이 덜 다듬어진 글을 내놓는 것처럼 불편한 일은 없다. 어쩌다, 내 글의 1.5할쯤에 해당하는 글에서, 이런저런 실용적인 이유 때문에 도리 없이 그러곤 하는데 그런 글들은 그저 실용적인 이유를 위해 일회용으로 존재한 것일 뿐, 내가 썼지만 더 이상 내 글은 아니라 여긴다. 간결함과 리듬 말고 또 하나 중요하게 생각하는 건 쉽게 쓰는 것이다. 나는 왜 거의 모든 글쟁이들이 글은 쉬우면 쉬울수록 좋다고 생각하지 않는지 그 이유가 궁금하다. 배운 사람들이나 알아먹는 어려운 말을 이유 없이 쓰지 않는 건 물론이려니와 되도록 한자말을 줄이려고 애쓴다.

그러나 간결함, 리듬, 그리고 쉬움 같은 문장에 대한 내 모든 태도들은 오로지 '내가 무슨 소리를 하는 건지' 명료하게 드러내기 위해서 존재한다. 나는 이오덕 선생이 말씀한 '삶을 가꾸는 글쓰기'를 믿는다. 모름지기 글은 그런 것이라고 믿는다. 글을 씀으로서 내 일상의 에피소드들은 비로소 내 생각으로 정리되며 그렇게 정리된 생각들은 다시 내 일상의 에피소드에 전적으로 반영된다. 내 삶과 내 글은 끊임없이 꼬리를 물고 순환한다. 내 삶을 더 낫게 만들지 않는다면, 나라는 인간을 더 낫게 만들지 않는다면 내 글은 아무 것도 아니다. 결국 문장에 대한 내 태도는 삶에 대한 내 태도와 같다.

—김규항, 「문장론」, 『B급 좌파』 부분

이 글을 쓴 사람은 글쓰기를 통해 자신을 성찰하고, 그 성찰하는 글쓰기의 태도가 자신의 삶의 태도라고 정의내린다. 삶의 에피소드가 글쓰기로 정리되고 그 정리된 생각들은 삶의 에피소드로 반영되는 순환적이고 성찰적인 글쓰기가 자신의 문장론이라고 말한다. 이렇게 글쓰기를 통해 얻어진 성찰은 자신을 더 나은 사람으로 만들 수 있는 것이다. 그러나 글쓰기가 성찰만으로 끝나는 것은 아니다. 글쓰기는 성찰을 통해 마음의 상처를 치유할 수 있다. 많은 소설가들은 자신의 글쓰기를 통해 트라우마를 치료할 수 있었음을 증언한다. 많은 학생들이 읽어보았을 『안네의 일기』 역시 글쓰기를 통해 자기 자신을 치유하려는 행동이었다.

이렇게 글쓰기에는 의사소통, 지식 보존, 성찰, 치유라는 네 가지의 욕망이 관여하고 있다. 글쓰기는 이 네 가지 욕망을 동시에 만족시키며, 그 만족을 얻기 위해 인간은 끊임없이 글을 쓰고 있다. 정리하면 좋은 글은 글쓴이의 내면에서 분출해 나오는 생각과 감정들, 다시 말해서 말하지 않으면 참을 수 없는 내용을 쓰는 것이다. 그리고 그 쓰는 과정 속에서 우리는 그 생각과 감정들에 대한 답을 찾게 된다. 그것이 글쓰기의 욕망이며, 글쓰기의 의미인 것이다.

그렇다면 글쓰기는 욕망을 충족시키는 행위이기 때문에 즐거워야 한다. 우리가 배고플 때 맛있는 음식을 먹으면 즐겁고, 졸릴 때 잠을 자면 즐거운 이유는 욕망을 충족시키는 행위이기 때문이다. 그런데 글쓰기가 인간 모두에게 즐거운 행위인가? 매년 각 신문사와 문학잡지에서는 신인 소설가·평론가 등을 선발하는 '신춘문예'라는 공모전을 개최한다. 그때 당선된 신인 작가들의 수상 소감에는 한결같이 글쓰기가 고통스러운 작업이었음을 고백한다. 이렇게 '창조적 사고를 통해 글을 잘 쓰는' 작가들조차도 글쓰기가 고통스러운 작업인데, 대학에서 공부를 시작하는 학생들에게 '글쓰기의 욕망'을 이야기한다고 해도 쉽게 납득하지는 않을 것이다. 보고서나 과제를 제출하기 위해 워드 프로세서를 시작한다고 생각해 보라. 그 눈앞에 펼쳐진 하얀 화면 앞에서 많은 학생들이 막막함을 느낄 것이다.

앞서 이야기한 것처럼 많은 작가들조차도 글쓰기는 고통스러운 일이라고 말한다. 그러나 그들이 하나같이 하는 말이 있다. 그 고통을 통해 글쓰기의 즐거움을 알게 된다고. 그 쓰는 과정은 고통스럽지만 그 결과를 통해 즐거운 행복에 이르게 된다고 말이다. 이를테면, 여러분이 일식 요리사가 되기 위해 수행을 받는다고 가정해 보자. 여러분이 들어간 일식집의 요리장이 처음부터 모든 기술을 가르쳐주지는 않는다. 아마도 접시닦이 등의 허드렛일부터 시작해서, 점차 요리를 배우게 될 것이다. 그렇다고 해서 그 요리장이 여러분에게 칼을 어떤 각도로 어느 정도의 힘으로 자르라고 이야기해 줄 수는 없다. 이러한 구체적인 감각들은 배우는 이가 고된 학습을 반복하여 얻어가고 그 과정 속에서 성취감을 느끼게 되는 것이다.

글쓰기 역시 마찬가지다. 처음 글을 '본격적'으로 써 보려는 여러분들이 처음부터 좋은 글을 쓸 수는 없다. 반복된 학습을 통해서만, 그리고 고된 연습을 통해서만 여러분은 글을 잘 쓸 수 있다. 그 성취감이 바로 글쓰기의 욕망을 불러일으키는 것이다. 일본의 검성(劍聖) 미야모토 무사시(宮本武蔵)는 자신의 검술서인 『오륜서(五輪書)』에서 "천 일(千日)의 연습을 단(鍛)이라 하고, 만 일(萬日)의 연습을 련(錬)이라고 한다. 이 단련(鍛錬)이 있고서야 승리를 기대할 수 있다."라고 하였다. 글쓰기도 역시 이러한 단련이 있어야만 좋은 글을 쓸 수 있으며, 글쓰기의 즐거움을 깨닫게 되는 것이다.

실습 및 강평

※ 아래 제시된 단어들 중 최대한 많은 단어를 사용해 새로운 가치를 창출할 수 있는 사업 아이템을 구상해 보자.

힙합, 폐가, KTX, 우주선, 레몬, 피아노, 커피, 개미, 냉장고, 솜사탕, 복숭아, 시계, 스마트폰, 잠옷, 숟가락, 사진, 달력, 자전거, 책, 거울, 장미, 레트로, 카드

2. 언어와 사고의 상호작용

언어, 곧 말과 글은 자신의 생각을 말과 글로써 표현하는 실천적 행위이다. 우리의 사고 과정은 말과 글이라는 매재(媒材)를 통해 표현될 때 하나의 내용물로 드러난다. 그런 만큼 말과 글로 표현되지 않으면 사고의 과정, 나의 생각은 드러나지 않는다. 물론 사고와 표현은 서로 차이가 날 수도 있다. 나의 생각과 표현이 일치할 때 글쓴이는 말하고자 하는 바를 정확히 드러내었다고 할 것이다. 반면에 사고의 과정과 표현이 불일치할 때 글쓴이가 말하고자 하는 바는 어긋나고 온전하게 전달될 수 없게 된다. 글이 사고의 표현이라면 그 표현은 언어를 매개로 한다.

언어는 '사고'의 그릇이며, 사고는 '언어'라는 그릇에 반영된다. 그리고 언어는 행동을 유도한다. 사고는 내적 작용의 측면이 강하다. 반면에 언어는 외적 작용의 측면이 강하다. 그래서 언어가 사고를 지배하는지, 사고가 언어를 지배하는지를 말하기는 어렵다. 이들이 서로 깊은 관계를 맺고 있다는 사실은 부정하기 어렵다. 예를 들어, 어린이는 언어 능력이 발달하면서 지적 능력이나 사고력도 함께 신장된다. 그 결과, 어린이의 언어 능력 수준은 더욱 높아진다. 결국, 인간은 언어를 도구로 하여 생각을 하며, 그 결과 사고력과 인지 능력이 점점 발달한다고 말할 수 있다.

하나의 실례를 보자. 고려 때 우리는 몽골의 지배를 받았다. 그 영향으로 생겨난 몽골어의 차용어나 유사어가 지금도 존재한다. 가령, 보라매(秋鷹, 兒鷹), 고두리(樸頭, 화살), 수라(水剌, 궁중용어) 등이 종종 사용되고 있다. 중국의 한자 문화권의 영향 아래 생겨난 한자어는 우리말의 상당 부분을 차지하고 있다. 그리고 일제강점기에는 조선어 말살 정책을 펼쳐서 일본식 이름, 일본어를 사용하게 했다. 일제는 우리의 사고를 지배함으로써 우리의 정신마저 강탈하려고 했다. 이렇게 본다면 언어의 작용이 얼마나 사고와 밀접한 관계에 놓여 있는가를 알 수 있다. 사고에 의해 언어가 변화하기도 하고 언어에 의해 사고가 변화하기도 한다. 조선어학회가 일본에 항거하여 우리말을 지키려고 했던 노력들도 이러한 증거 중 하나다.

언어는 '사고'의 그릇이며
사고는 '언어'라는 그릇에 반영된다.

언어는 사고를 지배하고
사고는 언어를 지배한다.

언어와 사고의 상호작용에 대한 보다 학술적인 예는 프랑스의 정신분석학자 자크 라캉의 설명이다. 자크 라캉은 인간은 언어를 통해 생각하며, 인간의 심리는 언어와 밀접한 연관성이 있다고 주장한다. 예컨대, 영어 사용자들은 "주어+서술어+목적어"의 형식으로 어떤 생각을 머릿속에서 문자로 떠올리는데, 한국어 사용자들은 "주어+목적어+서술어"의 형태로 떠올린다는 것이다.

아울러 현대 언어학에서는 언어가 사고에서 비롯됨을 연구를 통해 밝혀내고 있다. 미국의 심리학자 스티븐 핑커는 인간의 사고 속에 언어의 기본 설계도가 주어져 있다고 주장한다(『언어본능』). 일례로 그는 한 뇌졸중 환자와 진행한 인터뷰를 제시하면서, 뇌 기능에 이상이 있는 경우 문장과 어휘 구사 능력이 현저히 저하된다는 것을 보고하고 있다. 이렇게 언어와 사고력은 매우 밀접하게 연결되어 있다.

언어와 사고력의 관계는 우리의 일상생활에서도 찾아 볼 수 있다. 언어를 배운다는 것은 기존의 인간이 만들어 놓은 언어 표현 능력을 숙지하고 상황에 맞게 응용하는 능력을 배우는 것이다. 반대로 말하면, 우리는 언어를 배우지 않는다면 사고할 수도 없다는 것이다. 언어 능력이 부족한 사람들은 사고의 폭이 좁다. 사고의 폭이 좁다는 것은 세상에 대해 알아가고 인식하는 능력이 부족하다는 것이다. 예를 들면, '노새'가 무엇인지 모르는 사람은 말과 나귀의 혼종이 존재한다는 사실 자체를 모른다. 아프리카의 원주민들은 '눈'이라는 것을 모른다. 하지만 에스키모들은 눈을 지칭하는 말이 20여 가지가 넘는다고 한다. 그만큼 에스키모들은 아프리카의 원주민들에 비해, 눈에 대해 더 잘 알고 있다는 것이다. 이처럼 언어라는 것은 세상을 인식하는 사고 능력의 근간이다.

철학자 유발 하라리는 '인간의 언어가 매우 특별한 이유는 그 유연성'에 있다고 주장한다(『사피엔스』). 그 제한된 개수의 소리와 기호를 연결해 무한한 수의 문장을 만들 수 있다는 것이다. 이는 우리 주위 세계에 대한 막대한 정보를 저장할 수 있다고 설명한다. 또한 그는 단순한 저장이 아니라, 언어를 통해 허구를 말할 수 있는 능력이 가장 독특한 측면 중 하나라고 한다. 이러한 허구를 통해 상상하는 능력을 가진 인간의 '공동체'를 만들 수 있게 되었다고 한다.

이렇게 세계의 모든 물상(物象)을 인지하는 능력인 사고력은 언어와 불가분의 관계이다. 세계는 너무나도 복잡하고, 우연적인 사건들로 이루어져 있다. 인간은 이러한 세계를 '언어'를 통해 정리하고 범주화한다. 그 정리와 범주화를 담당하는 것이 바로 사고력이다. 즉, 사고력은 그 복잡한 세계를 정리하여 사람들이 '알기 쉬운 방식'으로 언어화하여 전달한다. 여기에서 말하는 '알기 쉬운 방식'은 여러 가지가 있으나, 그 대표적인 것이 인과 관계이다.

❶ 왕이 죽었다. 왕비가 죽었다.

❷ 왕이 죽어서, 왕비가 죽었다.

1번 문장과 2번 문장은 의미가 동일한가? 아마 많은 사람들은 의미가 다르다고 말할 것이다. 1과 2 문장의 '내용'은 거의 유사하다. 하지만 '~어서'라는 이유나 근거를 나타내는 연결 어미를 통해, 2번 문장은 인과 관계로 묶이게 된다. 이를 통해 '왕의 죽음', '왕비의 죽음'은 질서정연한 논리로 연결되며, 무질서한 세계는 언어로 설명할 수 있는 세계가 되는 것이다. 이렇게 인간은 무질서한 세계를 언어로 설명하여, 이해할 수 있는 것으로 만들고자 하는 욕망이 있다. 대표적으로 세계의 질서를 설명하는 인간의 언어적 행위로 신화를 예로 들 수 있다.

프랑스의 구조주의 인류학자 레비스트로스는 『야생의 사고』에서 그러한 인간의 신화 만들기는 과학으로 세상의 모든 자연 현상을 설명하는 현대와 비교하여 아무런 차이가 없다고 주장한다. 즉, 과거의 사람들은 이해할 수 없는 자연 현상을 설명하기 위하여 그 자연 현상을 '언어화'하여 '신화'를 만들었다는 것이다. 이렇게 인간은 언어를 통해 세계를 이해하고, 또 세계를 분류한다. 그리고 그 언어를 통해 설명된 세계는 인간의 사고와 가치관에 영향을 미친다. 이는 언어와 사고와의 긴밀한 상호작용을 설명하는 대표적인 예라고 할 수 있을 것이다.

그럼 이렇게 글쓰기에서 중요한 사고력에는 무엇이 있을까? 사람마다 다를 수 있지만 판단력과 상상력이 사고력의 중요한 요소라는 것은 부정할 수 없을 것이다. 판단력은 다른 사람에게 무엇을 전달할 것인가를 결정한다. 예를 들면 청중에게 적합한 언어 구사를 재빨리 결정하여 대화 소재를 결정하는 것은 좋은 판단력이라고 할 수 있다. 또한 조리 있고 명쾌한 설명이나 전달하는 방법은 상상력과 관련되어 있다. 이를테면 소설이나 영화 시나리오에서 긴장감 있는 전달 방식이나 놀라운 반전은 바로 그 작가의 상상력에 많은 영향을 받는 것이다.

> 공상이나 망상도 상상에 뿌리를 두고 있지만 앞의 것은 현실이라는 개연성과 맞닿아 있지 못하기 때문에 끈풀어진 풍선과 같은 것이지요. 문학에서 필요로 하는 상상은 일단 독자를 당혹스럽게 한 뒤 고개가 끄덕거려질 수 있는 개연성을 가지고 있어야 한다는 것이지요.
>
> —전상국, 『전상국의 즐거운 마음으로 글쓰기』 부분

소설가 전상국은 상상력은 현실이라는 개연성과 연관되어 있다고 주장한다. 독자가 생각하지 못한 사건이나 인물을 제시하고, 그 뒤에 독자가 납득할 수 있게 하는 것이 상상력의 역할이라는 것이다. 이 말은 상상력을 통해서 글쓰기의 여러 조각들이 하나의 논리로 체계화된다는 것을 의미한다.

3. 소통과 참여로서의 글쓰기

의사소통(communication, 意思疏通)의 어원은 라틴어 'communicare'에서 비롯하였다고 한다. 이 단어는 '나누다'라는 의미이다. 그런데 이 '나눔'은 단순한 나눔이 아니라, 신(神)이 가진 신성(神性) 혹은 권능을 인간에게 나누는 것을 의미한다. 현재 의사소통은 언어를 통해 감정, 생각, 정보를 교류하는 행위를 일컫는 것으로 이 단어는 원래 '어떠한 영향력을 다른 자에게 전달하다'라는 의미였다.

의사소통은 표현하는 사람과 받아들이는 사람으로 나뉜다. 그리고 음성 언어와 문자 언어를 통해 주로 이루어진다. 음성 언어는 말하기와 듣기로 구분할 수 있고, 문자 언어는 쓰기와 읽기로 나눌 수 있다. 이 각각의 두 개념은 동전의 앞·뒷면처럼 매우 긴밀하게 이루어져 있다. 의사소통의 발신자가 있으면, 당연히 수신자가 있어야 하기 때문이다.

그러나 의사소통이 이루어졌다고 해서 모두 가치 있는 정보를 담고 있는 것은 아니다. 의사소통에 참여하는 사람들이 서로 신뢰하고 납득할 수 있는 정보를 포함하고 있어야 진정한 의사소통일 것이다. 이렇게 진정한 의사소통을 할 수 있도록 도움을 주는 것을 비판적 사고라고 한다. 이러한 비판적 사고를 통한 의사소통은 자연스럽게 합리적 의사소통이 된다. 합리적 의사소통은 필연적으로 상호작용적 특성을 지니며, 의사소통에 참여한 사람들 모두의 인식을 확장시킨다. 의사소통에 참여하는 구성 요소는 아래의 표와 같다.

구성 요소	성공적인 의사소통을 위한 전략
화자	계획하기 내용 생성하기 내용 조직하기 내용 전달하기
청자	공감적 듣기 사실적 듣기 추론적 듣기 비판적 듣기 창의적 듣기
메시지	언어적 메시지 반언어적 메시지 비언어적 메시지 직접 메시지 간접 메시지
맥락	상황 맥락 사회 문화/역사적 맥락

현재 우리는 빅데이터, 인공지능(AI), 디지털 트윈 등 하루가 멀게 새로운 기술들이 쏟아져 나오는 과학기술의 시대를 살고 있다. 4차 산업혁명의 시대는 이제 현실이 되었다. 누군가는 4차 산업혁명 시대에는 글쓰기를 통한 의사소통이 필요 없다고 말하지만 그렇지 않다. 오히려 그 어느 시대보다도 더 글쓰기가 필요한 시대이다.

디지털 트윈(digital twin)은 미국 제너럴 일렉트릭(GE)이 주창한 개념으로, 컴퓨터에 현실 속 사물의 쌍둥이를 만들고, 현실에서 발생할 수 있는 상황을 컴퓨터로 시뮬레이션함으로써 결과를 미리 예측하는 기술이다. 디지털 트윈은 제조업뿐 아니라 다양한 산업·사회 문제를 해결할 수 있는 기술로 주목 받는다. 그리고 기본적으로는 다양한 물리적 시스템의 구조, 맥락, 작동을 나타내는 데이터와 정보의 조합으로, 과거와 현재의 운용 상태를 이해하고 미래를 예측할 수 있는 인터페이스라고 할 수 있다. 물리적 세계를 최적화하기 위해 사용될 수 있는 강력한 디지털 객체로서, 운용 성능과 사업 프로세스를 대폭 개선할 수 있다.

—〈위키백과〉

놀랍게도 현재의 인류는 그 어느 시대보다도 문자를 많이 사용하고 있다. 바로 디지털 시스템의 발달로 인해 수많은 의사소통을 문자로 해결하고 있기 때문이다. 예컨대 카카오톡 사용량이 해마다 폭증하고 있다는 사실은 이를 잘 보여주는 증거라고 하겠다.

이렇게 의사소통의 범위와 정도가 비약적으로 증가하고 있음에도 불구하고 의사소통 행위는 매우 어려운 것이 사실이다. 디지털을 통한 비대면 담화에서는 대면 담화가 가지고 있는 비언어적 표현과 반언어적 표현이 제대로 드러나지 않아 오해의 소지가 쉽게 발생하기 때문이다. 앞서 제시된 표의 맥락적 상황을 잘 감안하여 의사소통에 임해야 오해를 줄일 수 있다. 그래서 온라인이나 모바일 기기를 이용한 의사소통에는 특별히 정확한 메시지를 전달할 수 있도록 노력해야 한다.

실습 및 강평

1. 인간을 특징짓는 형용어구('인간은 이성적 동물 등')의 예와 그 의미를 조사해 보자.

2. '언어의 의의'라는 주제에 대해 자유롭게 토론해 보자.

제3장 창의적 발상과 사고

1. 창의적 사고와 스토리텔링

우리는 매일 수많은 사건·사고의 메시지에 노출되어 있다. 그것이 믿을 만한 것이든 믿을 수 없는 것이든 외견상 또렷한 메시지의 세례를 받는다. 그런데 그 수많은 메시지에 대해 어떤 메시지는 그냥 무시하고, 어떤 메시지는 심사숙고 없이 그냥 따르고, 어떤 메시지는 살펴보지도 않고 거부하기도 한다. 이런 경우 내가 왜 그렇게 해야 하는지, 아니면 하지 말아야 하는지, 또는 왜 그것을 믿어야 하거나 믿지 않아야 하는가를 스스로에게 질문해야 한다. 우리가 '왜?'라는 질문을 할 때 우리는 우리가 하도록 명령받은 일을 해야 하는 이유, 또는 우리가 믿도록 명령받은 일을 믿는 이유를 묻게 된다.

'왜?'라는 질문을 할 때 우리는 당위성과 정당성을 생각하지 않을 수 없다. 당위성과 정당성을 생각한다는 것은 사고의 과정을 통해 그것이 왜 정당한가, 아니면 왜 그것이 당위성을 지니고 있는가에 대한 우리의 통찰이 요구된다. 통찰은 새로운 사태에 직면하였을 때 시행착오를 겪지 않고 문제를 해결하는 지성의 중요한 작용이다. 바로 이 통찰은 사고방식과 밀접하게 관련되어 있다.

사고방식은 재생적 사고와 생산적 사고로 크게 나누어 볼 수 있다. 재생적 사고는 습관과 관련되어 나타난다. 습관은 어떤 행위를 오랫동안 되풀이하는 과정에서 저절로 익혀진 행동방식, 또는 학습된 행위가 되풀이되어 생기는 비교적 고정된 반응 양식이다. 습관은 중복된 행동 패턴이라 할 수 있다. 그러므로 재생적 사고란 되풀이하는 과정에서 이루어지는 단순 기계적 반복이나 중복된 행동 패턴에 따른 사고의 작용이다.

이런 재생적 사고에는 단순 기계적 반복, 중복된 행동 패턴을 기반으로 예측 가능한 결과를 달성하고자 학습된 생각과 행동을 의식적으로 재생하는 의식적 재생, 의식적으로 따르나 끊임없이 개선 방법을 찾는 카이젠 사고 등이 있다.

단순 기계적 반복은 습관과 매우 중첩된 사고의 패턴이다. 가령, 밥을 먹은 후 양치질을 하는 방식, 매번 미용실에서 커트를 할 때의 헤어스타일, 외출할 때 걸치는 패션스타일 등과 같이 우리의 라이프스타일을 이루게 하는 사고방식이다. 그런데 중복된 행동 패턴이지만 중복된 행동 패턴을 기반으로 그때 그때마다 사고의 변화를 통해 예측 가능한 결과를 달성하고자 학습된 생각과 행동을 의식적으로 재생하는 의식적 재생도 있다. 가령, 자동차를 운전할 때 운전 습관에 따라 운전을 하지만 교통 상황을 고려해 운전 습관을 변화시키는 의식적 재생이라든가 회계 처리 업무를 할 때 수입과 지출에 따라 업무 처리 방식을 변화시키는 의식적 재생도 있다.

그리고 카이젠 사고는 확실한 사실(fact), 검증된 패턴을 의식적으로 따르면서도 그 사실이나 패턴을 끊임없이 개선할 수 있는 방법을 찾는 사고의 연장 방식이다. 확실한 사실이나 검증된 패턴에만 머무르는 것이 아니라 더 좋은 변화와 결과를 얻어내기 위해 끊임없이 모니터닝을 하면서 개선의 여지를 추구하는 사고이다. 카이젠은 공정, 제품, 절차를 지속적으로 모니터닝하여 개선 방법을 찾아서 그 과정을 다듬고 수정·변화시켜나간다는 점에서 가장 긍정적이면서도 유용한 형태의 재생적 사고다. 그런데 개선이나 수정·변화를 통해 점진적 변화를 추구한다는 점에서 혁신적인 것으로 보일 수 있겠지만 사실상 그 개선 및 수정·변화(혁신적 변화)는 마치 혁신적인 것 같은 착각을 불러일으킨다는 점에서 가장 위험한 형태의 재생적 사고로 평가되기도 한다. 이처럼 카이젠 사고는 한계를 지니고 있다. 카이젠 사고를 통한 점진적 변화가 아무리 쌓여도 계산기를 두들겨서 처리한 회계장부가 어떤 상황을 가정하여 그 영향을 수치로 환산하는 스프레드시트가 될 수는 없다.

스프레드시트: 스프레드시트는 사업 운영에 유용한 여러 수치 정보를 나타내는 회계 장부이다. 20세기 말이 되어서는 전자적 스프레드시트가 펜과 잉크를 이용한 수기 작성을 거의 대체했다. 하지만 스프레드시트는 회계 데이터에 한정되지 않고, 다양한 과학적 데이터를 표현하고 컴퓨터 계산을 수행하는 데 이용된다. 또한 스프레드시트는 어떤 상황을 가정하여 그 영향을 수치로 환산하는 데 매우 유용하다. 다른 셀 값들에 따라 변화하는 함수로서의 공식을 이용해 스프레드시트 셀에서 데이터 값을 구할 수 있기 때문이다. 즉 부품 가격과 같은 하나의 변수를 변화시켜 제품 원

가에 미치는 영향을 파악할 수 있다. 오늘날 개인 컴퓨터용의 스프레드시트는 일반적으로 데이터를 원 그래프나 막대 그래프와 같은 다양한 형태의 그래프로 변환해 주는 기능을 갖고 있다. 때로는 워드 프로세서와 데이터베이스 프로그램 같은 다른 소프트웨어와 통합되기도 한다.

—〈다음백과〉에서 요약, 정리

지금까지 우리의 일상에서 재생적 사고는 다양한 분야에서 유용한 사고방식의 한 갈래로 인정되어 왔다. 그러나 재생적 사고는 '혁신'을 내세우지만 구호만 있을 뿐 변화를 시도하지 않는다. 점진적 변화는 혁신·변화·창조의 최대 적이다. 그러므로 우리는 재생적 사고를 지양(止揚)하고 생산적 사고를 지향(指向)해야 한다.

생산적 사고는 산출적 사고라고도 한다. 생산적 사고란 과거의 경험을 이용하여 새로운 문제의 해결이나 인식을 이끌어 내는 사고방식이다. 생산적 사고는 사물, 대상, 현상을 완전히 다른 방식으로 바라보고 인식하는 방식이다. 생산적 사고에는 창의적 사고와 비판적 사고가 있다. 창의적 사고는 새로운 것을 자유롭게 떠올리는 아이디어의 창출이며, 비판적 사고는 합리적이고 논리적인 시각에서 아이디어의 가능성을 진단하고 예단하는 사고의 활동이다.

생산적 사고로 나아가기 위해서는 창의적 사고와 비판적 사고를 완전히 분리해야 한다. 창의적 사고와 비판적 사고를 함께 하게 되면 새로운 아이디어에 대한 생산 능력이 떨어져 아이디어가 더이상 생산되지 못할 수 있다. 왜냐하면 새로운 아이디어가 떠올랐을 때 비판적 사고에 의해 바로 그 아이디어의 문제들이 쏟아지면서 더이상 새로운 아이디어를 내놓지 않게 되기 때문이다. 그러므로 생각은 자유로워야 한다. 자유로운 생각들이 대양을 항해할 때 생각(아이디어)은 살이 찌고 살이 찐 생각은 또 다른 생각(아이디어)을 낳는다. 그렇게 풍성해진 생각(아이디어)들에 비판적 사고라는 메스를 이때 가하여 우리는 최적의 생각을 선별해야 한다.

2. 창의적 발상의 기술

창의적 사고란 기존의 지식이나 경험을 바탕으로 상황에 맞는 새롭고 가치 있는 결과물을 만들어 내는 능력, 또는 새로운 의견이나 아이디어를 제시할 수 있는 정신적 능력을 일컫는다. 창의적 사고는 유창성(fluency), 융통성(flexibility), 독창성(originality), 정교성(elaboration), 민감성(sensitivity) 등으로 수행될 수 있다.

1) 유창성

유창성은 가능한 한 많은 아이디어나 반응을 창출해 내는 것이다. 이 유창성은 비교적 창의적 사고의 과정에서 초기 단계에 요구되는 기능의 하나다. 유창성을 신장시키는 가장 좋은 방법 중 하나가 연상이다. 자신이 가지고 있는 지식을 활성화하여 가능한 한 많은 것을 연상해 보고, 또 문제 상황을 심도 있게 파악하여 가능한 해결 방안이나 대안을 있는 대로 많이 제시하는 자유로운 사고 활동이다. 창의적 사고의 궁극적 목적이 보다 독창적이면서도 질적으로 우수한 사고를 산출하는 데 있다고 하더라도 아이디어를 가능한 한 많이 산출하게 하는 단계를 거칠 때 창의적인 아이디어가 나올 수 있다. 유창성에 기반해 어떤 주제에 대하여 다양한 아이디어를 내기 위한 방법으로 흔히 쓰이는 기법이 브레인스토밍(brain-storming)이다.

- 간단한 유창성 연습 1: 어떤 사물이나 대상을 가능한 한 많이 연상하기
  ※ 젓가락 두 개로 할 수 있는 것을 생각하기

- 간단한 유창성 연습 2: 어떤 문제 상황에 대한 해결 방안 또는 대안을 가능한 한 많이 제시하기

  ※ 지구온난화를 막을 수 있는 해결 방안 또는 대안

2) 융통성

융통성은 고정적인 사고방식이나 시각 자체를 변환시켜 다양한 해결책을 찾아내는 능력이다. 대개 융통성은 우리의 일상생활에서 정답이 정해져 있지 않은 복합적이고 다원적인 문제 상황을 해결하는 과정에서 주로 활용된다. 그러므로 융통성은 유연하게 사고하는 것이 필수적이며 동시에 독창적인 사고를 할 수 있어야 한다.

융통성 있게 사고하려면 지식이나 정보를 다양한 방식으로 활용할 수 있어야 한다. 또한 한 가지 아이디어에 집착하지 말아야 하며, 항상 다른 사람과 아이디어를 나누고 공유할 수 있는 열린 사고방식을 가져야 한다. 또 한편으로 자신의 아이디어를 다른 사람의 아이디어에 관계를 맺어 보고 서로 관계가 없는 듯한 사물이나 현상들도 서로 미미하게 연결된 관련성을 찾아서 다양한 관점에서 적용시킬 수 있는 발상의 전환을 할 수 있어야 한다.

- 간단한 융통성 연습 1: 서로 관계가 없는 듯한 사물이나 대상(현상) 사이의 연관성 탐색하기

  ※ 검색어 '골동품'의 연관어와 관련지어 생각하기

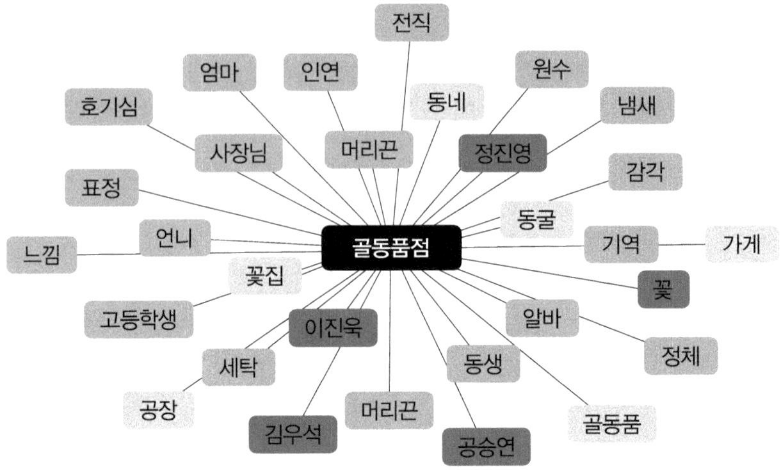

- 간단한 융통성 연습 2: 발상의 전환을 통해 다양한 관점으로 대상에 적용하기
  ※ 실수로 매우 비싼 골동품을 쓰러뜨린 후 발생할 문제를 해결하기

※ 자동차 튜브의 펑크를 해결하기 위해 튜브 자체를 없앰으로써 해결하기

3) 독창성

독창성은 기존의 관념이나 관습에서 벗어나 참신하고 독특한 아이디어를 산출하는 능력이다. 기존의 사고방식 또는 관습적인 다른 사람의 문제 해결 방식으로부터 벗어나 자기만의 독특한 아이디어를 창출하고 문제를 해결할 수 있는 방안을 고안하려는 의식적인 사고 활동이다. 우리에게 독창성이 필요한 이유는 어떤 사안에 대해 단기적인 문제 해결의 상황에서 보다 더 효율적으로 문제를 해결할 수 있는 방안을 도출할 수 있기 때문이다. 또 장기적으로는 인간의 삶을 보다 더 의미 있게 하고 질적으로 고양한다는 데 있다.

독창성을 신장시키는 가장 기초적인 방법은 서로 관계가 없을 것 같은 아이디어들 사이에 관계를 형성하는 과정을 거쳐 다른 사람과는 다른 독특한 생각을 할 수 있는 발상의 전환이 필요하다.

- 간단한 독창성 연습 1: 다른 사람과 같지 않은 생각하기

  ※ 오징어 게임의 규칙을 다시 세우기

- 간단한 독창성 연습 2: 기존의 생각이나 사물의 가치를 부정하고 생각하기

  ※ 세계 최초로 비행 항공모함 만들기

4) 정교성

정교성은 다듬어지지 않은 기존의 아이디어, 투박한 기존의 사고 방식을 보다 치밀한 것으로 발전시키는 능력이다. 이 정교성은 은연중에 떠오른 조잡한 아이디어라도 소중히 여기고 이를 발전시켜 훌륭한 아이디어가 되도록 정교하게 다듬는 활동이다. 또 정교성은 창의적 사고의 최종적인 산출 결과·결과물과 관련하여 매우 중요한 측면을 지닌다.

정교성은 창의적인 문제 해결에 있어서 외부로부터 유입된 아이디어와 관련하여 새로운 아이디어를 생성하는 과정이라는 점에서 매우 중요하다. 정교성을 신장시키기 위해서는 복잡한 정보를 분석하고 재구성하여 새로운 아이디어를 창출해 낼 수 있는 자료의 제작과 지도가 요청된다.

- 간단한 정교성 연습: 은연중에 떠오르는 거친 수준의 생각을 구체화하기

  ※ 황당하거나 실현 불가능한 버킷리스트를 두 가지 작성한 후 실행 계획 세우기

5) 민감성

민감성은 지각력에 의존할 때 더 효과적인 아이디어를 창출할 수 있다. 민감성은 우리의 감각 기관을 활용해 다양한 정보를 탐색하여 새로운 영역의 아이디어를 산출하는 일련의 과정이다. 민감성은 우선 우리의 주변 환경과 밀접하게 관련된 시각·청각·후각·촉각·미각 등의 오감을 통해 들어오는 다양한 정보에 대해 민감하게 반응한 후 이를 통해 새로운 영역을 탐색해 나가는 것을 의미한다. 민감성을 활성화하기 위해서는 일상생활에서 접할 수 있는 문제나 주변 환경에 세심

한 관심을 가져야 하며, 당연하게 여겨졌던 것에 대해서도 의문을 품고 다시 한번 생각해 보아야 한다. 민감성은 감각 기관에 의존하여 새로운 아이디어를 발산할 수 있다는 측면에서 가장 기초적인 창의적 사고 능력이다.

- 간단한 민감성 연습: 이상한 것을 친밀한 것으로 생각하기
  ※ 지독한 냄새가 나서 도저히 먹을 수 없는 음식을 맛있게 먹기 도전

이상은 창의적 사고로 나아가고자 연습한 수행이었다. 그런데 창의적 사고의 수행에는 항상 비판적 사고가 은연중에 내재해 있다. 비판적 사고는 수렴성을 기반으로 사고하는 방식이다. 가령, 아이디어를 커트하면서 객관적인 시각에서 실현 가능성과 효율성, 효과성 등을 탐색하는 경향이 있다. 이런 탐색 과정을 통해 아이디어 중 걸러낼 것은 걸러내고 다시 추려낼 것은 추려내는 기능을 하는 사고 방식이다. 그렇기에 창의적인 아이디어를 최대한 확장하고 확대하기 위해서는 비판적 사고를 일시 중지해야 한다. 무비판적으로 아이디어를 계속해서 발굴하고 꼬리에 꼬리를 무는 생각의 연쇄를 계속해서 가져갈 때 창의적 아이디어는 활성화될 수 있다. 따라서 질적 관점보다는 양적 관점에서 아이디어를 생산해야 하며, 아이디어의 양이 충분히 확보될 때까지 꼬리에 꼬리를 무는 사고의 연쇄 과정을 지속해야 한다. 이후 충분한 양의 아이디어가 확보되었을 때 비판적 사고를 해나가야 한다.

창의적 사고가 "이런 것은 어떨까!", "이렇게 하면 어떨까!"와 같은 아이디어의 창출이라면 비판적 사고는 여기에 "과연 될까?", "그것이 가능할까?", "얼마나 효과가 있을까?"와 같이 비교적 객관적인 입장에서 사물, 대상, 현상을 합리적이고

논리적인 관점으로 사고하는 방식이다. 그러므로 창의적인 아이디어를 무한히 생산할 수 있는 가장 손쉬운 방법은 비판적 사고를 중지하는 것이다.

3. 창의적 사고 기법 활용의 실제

이미 전술한 바와 같이 글쓰기에서 창의적 사고는 매우 중요하다. 그렇다면 창의적 사고 기법을 활용해 글쓰기를 하려면 다음 몇 가지에 유의해야 한다.

첫째, 원리나 법칙을 스스로 찾아 나가는 것이 매우 중요하다. 둘째, 아이디어를 내놓을 때는 '좋다' '나쁘다'로 판단하지 말고 '실현 가능하다' '실현 불가능하다' 등과 같이 산출된 아이디어를 평가하지 말아야 한다. 셋째, 문제해결을 하기 위한 다양한 방법을 여러 관점과 시각에서 찾아야 한다. 넷째, 질문과 토론을 많이 함으로써 도출할 수 있는 다양한 안을 최대한 많이 이끌어내야 하며, 항상 다르게 보고 다르게 생각하려고 해야 한다. 다섯째, 얼토당토않은 생각도 수용할 수 있어야 하며, 지속적인 릴레이 사고를 활용해야 한다. 여섯째, 실수나 오답을 내놓아도 괜찮다는 인식을 갖고 끊임없이 확산적인 사고를 되풀이해야 한다. 일곱째, 몰입을 통해 예상 가능한 것과 상상한 것을 여과없이 내놓아야 한다.

1) 마인드매핑(Mindmaping)

기록하면 시야가 좁아질 수 있고, 메모하는 습관은 인간 두뇌 활동의 종합적인 사고를 가로막을 수 있기에 읽고 생각하고 분석하고 기억하는 모든 것을 마치 지도를 그리듯이 생각을 끄집어내야 한다는 창의적 사고 기법이 마인드맵이다.

마인드맵은 영국의 언론인 토니 부잔(Tony Buzan)이 고안한 창의적 사고 기법이다. 이 기법이 유럽에 소개되었을 때 선풍적인 인기를 끌었다. 토니 부잔은 당시 성공하는 습관의 하나로 기록하고 메모하는 습관을 강조했던 것과는 대조적으로 폭넓은 관점과 시각을 확보하려면 중심 이미지를 통해 자유롭게 연상되는 세부 이미지를 연결해 전체적인 이미지를 구성할 때 더 효과적이라는 것을 마인드맵으로 증명했다.

마인드맵은 종이의 가장자리에 핵심개념을 이미지로 표현하고 그와 연관되는 단어나 이미지를 가지치기를 하면서 거미줄 형태로 뻗어 나가는 사고력, 창의력 및 기억력을 향상시키기 위한 하나의 사고 기법이다. 이 기법은 글쓰기에서 글감을 구성할 때 유용하게 활용될 수 있다. 자유롭게 떠오르는 글감을 단어나 문장의 순서대로 기술할 수도 있고, 마치 그림을 그리듯이 단어나 문장을 항목화하여 구성해 볼 수도 있다.

마인드맵의 활용과 효용

- 읽고 생각하고 분석하고 기억하는 그 모든 것들을 마음속에 지도로 그리는 방법
- 필기, 책 요약, 창작 및 논문 작성 모임 활동, 문제 해결, 지도안 작성, 보고서 및 기획서 작성, 창조적 사고, 일기 쓰기 등 거의 모든 분야에 활용이 가능
- 다양한 글감에 항목을 설정 → 주제어와 그 관련 내용(항목)을 일목요연하게 설정할 수 있음
- 항목이 가지고 있는 위계질서와 논리적 연결 관계를 용이하게 파악할 수 있음

2) 자유연상법

자유연상법은 확산적 사고 기법으로 사실이나 아이디어를 생각해내는 데 유용하다. 자유연상법은 고대 그리스 시대 아리스토텔레스가 '연상의 법칙'이라고 했던 것에서 연유한다. 그는 연상되는 것에 따라 반대연상, 접근연상, 유사연상으로 나누어서 생각을 떠올렸다. 먼저 반대연상은 '백과 흑', '밝음과 어둠'과 같이 상반된 대상을 떠올리는 반의적 연상이며, 접근연상은 '비라고 하면 물', '나무라고 하면 잎'을 자연스럽게 연상하듯 근접한 대상을 떠올리는 연상이며, 유사연상은 '둥근 공하면 지구', '빨간 것하면 사과'와 같이 유사성에 기반해 떠올리는 연상이다.

대개 연상이란 어떤 관념에서 다른 관념을 순차적으로 떠올리는 작용이다. 연상을 할 때 어떤 주제에 대해서 생각나는 것을 모두 연상해내는 것을 '자유연상'이라고 한다. 이렇듯 대상을 모두 연상하는 기법이 바로 '자유연상법'이다. 이 '자유연상법'은 20세기 초(1921년경) 초현실주의자들이 자동기술법(automatism)으로 작품을 창작하는 데 활용되기도 했다. 그들은 어떤 주제에 대해 떠오르는 이미지를 자유롭게 단어로 나열한 다음 그것을 재배열하여 문학작품으로 창작하기도 했다.

- 주제: 바다
- 자유연상: 에메랄드, 파랗다, 포말, 송어, 거북이, 요트, 물결, 수영, 피서지, 모래사장, 낚시, 섬, 엄마, 노래, 파도 소리, 흰 구름, 삼키다, 어부
- 자동기술법에 의한 창작

에메랄드가 파랗게
포말을 삼키며
파도 소리를 가르는 송어

피서지의 모래사장에서 부르는 엄마의 노래
요트의 물결을 따르는 거북이
흰 구름이 섬을 에워싸고
낚시하던 어부는
섬을 향해 수영하네.

이처럼 자연연상법에 따른 자동기술법은 이미지만을 나열하고 있기에 시에 대한 이해가 어렵다. 이러한 기법은 시에만 적용되는 것이 아니라 소설에서도 적용된다. 심리적인 소설의 기법으로 활용되지만 역시나 해석이 어렵다. 그럼에도 불구하고 우리는 이 자유연상법을 통해 확산적인 창의적 사고를 배양할 수 있다.

실습 및 강평

1. 아래의 단어는 어떤 사물에 대해 자유연상한 단어들이다. 자유연상하다가, 처음 단어와 연관성이 떨어진다고 생각한 것에는 '/' 표시를 하였다. 처음 "흔들림, 바람, 소리"에 해당하는 단어는 무엇이겠는가?

흔들림, 바람, 소리, / 시냇물, 물고기, 낚시, 고독, 술, 망가짐, 자유, / 욕, 무시, 변명, 싸움, 화해, 웃음, 이빨, 치과, 고통, 간호사, / 분홍색, 무궁화, 노래, TV, / 시간, / 시험, 잠, 욕구, 불만, 짜증, / 음식, / 접시, 설거지, 주방세제,/ 과일, 농약, / 햇살

2. 자유연상은 머릿속에 떠오르는 곳으로 주제에 맞는 글감을 찾아가는 방법을 의미한다. 자유연상 기법은 원래 정신분석학에서 내담자의 정신세계를 탐색하는 방법이었다. 정신분석학에서 자유연상은 환자가 마음속에 떠오르는 생각들을 남김없이 말하는 것을 의미한다. 자유연상기법을 시도할 때 중요한 것은 생각만 하는 것은 비효율적이라는 것이다. 자유연상을 하면서 필기도구로 머릿속에 떠오르는 생각을 적어야 빠짐없이 생각을 끌어올릴 수 있다. 단, 자유연상 과정 중에 다른 것을 해서는 안 된다. 집중하여 생각을 떠올리고 적는 행동만 해야 한다. '바다'에 대해 10분간 자유연상하고, 그 결과를 아래에 적어보자.

3) 브레인스토밍

브레인스토밍은 미국의 광고회사 사장인 알렉스 오스본(Alex F. Osborn)이 처음으로 소개한 확산적인 창의적 사고 기법이다. 오스본은 특정한 주제를 가지고 두뇌가 폭풍을 휘몰아치듯 생각나는 모든 아이디어를 내놓을 때 창의적인 생각들이 도출될 수 있다고 믿었다. 그래서 아이디어의 질적인 측면보다 양적인 측면에 주목했다. 다시 말해, 짧은 시간에 많은 아이디어를 생성하는 것이 그의 목적이었고 그것이 질적인 아이디어든 아니든 상관없이 많은 아이디어 생성을 목표로 했다. 많은 아이디어의 생성은 예상 밖의 결과를 도출할 수 있기에 집단 토의나 집단의 대안을 도출하는 데 유용하게 활용될 수 있다.

브레인스토밍의 기본 규칙은 우선 어떤 아이디어를 내놓는 그 아이디어에 대해 비판하거나 평가하지 않는다. 그리고 그 아이디어가 비현실적이거나 터무니없고 황당한 아이디어라 할지라도 모두 받아들인다. 또 좋은 아이디어를 얻기 위해서는 가능한 한 많은 아이디어를 도출해야 한다. 도출된 두 개 이상의 아이디어를 결합하여 제3의 아이디어를 도출하는 것도 가능하다.

기본 규칙	내용
비판·평가 금지(Support)	절대 비판하거나 평가하지 않는다.
자유분방(Silly)	비현실적인 것, 터무니없는 것, 황당한 것도 받아들인다.
양산(Speed)	가능한 한 많은 아이디어를 요구한다.
결합과 개선(Synergy)	두 개 이상의 아이디어를 결합해 새로운 아이디어를 낸다.

브레인스토밍은 집단의 토의에 주로 활용된다. 물론 개인에 의한 아이디어 산출도 불가능한 것은 아니다. 그러나 집단의 구성원들에 의한 다양한 아이디어를 통해 대안을 찾는 데 주로 활용하는 경우가 많다.

요컨대 브레인스토밍은 머릿속에 폭풍을 일으킨다는 의미이다. 우리들의 일반적인 상식과 기존 질서의 틀에 얽매어 있는 표면의 의식을 과감하게 무너뜨리고 마음의 심연 깊숙한 곳에 도사리고 있는 생각지도 못한 정보들을 이끌어내어 참신하고 새로운 내용을 생산하려는 발상법이다. 브레인스토밍은 보통 6~12명 정도의 집단으로 수행되지만, 규칙만 잘 지키면 혼자서도 가능하다. 브레인스토밍의 장점은 창의적인 사고력을 자극한다는 점이다. 우리의 머리 속에 정리되지 않아 놓치기 쉬운 아이디어가 표면적으로 부각되기 때문이다.

브레인스토밍의 규칙은 다음과 같다. 떠오르는 대로 모두 말하고 적는다. 아이디어가 많을수록 질적으로 우수한 아이디어가 나올 가능성이 크다. 적절하지 않은 아이디어나 구절들이 머릿속에 떠오르더라도 그것들을 폐기시켜버리고 싶은 유혹을 물리치고 계속해야 한다. 또한 떠오르는 것에 대해 평가하지 않는다. 평가하는 노력보다는 제시된 의견을 가능한 한 변형시키고 발전시키는 데 집중한다. 브레인스토밍을 할 때에는 형식에 구애받지 않아야 한다. 모든 형식과 방법을 동원하는 동시에 또 모든 형식과 방법을 파괴할 수도 있다. 머릿속에 담긴 모든 것을 쏟아 놓을 수 있는 무대만 마련되면 충분하다.

실습 및 강평

※ 다음의 사항에 대해 브레인스토밍을 통해 대안을 제시해 보자.

2019년 방영된 MBN 드라마 『우아한 가』의 한 장면의 대화이다. 재계 1위의 MC그룹 모철희 회장의 차남 모완준 부회장이 트랜스젠더라는 사실이 드러난다. 이로 인해 기업에 미칠 영향을 고려해 전략팀에서는 모 부회장의 트랜스젠더 문제에 대해 회의를 한다.

한 상무: 우리는 아주 특별한 취향의 리더를 모시게 됐어.
〈모완준 부회장의 여장 사진 장면〉
김 팀장: 좀 충격적인데요.
이 팀장: 이게, 이게 정말 사실입니까?
윤 팀장: 상무님은 이걸 받아들이세요. 전 정말 쉽지 않습니다.
오 팀장: 저도 윤 팀장과 같은 생각입니다.
한 상무: 허 변호사는?
허 변호사: 저도....(머리를 젓는다.)
윤 팀장: 이건 쉬운 문제가 아닙니다. 상무님만 더 힘들어질 수 있습니다.
한 상무: 난제일수록 흥미롭잖아. 게다가 우리가 부회장님을 더 많이 도와줄 수 있어서 보람도 있고. 우리 리더의 아킬레스건이 밖으로 새어나갔을 때 어떤 보완 조치를 취할 것인지 대안들 가져와.

우리 사회에서 대기업의 후계자가 트랜스젠더라는 사실이 밝혀질 때 기업은 큰 이미지 타격을 받아 주가가 하락할 가능성이 크다. 이에 기업의 이미지를 훼손하지 않으면서 리더의 트랜스젠더 문제를 타개할 방안은 무엇일까. 브레인스토밍으로 아래 예시에 이어 대안을 제시해 보자.

➡ 몇 가지의 브레인스토밍

- 100조 규모의 핑크머니 시장에 도전
- 핑크머니 시장 공략을 기업의 이미지로 활용
- 핑크머니 시장과 정체성의 문제
- 주주들이 그룹 리더의 성적 취향을 문제시 할 수 있다.
- 성 소주자나 약자에 대한 차별을 반대하는 캠페인을 펼친다.
- 사회적으로 젠더 이슈는 민감한 부분이지만 누군가는 선도해 나가야 한다.

4) 스캠퍼(SCAMPER)

스캠퍼는 1950년경 알렉스 오스본(Alex F. Osborn)이 브레인스토밍을 위한 창의성 기법이자 창조성 촉진 작업의 결과로 만들어 낸 기법이다. 스캠퍼는 간단한 질문식 점검표로 이루어져 있으며, 어떤 안건을 탐색하고 질문을 던져서 새로운 아이디어를 구상할 때 주로 도움을 받을 수 있는 창의적 기법이다. 스캠퍼의 사고 과정은 다음과 같이 이루어진다.

과정	내용
대치하기	무엇을 대신 사용할 수 있을까?
결합하기	무엇을 결합할 수 있을까?
적용하기	어떻게 적용할 수 있을까?
수정하기	색, 모양, 형태를 어떻게 바꿀 수 있을까?
다르게 활용하기	다른 용도로 사용할 수 있을까?
제거하기	무엇을 없애 버리거나 수를 줄일 수는 없을까?
거꾸로 생각하기 재배치	거꾸로 놓으면 어떻게 될까? 반대로 하면 어떻게 될까? 역할을 바꾸면 어떨까? 다시 배치하면 어떻게 될까?

이러한 스캠퍼는 강제연상법의 하나다. 강제연상법은 주제에 대해 생각해야 할 방향을 나타내어 생각하게끔 유도하는 방법이다. 이 때문에 연상의 범위를 강제적으로 제한함으로써 사고를 집중시킬 수 있고 보다 구체적으로 발상을 할 수 있다는 장점도 있다. 그리고 기존의 어떤 형태나 아이디어를 다양하게 변형시켜서 기존의 관례나 규칙을 개선하거나 새로운 규칙을 만들어내는 데에도 유용하다. 더욱이 스캠퍼는 고정된 사고의 틀로부터 벗어나 다각적인 측면에서 사고할 수 있는 기회와 경험을 제공하기도 한다.

실습 및 강평

※ 스마트폰을 이용해 '주제통각검사(TAT) 그림'을 검색해 보자. 그중 젊은 여인과 노파의 얼굴을 그린 카드를 보고 두 사람의 관계는 무엇이며, 지금 어떤 이야기를 나누고 있을지, 상상력을 발휘하여 짧은 이야기를 만들어 보자.

● 학생의 글 예시 1:

두 사람의 관계는 김치회사 회장님(노파)과 그의 비서이다. 회사에서 파는 김치는 맛있지만 늘 항상 A회사의 김치보다 깊은 맛이 부족하였다. 따라서 직원들은 깊은 맛을 내기 위해 각각 재료들을 모두 최고급으로 바꾸었지만 A회사 김치의 맛을 따라가기엔 역부족이었다. 그래서 회장님은 직원들에게 경쟁회사 A의 레시피를 훔쳐오는 사람에게 엄청난 선물을 준다고 한다. 이 소식을 들은 비서는 평소 친하게 지내던 경쟁회사 A의 경리를 통해서 그 레시피가 어디에 있는지 알아냈다. 야심한 새벽에 비서는 아무도 모르게 A 경쟁회사의 사무실에 들어가서 레시피를 얻어 온다. 그 다음날 비서는 엄청난 선물을 기대하는 마음으로 회장님께 레시피를 선물한다. 빠른 정보력에 놀란 회장님은 비서에게 "자네 이곳으로 따라오게."라고 말하며 그 둘은 회사의 금고로 향한다. 금고가 열리자 그의 비서는 놀란 표정으로 "설마 저거야?"라고 말한다. 비서를 놀라게 한 회장님의 서프라이즈 선물은 무엇일까? 그것은 바로 회장님이 전성기였던 장인 시절에 만든 2000년산 퍼스트에디션 묵은지인 것이었다.

● 학생의 글 예시 2:

안녕. 내 이름은 '김만득'이야 그리고 뒤에 계신 분은 우리 할머니이셔. 할머니와 나는 인스타그램에 올릴 사진을 찍고 있는 중이야. 요즘은 이렇게 가족들끼리 화목한 사진 올리는게 유행이라나 머라나. 할머니한테 카메라를 똑바로 보지 말고 자연스럽게 시선 처리를 하라고 부탁드렸는데 저렇게 카메라 의식을 하시네 하하하. 너무 귀여우신 우리 할머니, 오래오래 건강하셨으면 좋겠다.

#가족#화목#일요일#할머니#건강#행복

● 나의 글:

제4장 창의적 글쓰기의 기초

- 1. 좋은 글의 요건과 올바른 어휘
- 2. 단어와 품사
- 3. 문장과 단락

1. 좋은 글의 요건과 올바른 어휘

우리는 글을 쓸 때 누구나 좋은 글을 쓰고 싶어 한다. 좋은 글은 기본적으로 생각의 흐름이 자연스럽고 조리 있게 잘 짜인 글이다. 또한 문장을 서술할 때 문장에 적절한 변화를 주어 문장이 효과적으로 표현된 글이어야 한다. 따라서 문장이 효과적이고 생각의 흐름이 순조롭게 잘 표현된 글이라면 좋은 글이라 할 수 있다.

그렇다면 좋은 글을 쓰기 위해서 우리는 어떻게 해야 할까? 좋은 글을 쓰려면 우선 몇 가지 요건을 갖추어야 한다.

첫째, 글을 쓸 때 자신이 쓰는 글에 대해 확신을 가지고 소신 있게 자기주장을 펼치자. 대개 우리는 글을 써보지 않아서 글의 내용이나 짜임이 제대로 된 것인지에 대한 확신을 갖지 못하는 경우가 많다. 그로 인해 내가 펼치는 자기주장에 소신이 없어 문장도 짜임도 내용도 어수선해지거나 엉망이 되는 경우가 흔하다. 우리는 무슨 훌륭한 작가가 되려고 글을 쓰는 것이 아니다. 내 생각을 다른 사람에게 잘 전달하면 된다. 그러기 위해서는 우선 자신의 생각을 정리하고 정리된 생각을 소신 있게 펼쳐나가면 된다.

둘째, 글의 뜻을 명료하게 전달해야 한다. 우리는 글을 쓸 때 생각이 많다. 생각이 많다 보니 그 생각을 다 전달하고자 문장을 기술한다. 그런데 문제는 내 생각을 차근차근 하나씩 전달해야 하는데 그렇지 못하다. 여러 가지 생각들이 한 문장으로 기술되면서 한 문장이 몇 줄씩 길어져 결국에는 횡설수설하는 표현이 되는 경우가 흔하다. 그 이유는 앞서 말했듯이 생각이 정리되지 않았기 때문이다.

우리의 사고가 언어를 통해 전달되기 위해서는 프로세스를 밟아야 한다. 즉 생각의 사슬을 하나씩 하나씩 한 문장으로 간결하게 풀어나가야 한다. 그럴 때 글의 뜻은 명료해질 수 있다.

그 밖에도 좋은 글을 위해서는 글의 내용이 충실해야 하고 진실성이 있어야 한다, 글은 정직하고 성실하게 써야 한다, 글에 독창성이 있어야 한다, 글은 형식과 어법에 맞도록 정확히 써야 한다, 글을 쓸 때는 글의 목적이나 대상(독자) 및 관점 등에 부합해야 한다, 글의 내용과 서술은 일관성과 통일성과 긴밀성을 갖춰야 한다 등의 요건이 강조되고 있다.

글을 쓸 때 단어의 뜻을 정확히 알고 문맥에 맞는 단어를 쓰는 것은 매우 중요하다. 우리가 흔히 쓰는 표현 중 '다르다'와 '틀리다'가 그 대표적인 예이다. 어느 학생이 입사지원을 위해 자기소개서를 쓴 문장을 보자.

"지원하는 이들과 제가 틀린 부분은 바로 업무 처리 속도가 빠르다는 것입니다."

이 문장은 '다르다'고 해야 할 단어를 '틀리다'로 쓰고 있다. '틀리다'는 '셈이나 사실 따위가 맞지 않고 어긋나다는 의미'를 가진 단어다. 반면에 '다르다'는 '비교가 되는 두 대상이 서로 같지 않음, 보통의 것보다 두드러진 데가 있다는 의미'이다. 그러므로 이 경우 "제가 지원하는 사람들과 다른 부분은 업무 처리 속도가 빠르다는 것입니다."로 고쳐 써야 한다. 이외에도 개발/계발, 풍지박산/풍비박산, 절대절명/절체절명, 일체/일절 등을 살펴보자.

(가) "삼척시는 원자력 발전소 유치보다는 스토리텔링을 활용한 관광지 **개발/계발**이 필요하다."

(나) "대학 1학년 때부터 자기 **개발/계발**을 계속한 학생은 좋은 기회가 왔을 때 그것을 잡을 수 있다."

개발(開發)은 천연자원이나 산업, 경제 등의 물질적인 발전이나 발달을 이룩하고자 할 때 쓰는 표현이다. 그리고 계발(啓發)은 사람의 슬기나 재능, 사상 따위를 일깨울 때 쓰는 표현이다. 그러므로 (가)는 '개발'을 써야 한다. (나)의 경우는 '자기 개발'과 '자기 계발'을 모두 쓸 수 있다. 다만 '개발'과 '계발'의 뜻을 고려하여 문맥에 맞는 단어를 사용해야 한다. (나)는 문맥상 '자기 계발'이 더 어울리는 표현이다. 왜냐하면 문맥상 잠재되어 있는 자신의 재능이나 소질을 일깨운다는 의미이기 때문이다. 반면에 '개발'은 이미 가지고 있거나 얻은 지식, 재능 따위를 발전시킨다는 의미로 이해하면 된다. (다)와 (라)는 '개발'의 예문이다.

(다) "대학생은 자기의 능력 개발을 통해 사회에 헌신하겠다는 포부쯤은 가져야 한다."

(라) "교양 교과목 교수들은 학생들의 학습 능력 신장뿐 아니라 사회성의 개발에도 신경을 써야 한다."

다음은 단어를 잘못 알고 사용하는 예들을 살펴보자.

(마) "아버지의 사업이 실패하면서 우리 집안은 그야말로 풍지박산이 되었다."

(바) "트럭이 전복되자 뒤에 실려 있던 짐들은 고속 도로 한복판에 풍비박산이 되어 나뒹굴었다."

풍지박산과 풍비박산 중 올바른 표현은 풍비박산(風飛雹散)이다. 풍비박산은 '바람에 날려 우박이 흩어진다는 뜻으로, 산산이 부서져 사방으로 날아가거나 흩어짐을 비유적으로 이르는 말'이다. 그러므로 (마)는 풍비박산을 써야 한다.

(사) 지금 우리는 죽느냐 사느냐 하는 "절대절명/절체절명"의 위기에 놓여 있다.

도저히 어찌할 수 없는 절박하고 위급한 상황이나 위기에 놓여 있을 때 쓰는 단어는 '절체절명(絕體絕命)'이다. 그런데 '절대절명'으로 잘못 알고 쓰는 경우가 있다. 절체절명은 '몸도 목숨도 다 된 것이라는 뜻으로, 몹시 위태롭거나 절박한 지경을 비유적으로 이르는 말'이다. 그러므로 (사)의 경우 절체절명을 써야 한다.

(아) 그 정치인은 정치 자금을 일체 받지 않겠다고 공언하였다.

(자) 그녀는 친구들과의 연락도 일절 끊고 공부에만 열중하고 있다.

(차) 그는 양치질을 하고 나서는 음식을 일절 먹지 않는다.

(카) 그 스님은 식사를 일체 거부하고 안거(安居) 중이다.

'일절(一切)'은 '부인하거나 금지하는 말과 어울려 아주, 도무지, 전혀, 절대로의 뜻'으로 쓰인다. 반면에 '일체(一切)'는 '명 모든 것, 부 모든 것을 다'의 의미이다. 분명 같은 한자를 쓰고 있지만 절(切)은 '끊을 절', '모두 체'와 같이 두 가지 음을 가진 말이다. 그러므로 (아)의 문장은 문맥상 정치 자금을 절대로 받지 않겠다는 금지의 의미로 쓰이고 있기에 '일절'로 고쳐 써야 한다. (자)는 모든 것을 다 끊고 오직 공부만을 한다는 의미이기에 '일체'로 고쳐 써야 한다. 그리고 (차)는 전혀 먹지 않는다는 의미이기에 맞는 표현이며, (카)는 모든 것을 다 거부하고 있다는 의미이기에 이 역시 적절한 단어를 쓴 예이다. 이처럼 올바른 어휘 선택은 창의적 글쓰기의 출발 단계라 할 수 있다.

요컨대 어휘는 단어의 집합 개념이며, 어휘력이란 단어의 의미를 바르게 이해하고 사용하는 능력을 말한다. 단어와 단어 간의 관계를 바르게 알고 쓰는 능력,

단어의 쓰임을 알고 사용하는 능력, 그리고 어법이나 문맥 또는 문체에 맞게 사용하는 능력도 어휘력이라고 한다. 따라서 단어를 바르게 알고 사용해야 하겠지만, 그 단어가 어디에 어떻게 쓰이는지를 알고 사용해야 하며, 문법에 맞게 사용하는 것이 기본이라고 하겠다.

어휘력을 배양하기 위해서는 무엇보다도 많은 대화와 독서가 필요하다. 그리고 학습의 과정에서는 뚜렷한 목적의식을 가지고 임해야 한다. 뿐만 아니라, 대화나 독서는 물론 학습의 과정에서 사전을 많이 활용하고, 단어가 어떻게 사용되는지 적극적인 관심을 가지고 공부를 하여야 한다.

어휘력이 풍부해야 자기의 생각을 충분하게 표현할 수 있다. 다시 말하면, 어휘력이 풍부해야 자기의 생각을 구체적으로 표현하고 전달할 수 있다. 어휘력과 사고는 상보적인 관계가 있기 때문이다. 우리는 글을 쓰려고 할 때 자기의 생각을 표현하기에 적절한 어휘를 찾지 못할 때가 많다. 정확하고 효과적인 표현을 위해서는 자기의 생각과 일치하는 적절한 단어를 찾아내어야 한다. 좋은 문장을 만들기 위해서도 적확한 단어를 선택할 수 있는 풍부한 어휘력이 필요하다.

2. 단어와 품사

우리는 생각을 단어로 표현할 수 있다. 즉흥적으로 머릿속에 떠오르는 생각도 하나의 단어로 표현할 수 있다. 가령, '돌', '구름', '무지개', '아침', '이슬', '저녁', '노을' 등 내가 생각한 것, 내가 사고한 것을 하나의 단어로 제시할 수 있다. 하지만 단어만으로는 내 생각이 다른 사람에게 정확히 전달되기란 그리 쉽지 않다.

그럼에도 불구하고 글의 기본 단위는 단어(單語, word)다. 우리 국어의 문법은 '형태소 < 단어 < 어절 < 문장 < 단락 < 글 < 이야기'로 정리할 수 있다.

단어는 형태소와 어절의 중간 단계이다. 그런데 조사는 단어로 잡고 있으나 어미는 단어로 잡지 않는다. 파생어, 복합어도 하나의 단어이며, 사전에 실리는 기본 단위도 단어다. 글이 자기의 생각을 전달하는 수단이라면, 자기 생각을 담고 있는 최소 단위가 바로 단어다. 그러므로 단어는 자립하여 쓰이는 말의 단위이며, 뜻을 담고 있어서 단어만 나열해도 최소한의 의사소통은 이루어진다. 단어의 사전적 정의는 다음과 같다.

> 자립하여 쓰이는 말의 최소 단위다.
> 최소 하나 이상의 형태소로 이루어지며 일정한 뜻을 담고 있다.

단어는 문장을 이루는 핵심이다. 문장을 이해하려면 단어를 이해해야 한다. 단어는 고유한 의미를 가지며 문장 속에서의 쓰임에 따라 각각 독특한 기능과 역할을 수행한다. 단어는 문장 속에서의 쓰임에 따라 개념적 의미(사전적 의미), 문맥적 의미(맥락적 의미), 함축적 의미(내포적 의미)로 나타난다. 개념적 의미는 사전에 풀이해 놓은 기본적 의미이기에 사전적 의미 또는 지시적 의미, 축어적 의미라고도 한다. 문맥적 의미는 실제 문장에서 문장과 문장이 이어지면서 전달되는 중심적인 의미나 논리적 연관 관계와 관련된 의미이며, 글이나 문장 속의 맥락에 의해 그 의미가 획득된다. 그렇기에 문맥적 의미는 맥락적 의미라고도 한다. 그리고 함축적 의미는 단어 속에 내포된 상징적 의미로서 사람들의 느낌이나 연상에 의해 환기되는 단어의 의미이기에 내포적 의미라고도 한다.

가령, '거울'을 사전에서 찾아보면 다음과 같이 풀이를 해놓고 있다.

> 거울: 명사
>
> ① 물체의 모양이나 형상을 비추어 볼 수 있게 유리 따위로 만든 물건.
> ② 어떤 대상을 그대로 드러내거나 보여 주는 것을 비유적으로 이르는 말.
> ③ '모범(模範)'이나 '본(本)보기'를 비유적으로 이르는 말.

이와 같이 하나의 단어는 한 가지의 뜻만을 갖고 있는 것이 아니라 하나 이상의 뜻을 지닌 단어들도 있다. 따라서 글을 쓸 때 단어의 의미를 온전히 알고 써야 한다.

오늘 아침엔 깨진 거울 조각에 찔려 피가 났다. 그는 세면실 한쪽 벽에 붙은 거울을 바라보며 머리를 매만졌다.	개념적 의미 지시적 의미
말은 마음을 나타내는 거울이다. 구수한 해학과 신랄한 풍자가 곁들여진 고대 소설은 조선 후기의 사회상을 반영하는 거울이다.	문맥적 의미 맥락적 의미
신사임당은 어머니의 거울이라 할 만하다. 파란 녹이 낀 구리 거울 속에 내 얼굴이 남아 있는 것은 어느 왕조의 유물이기에 이다지도 욕될까.	함축적 의미 내포적 의미

1) 단어의 분류

단어

- 사전에 등재된 우리말 단위
- 뜻을 지니고 독립해서 쓸 수 있는 우리말 최소 단위

단어에 대한 이해가 왜 중요한가?

- '글'의 시작 = '단어'의 선택으로부터 출발!

(1) 단어의 형성에 따라

❶ 단일어(單一語): 하나의 실질 형태소만으로 된 단어이다.

❷ 복합어(複合語): 형태소에 접사가 붙거나 두 개 이상의 형태소가 결합된 단어이다.

(2) 단어와의 관계에 따라

❶ 유의 관계: 두 개 이상의 단어가 소리는 다르나, 의미가 비슷한 단어를 말한다. 여기에서 유의어는 소리는 다르나 의미가 같은 단어관계를 형성하는 동의어와 구별된다. '책방/서점'은 동의어이고, '샛별/개밥바라기'는 유의어이다. 왜냐하면, 책방과 서점은 같은 의미로, 단지 한문과 한글의 차이만 있을 뿐이다. 그런데 샛별과 금성을 바꾸어 쓸 수는 없다. 샛별은 새벽에 동쪽 하늘에서 빛나는 금성을 이르는 말이고, 개밥바라기는 저녁때 서쪽 하늘에 보이는 금성을 속되게 이르는 말이다. 두 단어는 금성이라는 비슷한 의미를 지니고 있지만 바꾸어 쓸 수가 없다. 아침에 뜬 금성을 개밥바라기라고 표현할 수 없기 때문이다.

동의어: 책방/서점, 죽다/숨지다
유의어: 밥/맘마, 꼬리(짐승꼬리)/꽁지(새 꽁지), 얼굴/낯

❷ 반의 관계: 두 단어가 서로 상대되는 의미를 가지고 있는 관계이다.

반의어: '남자 ↔ 여자', '총각 ↔ 처녀', '위 ↔ 아래', '작다 ↔ 크다', '오다 ↔ 가다' 등

❸ 상하 관계: 한 단어가 다른 단어를 포함할 때는 상의 관계가 된다. 다른 단어에 포함될 때는 하의 관계이며, 하의어는 상의어에 비해 의미가 더 구체적이다. 따라서 상의어는 여러 개의 하의어를 가질 수 있고, 반대로 하의어도 여러 개의 상의어를 가질 수 있다.

'물고기'의 하의어 → 민물고기, 붕어, 금붕어 등
'금붕어'의 상의어 → 붕어, 민물고기, 물고기 등

❹ 동음이의어 관계: 두 개 이상의 단어가 소리는 같으나 뜻이 구별되는 관계이다.

腹(사람의 배), 梨(열매), 船(선박)

(3) 단어의 쓰임에 따라

❶ 구조어: 문장에서 단어의 자격이나 문장의 논리적 연관 관계 및 호응 관계를 맺어주는 단어(글의 구조를 형성하는 것으로 조사나 어미 등의 의존적 단어와 접속어나 지시어 등의 자립적 단어)

❷ 내용어: 추상적이든 구체적이든 어떤 의미(뜻)를 지니는 단어

(4) 단어의 특징에 따라

❶ 지시적 의미: 대부분의 사람들이 공통적으로 이해하는 의미를 가진 단어

❷ 함축적 의미: 단어에 의해 연상되는 암시적 의미를 가진 단어

※ 다음은 단어를 선택할 때 유의해야 할 사항은 다음과 같다.

❶ 자기 글을 읽는 대상이 이해할 수 있는 쉬운 단어를 선택한다.

❷ 자기가 표현하려고 하는 생각과 일치하는 단어를 고른다.

❸ 같은 단어를 반복하지 않고, 다른 단어를 다양하게 사용한다.

❹ 추상어보다는 구체어를, 특수어보다는 일상어를 선택한다.

❺ 한자어나 외래어보다는 우리의 고유어를 구사한다.

❻ 유행어와 비속어는 피한다.

❼ 꾸미는 말, 즉 관형어나 부사어를 남발하지 않는다.

※ 다음은 단어의 쓰임이 잘못된 예다.

❶ 그의 어머니는 그가 훌륭한 가수가 될 것이라고 철썩같이 믿고 있었다.
(철썩같이 → 철석같이)

❷ 나는 대학에 입학한 후로 외성적인 성격을 갖게 되었다.
(외성적인 → 외향적인)

❸ 뒷마당 빈터를 일구어 모종을 뿌렸다.
(모종을 → 씨앗을)

❹ 달은 어두운 산길을 걷는 나그네에게 길손이 되어 주기도 한다.
(길손이 → 길동무가)

❺ 나는 본래 태어날 때부터 머리가 컸다.
(본래 → 삭제)

❻ 책상위엔 공과금 용지들과 우편물이 잔뜩 놓여 있다.
(공과금 용지들과 → 공과금 고지서들과)

2) 품사

다음으로 품사 개념에 대해 익히도록 한다. 단어는 성질이 공통되는 것끼리 모아놓은 품사(品詞)에 따라 구분하고 있는데 우리말은 9품사로 나누고 있다. 그것은 곧, 명사(名詞), 대명사(代名詞), 수사(數詞), 조사(助詞), 동사(動詞), 형용사(形容詞), 관형사(冠形詞), 부사(副詞), 감탄사(感歎詞)다. 이것을 다시 기능별로 묶어 보면, 체언(명사, 대명사, 수사), 관계언(조사), 용언(동사, 형용사), 수식언(관형사, 부사), 독립언(감탄사)으로 나눌 수 있다.

❶ 명사: 사물이나 장소, 추상적인 사건, 현상 등의 이름을 나타내는 단어이다.

책상, 한국, 오늘, 사랑, 홍길동 등

❷ 대명사: 명사 대신에 직접적으로 사물이나 현상 등을 가리키는 단어이다. 지시대명사와 인칭대명사를 들 수 있다.

이것, 그것, 저것, 여기, 거기, 저기, 그, 그녀 등

❸ 수사: 사물의 수량이나 순서를 나타내는 단어이다.

하나, 둘, 셋, 첫째, 둘째, 셋째 등

❹ 동사: 동작을 표현하는 단어이다.

가다, 먹다, 자다, 공부하다, 놀다 등

❺ 형용사: 사물의 모습이나 상태를 묘사하는 단어이다.

둥글다, 빠르다, 빨갛다, 조용하다 등

❻ 관형사: 체언(명사, 수사, 대명사) 앞에서 그 체언의 내용을 구체적으로 꾸미는 단어이다.

'새 옷, 헌 신발'에서 '새, 헌'

❼ 부사: 용언(동사나 형용사)을 수식하는 단어이다.

'무척 예쁘다, 데굴데굴 굴러 간다'에서 '무척, 데굴데굴'

❽ 조사: 자립형태소 즉, 명사나 대명사, 수사 등의 뒤에 붙어서 그 말과 다른 말과의 문법적 관계를 나타내거나 뜻을 더하여 주는 단어가 조사이다.

'내가, 너는, 우리를, 학교에서, 선생님이'에서 '가, 는, 를, 에서, 이'

❾ 감탄사: 말하는 이의 놀람·느낌·응답 등을 간단히 나타내는 단어이다.

야호, 어이쿠, 어머나, 헐 등

- 길동이가 만화책을 읽었다. (명사+명사+동사)
- 나도 그것이 더 예뻤다. (대명사+대명사+부사+형용사)
- 대추 하나가 떨어졌다. (명사+수사+동사)
- 빨간 장미가 매우 예뻤다. (관형사+명사+부사+형용사)
- 아, 장미꽃이 예쁘구나. (감탄사+명사+형용사)

3. 문장과 단락

1) 문장

문장(文章, sentence)은 표현의 최소 단위로서, 한 편의 글 속에서 완결된 생각이나 느낌을 표현하는 가장 작은 단위이다. 여러 개의 단어가 질서 있게 배열되어 하나의 문장을 만든다. 올바른 문장은 문법에 맞는 문장을 말한다. 문법에 어긋난 글은 자기의 생각을 전달하는 기본적인 기능을 수행할 수 없게 한다. 따라서 단어를 국어 문법의 규칙에 맞도록 배열하는 것이 올바른 문장을 쓰는 기본이 된다.

문장의 기본적인 틀은 '주어+서술어'이다. 한 문장을 구성하는 데에 없어서는 안 될 주어, 서술어, 목적어, 보어 등의 필요한 요소들을 문장의 주성분(主成分) 또는 필수성분이라고 한다. 이 밖에 문장의 주성분을 꾸며 주는 구실을 하는 성분으로서 부속 성분(체언을 수식하는 관형어, 용언을 꾸미는 부사어)이 있고, 또 문장의 어느 성분과도 관계없이 독립적으로 쓰이는 독립 성분(독립어)이 있다.

❶ 강아지가 뛰어간다. (주어+서술어)

❷ 누나가 강아지를 사왔다. (주어+목적어+서술어)

❸ 구름이 비가 된다. (주어+보어)

❹ 하얀 강아지가 빨리 뛰어간다. (관형어+주어+부사어+서술어)

❺ 예! (독립어)

좋은 문장은 주술관계, 호응, 연결 등이 어법에 맞고 자연스러워야 한다. 따라서 문장은 간결하고 정확하여 그 의미를 전달하는 데 효과적으로 씌어져야 한다. 바른 문장을 만들기 위해서 유의해야 할 사항은 다음과 같다.

❶ 필수적인 문장 성분은 생략하지 말아야 한다.

❷ 주어와 서술어의 호응관계를 정확하게 지켜야 한다.

❸ 문장의 길이는 50자 이내가 바람직하다.

❹ 문장의 구조를 단순화한다.

❺ 피동문은 되도록 사용하지 않는다.

❻ 접속문을 만들 때 동질성이 파괴되지 않도록 한다.

❼ 직접 인용과 간접 인용은 엄격히 구분한다.

(1) 주어를 빠뜨린 문장

우리말은 서양말에 비해 주어가 자주 생략되는 특성을 갖고 있다. 그러나 필요한 주어를 빠뜨리면 뜻이 제대로 전달되지 않고, 문법적으로 어색한 문장이 되는 경우가 많다. 주어는 문장을 이루는 가장 중요한 요소임을 명심해야 한다.

❶ 거북선을 만들었다.
(→ 이순신 장군이 거북선을 만들었다)

❷ 도서관 가는 길에 교수님을 만났는데, 친절한 분이셨다.
(→ 도서관 가는 길에 교수님을 만났는데, 그분은 친절한 분이셨다)

❸ 허리가 아파서 집 앞의 한의원에 다녔는데, 아주 용한 할아버지셨다.
(허리가 아파서 집 앞의 한의원에 다녔는데, 한의사는 아주 용한 할아버지셨다)

(2) 앞 뒤 호응이 깨어진 문장

문장의 기본적인 틀은 주어와 서술어로 구성된다. 주어와 서술어의 호응이 깨어지면 문장 전체의 틀이 깨어져 온전한 문장이 되지 못한다. 한편, 우리글의 구조어 가운데는 서로 호응 관계에 있는 단어들이 있다. '비록 ~할지라도', ' 왜냐하면 ~하기 때문이다', ' 결코 ~않겠다', ' 하물며 ~하랴' 등이 그 예이다.

❶ 우리가 패배한 이유는 상대를 너무 업신여겼다.
(업신여겼다 → 업신여겼기 때문이다)

❷ 왜냐하면 인간은 사회적 영향을 받는다.
(받는다 → 받기 때문이다)

❸ 짐승도 그럴 수가 없거늘, 하물며 인간은 그럴 수가 없다.
(인간은 그럴 수가 없다 → 인간이 그럴 수가 있으랴?)

(3) 조사를 잘못 쓴 문장

조사는 그 자체가 실질적인 의미를 갖지 못하지만 자립형태소 뒤에 붙어 중요한 문법적 기능을 하고 의미에 관여한다. 특히 국어에서 주격조사 '이/가'가 쓰일 수 있는 자리에 보조사(특수조사) '은/는'이 쓰는 경우와, 무정명사 '에' 자리에 '에게'가 쓰이는 경우가 많다.

❶ '이/가'와 '은/는'

주격조사 '이/가'는 단지 주어의 자리에만 쓰일 수 있다. 그러나 보조사의 경우는 성분과 관계없이 문장의 어느 곳 어느 단어와도 어울릴 수 있다. 주격조사 '이/가'가 쓰일 수 있는 자리에 '은/는'이 쓰일 경우에는 그 주격조사와 어떤 다른 의미를 가지는지 분명치 않다.

> 길동이가 도서관에 있다.
> (도서관에 있는 것이 길동이라는 단순한 사실을 나타냄)
> 길동이는 도서관에 있다.
> (다른 사람은 그렇지 않은데, 길동이는 도서관에 있다는 대조적인 사실을 나타냄)

'은/는'이 쓰이는 일반적인 경우를 들자면, 한 편의 이야기에서 처음 등장하는 대상에는 '이/가'가 쓰이지만, 그 다음에 그 대상을 다시 등장시킬 때는 '은/는'이 쓰이는 예가 많다.

길동이가 도서관에 있다. 길동이는 이번 중간고사 때 학점을 올리기 위해 밤새워 공부하는 중이다.

또한, '은/는'은 어떤 대상에 대해 설명하는 문장에 쓰일 때, 바로 그 설명의 대상이 되는 말과 결합한다.

인간은 생각하는 동물이다.

❷ '에게'와 '에'

'은/는' 이외에 '에게'도 잘못 쓰이는 예가 많다. 조사 '에게'는 유정명사(有情名詞)에 쓰이고, '에'는 무정명사(無情名詞)에 쓰인다. 유정명사는 사람이나 동물을 가리키는 반면, 무정명사는 인간 이외의 조직이나 기관, 식물이나 무생물 따위를 가리킨다.

대학생들에게 학업에 정진하라고 당부했다. (○)
정부는 이 문제를 일본에게 강력히 항의하였다. (×)

(4) 시제의 호응이 이루어지지 못한 문장

시제(時制, tense)란 시간을 제한한다는 뜻으로, 문법에서는 발화 시점과 이야기되는 사건이 실제로 일어난 시점과의 관계를 나타내는 동사의 한 범주이다. 우리말의 시제는 종결형에서 뚜렷이 나타나고, 관형사형에서도 확인되며, 연결형에 의해서도 표시될 수 있다. '어제, 현재, 내일'과 같은 시간 부사는 시제와 호응하여 의미를 더욱 분명하게 한다.

❶ 다음 주 금요일 우리 과가 엠티 가는데 아마 그날은 비가 왔겠다.
(왔겠다 → 올 것 같다)

❷ 공부를 끝내고 나니 열두 시가 넘겠다.
(넘겠다 → 넘었다)

❸ 그는 요즘 침울해지는 것 같아 한숨이 나오는 때가 있었다.
(있었다 → 있다)

❹ 교수님께서 길동이로 하여금 책을 읽었다.
(읽었다 → 읽게 하였다)

(5) 높임법의 호응이 이루어지지 못한 문장

우리말은 높임법이 매우 발달한 언어이다. 높임말을 바르게 쓰지 않으면 우리말을 바르게 사용하지 못한다는 것에 그치지 않고 인성(人性)이 바르지 않다는 평가를 받게 된다. 높임법의 호응을 이루려면 화자와 청자의 관계, 높임의 대상 등에 유의해야 한다. 높임법에는 주체 높임법과 상대 높임법이 있다. 주체 높임법에는 문장의 주체를 직접 높이는 것으로 높임 어미 '-시-'에 의해 나타내는 직접 높임과 문장 주체의 신체 부분, 소유물을 높이는 간접 높임이 있다. 상대 높임법은 말하는 이가 '해라, 하게, 하오, 하십시오'와 같이 특정한 종결 어미를 씀으로써 듣는 이를 높이거나 낮추는 것을 말한다.

❶ 저 학생의 부모님이 서울에 있으신가? (있으신가? → 계신가?)

❷ 길동아, 너 할머니께서 오시라고 한다.
(오시라고 한다 → 오라고 하신다)

❸ 다음은 학장님의 말씀이 계시겠습니다.
(계시겠습니다 → 있겠습니다)
(계시겠습니다 → 학장님께서 말씀하시겠습니다)

❹ 할아버지, 작은 아버지께서 오셨습니다.
(오셨습니다 → 왔습니다)

❺ 우리 할머니께서는 아직도 이빨이 튼튼하시다.
(이빨 → 치아)

(6) 지시어와 접속어를 잘못 쓴 문장

지시어(指示語)는 앞서 말한 내용을 다시 한 번 지시하는 역할을 한다. 또한 불필요한 반복을 피하기 위해서 대신 사용하는 말로, 대상이 가변적이다. 예를 들자면, '이것'은 화자(말하는 사람) 가까이 있는 사물을 가리키는 말이고, '저것'은 화자에게서 좀 떨어져 있는 사물을 가리키는 말이다. 그리고 '그것'은 청자(듣는 사람)쪽에 더 가까이 있는 사물을 가리키는 말이다.

- **대명사**: 이것, 저것, 그것
- **부사**: 이렇게, 그렇게, 저렇게
- **관형사**: 이, 그, 저
- **형용사**: 이러하다, 그러하다, 저러하다

❶ 백화점에서 친구가 청바지를 집어 들고는, "길동아, 그거 어때?"하고 물었다.
(그거 → 이거)

❷ 죽음을 앞둔 사람들이 가장 후회하는 것은 '삶을 저렇게 심각하게 살지 말아야 했다'는 것이다.
(저렇게 → 그렇게)

❸ 사랑의 감정은 감춰지지 않는다 하더이다. 사랑은 이러하다 하더이다.
(이러하다 → 그러하다)

접속어(接續語)는 글의 흐름에 맞도록 연결해주는 역할을 한다. 단어와 단어, 문장과 문장, 문단과 문단을 이어주는 말로, 여러 가지 문맥 관계가 있다.

- 순접: 앞뒤 문장의 내용이 상반되지 않고 이어지는 관계
  (그리고, 그러므로, 그러니, 이와 같이, 그래서, 그리하여)
- 역접: 앞의 내용과 상반되거나 부정하는 내용을 이어 주는 관계
  (그러나, 하지만, 그렇지만, 다만, 그래도, 반면에)
- 인과: 앞뒤의 문장을 원인과 결과로 이어 주는 관계
  (그래서, 따라서, 그러므로, 왜냐 하면, 그런즉, 그러니까)
- 전환: 앞의 내용과 다른 화제로 바꾸어 이어 주는 관계
  (그런데, 그러면, 한편, 아무튼)
- 대등, 병렬: 앞뒤의 내용을 같은 자격으로 나열하면서 이어 주는 관계
  (또는, 혹은, 및)
- 첨가, 보충: 앞의 내용에 새로운 내용을 덧붙이거나 보충하는 관계
  (더구나, 게다가, 뿐만 아니라, 더욱이, 아울러, 또한)
- 환언, 요약: 앞의 내용을 간추려 짧게 요약하는 관계
  (요컨대, 결국, 즉, 다시 말하면)
- 예시: 앞의 내용에 대해 구체적인 예를 들어 설명하는 관계
  (예컨대, 이를테면, 예를 들어)

❶ 오늘도 어김없이 바람 부는 날이다. 그리고 노인은 외출할 생각을 하였다.
(그리고 → 그렇더라도)

❷ 한 달 동안 아무 생각 없이 왔다 갔다 한 것은 쓸 데 없는 일이 되었다. 그러나 그는 시간의 허송을 안타깝게 생각한다.
(그러나 → 그래서)

❸ 우리가 사용하는 언어는 의사전달의 수단이다. 반면에 사고의 수단이기도 하다.
(반면에 → 뿐만 아니라)

(7) 번역체의 문장

갈수록 우리말 안에 영어식 표현이 늘어나고, 외래 문체의 번역체에서 영향을 받은 문장도 자주 접하게 된다. 특히 피동, 수동형의 문장은 영문 번역에서 비롯된 문장이므로 주의가 요구된다.

❶ 아이 셋을 갖고 있다. (영어투)
(→ 아이가 셋이다)

❷ 나의 살던 고향에 아직도 우물이 있다. (일본어투)
(→ 내가 살던 고향에 아직도 우물이 있다)

❸ 우리 학생들에 대하여 많은 관심을 기울이고 있습니다. (영어투)
(→ 우리 학생들에게 관심이 많습니다)

❹ 사람과 유리된 예술은 허상(虛像)에 다름 아니다. (일본어투)
(→ 사람과 유리된 예술은 허상(虛像)에 불과하다)
(→ 사람과 유리된 예술은 허상(虛像)일 뿐이다)

❺ 한 잔의 커피를 마셨다. (영어투)
(→ 커피 한 잔을 마셨다)

2) 단락

단락(段落, paragraph)은 문장보다는 큰 단위이고, 한 편의 글보다는 작은 단위이다. 문장이 사고(思考)의 일차 단위라면, 단락은 사고의 이차 단위라고 할 수 있다. 즉 단락은 완결된 생각의 최소 단위이다. 단락은 둘 이상의 문장이 모여서 이루어지는 것이 일반적이며, 하나의 중심문장과 몇 개의 뒷받침문장으로 구성된다.

단락은 형식단락과 내용단락으로 나눈다. 단락 중에서 보다 본질적인 의미의 단락은 내용단락이다. 형식단락은 내용단락을 다른 내용단락과 시각적으로 구분지어 주기 위해 사용하는 수단으로 문장에서 첫 한 칸을 들여 쓴다. 형식단락은 한 단위의 사고 내용과 다른 단위의 사고 내용을 구분하여 보여줌으로써 글의 각 부분의 구성관계를 보다 명확히 드러낸다. 그리고 이를 통해 독자는 글의 전체적인 내용을 보다 쉽게 이해할 수 있다.

(1) 단락 쓰기의 이해

단락에는 한 개의 소주제문이 있어야 한다. 소주제문은 그 단락의 핵심을 이루는 중심생각을 담는다. 그리고 소주제문은 완결된 문장으로 진술되어야 하며, 뒷받침문장으로 보충된다.

소주제문을 어느 위치에 두고 뒷받침문장을 배열하느냐에 따라 단락의 짜임새가 몇 가지로 달라진다. 이런 위치 관계에 따라 일반적으로 많이 쓰이는 방법은 두괄식, 미괄식, 양괄식이다.

❶ 두괄식

두괄식(頭括式)의 단락은 소주제문을 맨 앞에 내어놓고 뒷받침문장들을 그 뒤에 늘어놓는 방법이다. 첫머리 부분에 단락의 핵심이 놓이고 그 뒤에 그것을 풀이하거나 합리화하는 뒷받침 요소들이 이어진다. 소주제문이 맨 앞에 있는 두괄식 단락은, 주장과 의미가 분명하게 드러나기 때문에 내용을 파악하는 데 효과적이다. 다음의 예문에서 소주제문과 소주제문을 뒷받침해 주는 보충문을 알아보자.

> 아리스토텔레스는 정의롭기 위해서는 중용(中庸)의 덕이 필요하다고 했습니다. 중용이란 화살로 과녁의 중심을 맞췄을 때를 가리키는 용어입니다. 그러니 중용은 중도(中道)를 뜻하지 않습니다. 좌와 우의 중간 어중간한 상태, 이것도 저것도 아닌 상태를 중용이라고 하지 않는다는 말입니다. 중용은 객관적인 사실에 지나치지도 모자라지도 않게 부합하는 판단입니다. 즉 내 입장과 상대의 입장을 모두 고려하여 식별하고 판단할 때, 중용에 가까워지는 점근선(漸近線)이 그어지는 것입니다. 중용은 냉철한 '지성'을 요구합니다.
>
> —차동엽, 『잊혀진 질문』 부분

❷ 미괄식

미괄식(尾括式)은 소주제문을 단락의 맨 뒤에 내어놓는 방법이다. 미괄식의 가장 큰 장점은 무엇을 말하려고 하는지에 대한 독자의 궁금증을 유발할 수 있다는 점이다. 끝에 가서 극적으로 결론을 내놓음으로써 독자의 흥미를 지속적으로 붙잡아 둘 수도 있다. 다만 글의 초점이 뚜렷하지 않아 산만해지거나 엉뚱한 방향으로 흐를 우려가 있다. 다음의 예문에서 소주제문과 소주제문을 뒷받침해 주는 보충문을 알아보자.

> 우리 사회에서는 남의 애를 칭찬하는 말로서, "그놈 대통령 감이다.", "그 놈 장군 감이다."는 말을 흔히 쓴다. 이런 말은 그 애 부모의 마음을 흡족하게 해 주는 말인지도 모른다. 아니, 이것은 모든 부모들이 자기 자식에게 거는 꿈인지도 모르겠다. 이 꿈 뒤에 서려 있는 것은 이조 오백년 동안 맺혀 왔던 모든 백성들의 꿈을 표현하는 것이 아닐까 한다. 입신양명(立身揚名)하는 것은 과거에 급제

> 하는 것이고, 과거에 급제한다는 것은 관리가 되는 것이고, 관리가 되는 것은 곧 일반 서민을 지배하는 계급이 되는 것을 의미하는 것이다. 이렇게 보면 모든 백성들의 꿈이란 남보다 나은 지위에 오르는 것으로 요약할 수 있다. 이런 꿈은 모든 백성들이 가지고 있을 때 결과적으로 예상되는 것은 권력 투쟁이다. 죽고 죽이고 유배당하는 이조의 피비린내 나는 당쟁이 그것을 실증한다. 우리 사회의 뿌리 깊은 권력 지향이 꿈은 언제나 정치적 비극의 불씨가 되어 왔다.
>
> —김상태, 『먼 꿈 가까운 꿈』 부분

❸ 양괄식

양괄식(兩括式)은 소주제문을 단락의 맨 앞과 맨 뒤에 반복해서 내놓는 방법이다. 두괄식과 미괄식을 혼합한 형태이다. 보통 그 단락의 중심문장이 다음 단락의 내용과 밀접한 연관성을 지니고 있을 때나 그 단락의 중심 문장이 글 전체의 주제를 이해하는 데 중요한 구실을 할 때 쓰인다. 다음의 예문에서 소주제문과 소주제문을 뒷받침해 주는 보충문을 알아보자.

> 두타산은 강원도 영동남부 지역의 영적인 모산(母山)으로 숭상되고 있다. 이 산은 강원도 삼척시 하장면·미로면, 그리고 동해시 삼화동의 경계를 이루는 산이다. 해발고도 1357m의 산으로 이승휴가 〈제왕운기〉를 저술한 의미 있는 장소이기도 하다. 이 산에는 두타산성과 같은 역사적 유물도 산재한다. 무릉계곡과 오십정 주변은 지형 경관이 매우 아름답다. 산스크리트어의 두타(Dhuta)를 이두식으로 한자화한 것에서 명칭이 유래한 이 산은 신성한 종교적 의미는 물론 역사적 변모 과정을 함축하고 있다. 이처럼 많은 의미를 지닌 두타산이기에 예부터 강원도 영동 남부의 신성한 모산이자 중요한 장소 상징으로 기능해 왔다.
>
> —〈디지털삼척문화대전〉(http://samcheok.grandculture.net/samcheok) 참조

(2) 단락의 종류와 연결

단락은 소주제문과 여러 개의 보충문으로 구성된다. 이들 문장들은 단락 안에서 한 가지 생각으로 풀어가야 한다. 만약 한 단락에 두 개 이상의 화제가 들어 있거나 화제와 관련이 없는 문장이 끼어들면 그 단락의 초점이 불분명해진다. 그러므로 전체적인 통일성과 일관성(긴밀성)을 유지하면서 완결되어야 한다.

단락의 종류에서 글의 전개에서 반드시 필요한 단락인 도입단락, 전개단락, 결말단락 등을 기본단락이라 한다. 그밖에 기본단락의 내용을 보조하는 주요단락, 연결단락, 보충단락, 강조단락 등이 있다.

❶ 도입 단락: 글의 첫 부분으로 목적 및 글의 주지를 밝히는 단락이다.

❷ 전개 단락: 문제의 실마리를 풀어가는 단락이다.

❸ 결말 단락: 글 전체를 요약하면서 정리하는 단락이다.

❹ 주요 단락: 글의 중심 내용(사상)을 진술하는 단락으로 주제의 전개에 직접적으로 관련이 있는 단락이다.

❺ 연결 단락: 앞단락과 뒷단락을 연결시켜주는 단락이다.

❻ 보충 단락: 상세화, 예시, 인용 등으로 진술하는 단락이다.

❼ 강조 단락: 내용의 단조로움을 덜기 위해 진술된 내용을 재강조하는 단락이다.

단락의 배열 방법에는 시간적 배열, 공간적 배열, 논리적 배열 등 여러 가지가 있다. 시간적 순서에 의한 배열은 어떤 사건이나 사실을 일어난 시간적 순서에 따라 배열하는 방식으로 서사문에 많이 쓰인다. 공간적 순서에 따른 배열은 눈의 이동에 따라 정한 순서대로 일관성 있게 진술하면서 일정한 소주제에 초점을 맞추어 뒷받침 문장들이 나열되는 방식으로 주로 묘사문에 쓰인다. 그리고 어떤 사물에 대해서 풀이하거나 이치에 따라 따지거나 예시하는 문장들을 순리적으로 늘어놓는 것이 논리적 순서에 따른 배열이며 논증문과 설명문에 주로 쓰인다.

각 단락의 길이도 유의해야 한다. 단락의 길이는 소주제(문)를 필요한 만큼 충분히 펼칠 정도면 된다. 일반적으로 한 단락의 분량은 100단어에서 150단어로, 2백자 원고지 2장 내지 3장 안팎이 된다. 단락에서 다루는 내용이 쉽고 가벼운 것이면 그 길이는 비교적 짧고, 소주제의 내용이 전문적이거나 추상적이면 더 깊이 있게 다루어야 하므로 그 길이는 좀 더 길어진다.

틀리기 쉬운 한글맞춤법

한글 맞춤법이란 무엇인가? 우리말을 우리 문자인 한글로 적는 방식을 규정한 법이다. 우리말을 적는 통일된 방식이 없어 사람마다 적는 방식이 제각각이라면 우리의 문자 생활은 큰 혼란에 빠질 것이다. 따라서 한글 맞춤법은 불필요한 규제가 아니요 효율적인 문자 생활을 위해 없어서는 안 될 규범인 것이다.

1933년 처음으로 '한글맞춤범 통일안'이 만들어진다. 한글맞춤법의 원리는 「한글 맞춤법」 총칙 제1항에 나타나 있다.

"한글맞춤법은 표준어를 소리대로 적되, 어법에 맞도록 함을 원칙으로 한다"

위 조항은 한글맞춤법의 표기 대상이 표준어임을 분명히 하고 있다. 즉 우리 국민의 공통적인 표준어를 맞춤법 규정의 대상으로 삼았다. 따라서 맞춤법은 표준어가 정해지면 이를 어떻게 적을지 결정하는 구실을 한다.

표준어란 교양있는 사람들이 두루 쓰는 현대 서울말이다.

그런데 표준어를 적는 방식에는 두 가지가 있을 수 있다. 하나는 소리나는 대로 적는 것이요, 또 하나는 어법에 맞게 적는 것이다. 표면적으로 보면 이 두 방식이 상충되는 듯하나 한글 맞춤법은 이 두 가지 방식을 적절히 조화시키고 있다. 즉 "소리대로 적되, 어법에 맞도록"이라는 구절은 바로 이 두 방식의 조화를 의미하는 것이다. 위 구절에서 어미 '-되'는 앞절의 내용을 인정하면서 뒷절의 내용을 단서로 덧붙인다는 뜻을 가지므로 제1항은 소리대로 적는 것이 원칙이지만 그것은 어법에 맞게 적는다는 단서 조항에 어긋나지 않아야 한다는 내용을 담고 있다.

그렇다면 어법에 맞게 적는다는 것은 무슨 뜻인가? 이 규정의 취지는 뜻을 파악하기 쉽도록 적는 데 있다. 그런데 어떻게 적는 것이 뜻을 파악하기 쉽도록 적는 것인가? 그것은 문장에서 뜻을 담당하는 실사(實辭)의 표기를 고정시켜 적는 방식일 것이다. 예컨대 '꼬치, 꼬츨, 꼳또'처럼 적기보다 실사인 '꽃'의 표기가 고정된 '꽃이, 꽃을, 꽃도'처럼 적는 것이다. '꼬치'와 같은 방식은 들리는 대로 적어서 적기에는 좋을지 모르나 뜻을 담당하는 실사의 표기가 고정되지 않아 뜻을 파악하기에는 큰 불편이 있기 때문이다.

이제 우리는 제1항에서 "어법에 맞게"라는 구절의 내용을 이해할 수 있게 되었다. 체언과 용언 어간은 대표적인 실사이므로 뜻을 파악하기 쉽도록 뜻을 담당하는 실사의 표기를 고정시켜 적어야 한다. 이것은 체언과 조사를 구별해서 적고 용언의 어간과 어미를 구별해서 적어야 함을 의미한다. 이러한 내용을 포괄하여 표현한 말이 “어법”이다. 따라서 글을 쓸 때 유념해야 할 것 중 하나가 어법에 맞게 적는 것이다.

이상의 내용을 정리하면 제1항의 “소리대로 적되, 어법에 맞도록”이란 구절을 바르게 적용하는 방법은 다음과 같다. 첫째, 어느 쪽으로 적는 것이 어법에 맞는지(즉 뜻을 파악하기 쉬운지) 살펴 그에 따라 적고 둘째, 어느 쪽으로 적든지 어법에 맞는 정도에(뜻을 파악하는 데에) 별 차이가 없을 때에는 소리대로 적는다. 예컨대 ‘붙이다(우표를 붙이다)’와 ‘부치다(힘이 부치다)’에서 전자는 동사 어간 ‘붙-’과 의미상의 연관성이 뚜렷하여 ‘붙이-’처럼 적어 줄 때 그 뜻을 파악하기 쉬운 이점이 있으므로 소리와 달리 ‘붙이다’로 적고 후자는 전자와 달리 굳이 소리와 달리 적을 뚜렷한 이유가 없으므로 대원칙인 ‘소리대로’의 원리에 따라 ‘부치다’로 적는 것이다.

국립국어원은 우리 나라 사람들이 글을 쓸 때 틀리기 쉬운 한글맞춤법 100제라 하여 100가지 한글맞춤법 유의 사항을 제시한 바 있다. 그것들 중 중요한 몇 가지를 각각 살펴 보자.

• ‘되어’와 ‘돼’의 구분: ‘돼’는 ‘되어’의 준말로 ‘되어’를 넣었을 때 자연스러우면 ‘돼’는 ‘되어’의 준말임

(가) 되어, 되어서, 되었다 → 돼, 돼서, 됐다

(나) 그러면 안 돼요(← 되어요). 일이 잘 됐다(← 되었다)

(다) 새 상품을 선보이다(→ 선뵈다), 새 상품을 선뵈어(→ 선봬).

> **“할머니께서는 장차 훌륭한 사람이 되라고 말씀하셨다.” → 되라**
> **“장차 훌륭한 사람이 돼라.” → ‘되어라’의 준말로 ‘돼라’**

• ‘안’과 ‘않’의 구분: ‘안’은 부사, ‘않-’은 용언의 어간

(가) 안 가다, 안 보이다, 안 먹는다, 안 어울린다, 담배를 안 피움

(나) 집에 가지 않다(아니하다), 철수가 먹지 않았다(아니하였다).

> **※ ‘않다’는 ‘아니하다’의 준말로서 주로 ‘-지 않다’ 구성으로 쓰임.**

• ‘-할게’, ‘-할걸’인가, ‘-할께’, ‘-할껄’인가: 소리와 달리 ‘-할게’, ‘-할걸’로 적음

(가) 내가 도와 줄게. 줄께.

(나) 제가 할게요. 할께요.

(다) 지금쯤은 집에 도착했을걸! 도착했을껄!

• '있다가'와 '이따가'의 구분: 의미에 따른 구분

(가) 이따가 보자. / 이따가 주겠다.

※ 뜻: "조금 뒤에"

(나) 하루종일 집에 있다가 이제서야 어딜 가는 거니?

• '-던'과 '-든'의 구분: '-던'은 과거의 뜻, '-든'은 선택의 뜻

(가) 어제 저녁 누가 왔던지 생각이 납니까? / 그녀는 얼마나 울었던지 눈이 퉁퉁 부었다.

(나) 배든(지) 사과든(지) 마음대로 먹어라. / 가든(지) 오든(지) 알아서 하시오.

• '-데'와 '-대'의 구분: '-데'는 과거에 직접 경험한 내용임을 표시. '-대'는 남의 말을 전달

(가) 그 사람 키가 크데? → 과거 경험

(나) 민정이가 결혼한대(결혼했대/결혼하겠대)

※ '대'는 "-다(고) 해"가 줄어 된 말임.

※ '-ㄴ데'와 '-ㄴ대'의 구별 방법: 앞말이 형용사이면 '-ㄴ데'이고(동사 어간 뒤에는 'ㄴ' 없이 바로 '-데'가 붙음), 앞말이 동사이면 '-ㄴ대'임('-ㄴ다'가 동사 어간 뒤에 붙는 경우 참조).

예 참신한데(형용사 '참신하-' + '-ㄴ데'), 결혼한대(동사 '결혼하-' + '-ㄴ대')

※ '-던-' 뒤에는 '데'만 올 수 있고 '대'는 올 수 없음('-던다'가 불가능하기 때문임). 따라서 '-던데'란 말은 가능해도 '-던대'란 말은 불가능함.

• '-ㄹ는지'인가, '-ㄹ런지'인가: '-ㄹ는지'가 맞음

(가) 그가 그 일을 할 수 있을는지 모르겠다. → '-ㄹ는지', '-ㄹ런지'는 없고, '-ㄹ는지'만 있음.

(나) 우리의 제안을 어떻게 생각할는지, 생각할런지 모르겠어.

• '하지 마라'인가, '하지 말아라'인가: '하지 마라'가 맞음

(가) 떠들지 마라(← 말-+-아라).

(나) 떠들지 말아라.(×)

※ '-지 말아라'와 '-지 마라', '-지 말아'와 '-지 마'는 본말과 준말 관계이지만 더 널리 쓰이는 준말만을 표준어로 인정하고 있음.

- '썩이다'와 '썩히다'의 구분: '속을 썩이다'만 '썩이다', 그 밖에는 '썩히다'

  (가) 왜 이렇게 속을 썩이니?

  (나) 쌀을 썩히다 / 재주를 썩히다

- '맞추다'와 '맞히다'의 구분: "옳은 답을 대다, 또는 옳은 상태가 되게 하다"라는 뜻일 때에는 '맞히다'

  (가) 프로야구 우승팀을 맞히다 / 정답을 맞히다 // 화살로 과녁을 맞히다 / 비를 맞히다 / 도둑을 맞히다 / 예방 주사를 맞다

  (나) 계산을 맞추어 보다 / 발을 맞추어 걷다 / 음식의 간을 맞추다

- '어떡해'와 '어떻게'의 구분

  (가) 지금 나 어떡해.

  ※ '어떡해'는 "어떻게 해"가 줄어든 말.

  (나) 너 어떻게 된 거냐.

  ※ '어떠하다'가 역사적으로 줄어 '어떻다'가 됨.

- '체'와 '채'의 구분: '체'는 '체하다'로만 쓰임

  (가) 그는 날 보고도 못 본 체했다. / 쥐꼬리만한 지식을 가지고 되게 아는 체하네.

  ※ '체하다'는 '척하다, 듯하다' 등과 같은 보조용언임.

  (나) 그는 의자에 앉은 채 책을 읽었다. / 불을 켠 채(로) 잠을 잤다.

  ※ 관형사형어미 뒤에서는 의존명사 '채'로 '어떤 상태 그대로 계속'의 뜻.

- 사이시옷 규정

  '순우리말(고유어)+순우리말(아랫집, 나뭇잎)', '순우리말+한자어(귓병, 깃발)', '한자어+순우리말(전셋집, 예삿일)' 방식에는 사이시옷을 적고, '한자어+한자어' 방식에는 사이시옷을 적지 않는다.

  [참고] '전세방(傳貰房)'처럼 한자(어)일 때에는 그 사이에 사이시옷을 적지 않음.

  단, 예외: 곳간(庫間), 셋방(貰房), 숫자(數字), 찻간(車間), 툇간(退間), 횟수(回數)

- '회집, 장미빛'인가, '횟집, 장밋빛'인가, '수도물, 수돗물'인가

  횟집(膾-), 장밋빛(薔薇-), 수돗물(水道-)

◑ 혼란을 보이는 말

말: 존대말/존댓말(○), 인사말(○)/인삿말, 예사말(○)/예삿말, 혼자말/혼잣말(○), 노래말/노랫말(○), 반대말(○)/반댓말

값: 기대값/기댓값, 대표값/대푯값, 초기값/초깃값, 극소값/극솟값, 최대값/최댓값

국: 두부국/두붓국, 만두국/만둣국, 시래기국/시래깃국

길: 등교길/등굣길, 성묘길/성묫길, 휴가길/휴갓길

빛: 무지개빛/무지갯빛, 보라빛/보랏빛, 연두빛/연둣빛, 우유빛/우윳빛

집: 소주집/소줏집, 맥주집/맥줏집

• '나는'인가, '날으는'인가: '나는'이 맞음

(가) 하늘을 나는, 날으는 슈퍼맨

(나) 길가에서 노는, 놀으는 아이들

• 공사 중이니 돌아가 (주십시요, 주십시오.): '주십시오'가 맞음

(가) 공사 중이니 돌아가 (주십시요. 주십시오.)

(나) 다음 물음에 (답하시요. / 답하시오.)

• '-함으로(써)'와 '-하므로'의 구분: '-으로'는 조사, '-(으)므로'는 어미

(가) 그는 열심히 공부함으로(써) 부모님의 은혜에 보답하고자 한다.

※ "수단, 도구, 재료"을 나타내는 조사 '(으)로'는 그 뜻을 강조할 경우에 그 뒤에 조사 '써'가 붙음.

(나) 그는 부지런하므로 잘 산다. / 훌륭한 학자이므로 많은 사람들에게 존경을 받는다.

※ '-(으)므로'는 "이유, 원인, 까닭"을 나타내는 어미로서 그 뒤에 조사 '써가' 붙을 수 없음.

• '-로서'와 '-로써'의 구분: '-로서'는 지위·자격·신분, '-로써'는 수단·도구

(가) -로서: 정치가로서 일생을 보내다 / 교사로서 그런 말을 하다니 / 친구로서 충고한다

(나) -로써: 도끼로(써) 나무를 찍다 / 칼로(써) 과일을 깎다 / 눈물로(써) 호소하다

※ '로써'에서 '써'는 생략이 가능.

- '출석률'인가, '출석율'인가: '출석률'이 맞음

(가) 법률, 능률, 출석률; 행렬, 결렬

(나) 운율, 비율, 백분율; 분열, 우열

※ 모음이나 'ㄴ' 받침 뒤에서는 '열, 율'로 적음

- '가정란'인가, '가정난'인가: '가정란'이 맞음

(가) 가정란, 독자란, 투고란, 학습란, 답란

※ 작업량, 인용례

(나) 어린이난, 어머니난, 가십난(gossip欄) ☞ 고유어, 외래어 뒤에서는 두음법칙이 적용됨

【두음법칙】 두음법칙이 적용되는 단어는 그 앞에 다른 말이 와서 새로운 단어의 일부가 될 적에도 두음법칙에 따라 적는다.

여성(女性) 신여성(新女性) 직업여성(職業女性)

다만, 한자어 뒤에 오는 1음절 한자어는 두음법칙을 적용하지 않는다.

작업량(作業量) 인용례(引用例) 가정란(家庭欄) 장롱(欌籠)

[붙임] 앞뒤가 짝을 이루는 한자성어도 그 뒷말을 두음법칙에 따라 적는다.

장삼이사(張三李四) 남존여비(男尊女卑) 부화뇌동(附和雷同)

- '회계 연도'인가, '회계 년도'인가: '회계 연도'가 맞음

(가) 설립 연도, 회계 연도

※ 붙여 쓰더라도 '설립연도, 회계연도'임.

(나) 신년-도, 구년-도

(다) 1998년도

※ 수를 나타내는 말 뒤에서 의존명사로 쓰이는 말은 '년도'.

- '더우기, 일찌기, 오뚜기'인가, '더욱이, 일찍이, 오뚝이'인가: '더욱, 일찍, 오뚝'과의 연관성을 형태상으로 드러내 주는 표기가 맞음

(가) 더욱이, 일찍이, 오뚝이

(나) 더우기, 일찌기, 오뚜기

※ 부사의 원형에 부사형 어미를 붙임.

- '만듦, 이끎'인지 '만듬, 이끔'인지?

(가) 만들다/만듦, 이끌다/이끎

※ 'ㄹ'로 끝나는 말의 명사형은 '-ㄻ' 꼴임. 다만 '삶, 앎'은 파생명사 용법도 지님.

(나) 울음, 얼음 〈파생명사〉

※ 'ㄹ'로 끝나는 말의 파생명사는 대체로 '-ㄹ음' 꼴임.

(다)′ 욺, 얾 〈명사형〉

※ "강이 꽁꽁 얾에 따라 …"

- '생각건대'인가, '생각컨대'인가: 무성음 뒤에서는 '하'가 통째로 탈락되나 유성음 뒤에서는 '하'에서 'ㅏ'만 탈락되고 'ㅎ'은 살아 있음

(가) 거북하지/거북지, 생각하건대/생각건대, 넉넉하지/넉넉지, 섭섭하지/섭섭지, 깨끗하지/깨끗지, 못하지/못지

(나) 간편하지/간편치, 다정하지/다정치, 청하건대/청컨대, 무심하지/무심치, 실천하도록/실천토록, 사임하고자/사임코자

- '바람'인지 '바램'인지?

(가) 우리의 바람은 남과 북의 주민들에게 모두 이익이 되는 통일을 이루는 것이죠.

(나) 저고리의 색이 바램

※ 그러나 다음 예에서 보듯이 '바라요'는 아주 어색한 어형임. "저는 우리 경제가 빨리 회복되길 바라요/바래요."

- '다르다'인가, '틀리다'인가: "같지 않다"라는 뜻으로 '틀리다'를 쓰면 틀림

(가) 이론과 현실은 (틀려요 / 달라요).

※ 뜻: "같지 않다". '다르다'는 형용사.

(나) 계산이 틀리다.

※ 동사, "셈이나 사실 따위가 맞지 않다". '틀리다'는 동사.

- '멋장이, 중매장이'인지 '멋쟁이, 중매쟁이'인지?

(가) 미장이, 유기장이, 땜장이

※ 전통적인 수공업에 종사하는 기술자라는 뜻일 때만 '-장이'.

(나) 요술쟁이, 욕심쟁이, 중매쟁이, 점쟁이

- '왠지'인가, '웬지'인가: '왠지'는 '왜인지'가 줄어든 말. '웬'은 관형사.
  - (가) (왠지, 웬지) 가슴이 두근거린다.
  - (나) 웬 험상궂게 생긴 사람이 날 따라오더라.
- '웃어른'인가, '윗어른'인가: 위와 아래의 대립이 있을 때만 '윗-'으로 씀
  - (가) 윗니, 윗눈썹, 윗도리, 윗목
  - (나) 위쪽, 위채, 위층

※ 된소리나 거센소리 앞에서는 'ㅅ'을 적지 않음.

(다) 웃돈, 웃어른, 웃옷("맨 겉에 입는 옷")

※ '윗옷'과 '웃옷'은 뜻이 다름.

- '등(等)', '및'의 띄어쓰기: '등(等)'은 항상 띄어 씀
  - (가) 책상, 걸상 등이 있다.
  - (나) 이사장 및 이사들

※ '및'과 '와/과'의 차이: '와/과'는 앞말과 뒷말이 대등할 때 쓰이나, '및'은 앞말이 뒷말에 비해 중심이 될 때 쓰임. 즉 'A와 B'는 'B와 A'와 그 의미가 같으나 'A 및 B'는 'B 및 A'와 그 의미가 같지 않음. '및'은 셋 이상의 개체를 연결시킬 때 쓰는 것이 일반적임.

- 숫자 표기의 띄어쓰기: 만 단위로 띄어 씀
  - (가) 십이억 삼천사백오십육만 칠천팔백구십팔

※ "제 나이 이제 서른여섯이에요"에서 '서른여섯'을 '서른 여섯'으로 띄어 쓰지 않도록 주의할 것.

(나) 십만 장, 십만여 장

- '회의중'인가, '회의 중'인가: 한 단어로 굳어진 경우가 아니면 '중(中)'을 띄어 씀
  - (가) 학생 중에, 꽃 중의 꽃
  - (나) 회의 중에는 사담을 하지 말 것 / 다리를 건설 중이다
  - (다) 은연중, 무의식중, 한밤중

※ 한 단어로 굳어진 말.

- '안되다/안 되다', '못되다/못 되다', '못하다/못 하다'의 띄어쓰기: 부정문으로 쓰인 경우가 아니면 붙여 씀

  (가) 마음이 안되다 / 시험에 실패했다니 참 안되었다. [형용사]

  (나) 일이 안 되다 / 시간이 아직 안 되었다.

  (다) 못된 친구 / 행동이 못되다 / 심보가 못되다 [형용사]

  (라) 외교관이 못 된 것을 비관하다 / 떠난 지 채 1년이 못 되었다.

  (마) 숙제를 못하다 / 노래를 못하다

  ※ 뜻: "하긴 했는데 일정한 수준에 못 미치다". 반대말은 '잘하다'임.

  (사) 아파서 일을 못 하다 / 일이 있어서 숙제를 못 하다

- '만'의 띄어쓰기

  (가) 집 떠난 지 3년 만에 돌아왔다.

  ※ "동안"의 뜻-의존명사.
  ※ '오랜만에, 오랫동안'의 구별에 주의.

  (나) 영수만 오다 / 공부만 하다 ☞ "한정"의 뜻. 보조사

  (다) 형만 한 아우 없다 / 짐승만도 못하다 / 호랑이만 하다 / 그 사람도 키가 꼭 너만 하더라 ☞ "그러한 정도에 이름"의 뜻. 보조사

- '만큼'과 '뿐'의 띄어쓰기: 체언 뒤에서는 조사로 쓰이므로 붙여 씀. '대로'로 마찬가지임

  (가) 저 도서관만큼 크게 지으시오. / 숙제를 해 온 학생은 철수뿐이었다. / 약속대로 되었다. 〈명사 뒤〉

  (나) 애쓴 만큼 얻게 되어 있다. / 허공만 응시할 뿐 아무 말이 없었다. / 바른 대로 대라. 〈관형사형어미 뒤〉

- 이름 뒤의 '씨', '직책' 등의 띄어쓰기: 호칭어, 관직명 등은 띄어 씀

  (가) 김연옥 씨, 김 씨, 김 양, 김 선생, 김 교수, 김 장군, 김 사장

  ※ 붙여 씀을 허용하자는 논의도 있음.

  (나) 우리나라에는 김씨 성이 많다.

  ※ 성씨를 가리킬 때

  (다) 김 과장은 오늘도 출근하지 않았다.

- 성과 이름의 띄어쓰기: 성과 이름, 성과 호 등은 붙여 씀

(가) 김양수, 홍길동, 이퇴계, 서화담

(나) 황보관/황보 관, 남궁수, 남궁 수, 선우현/선 우현

※ 성과 이름을 구별할 필요가 있을 때에 한해 띄어 쓸 수 있음.

- '데'의 띄어쓰기: 띄어 쓰는 의존명사 '데'와 붙여 쓰는 어미 'ㄴ데, ㄴ데도'를 구별해야 함

(가) 네가 무엇인데 그런 소릴 하니? / 비가 오는데 어딜 가니? (어미 '-ㄴ데'의 일부)

(나) 민정이를 설득하는 데 며칠이 걸렸다. (의존명사 '데')

※ 이때의 '데' 뒤에는 조사 '에'가 숨어 있다고 볼 수 있음.

(다) 김연아는 얼굴도 예쁜 데다가 마음씨도 곱다. (조사 '다가'가 붙은 예)

※ '데다가' 역시 '데에다가'의 준말로 볼 수 있다. 조사 '다가'는 조사 '에, 로' 등의 뒤에 붙지 명사 바로 뒤에 붙지 않는다.

- '지'의 띄어쓰기: 띄어 쓰는 의존명사 '지'와 붙여 쓰는 어미 'ㄴ지'를 구별해야 함

(가) 그가 떠난 지 3년이 됐다. 〈의존명사〉

※ "경과한 시간"의 의미.

(나) 그가 오는지 모르겠다. 〈어미 '-ㄴ지〉

※ 후행 서술어가 '알다, 모르다'류로 제한됨.

- '상(上), 하(下)'의 띄어쓰기: '상'은 붙여 쓰고 '하'는 띄어 씀

(가) 영업상, 가정 형편상, 통계상의 수치, 역사상 가장 위대한 인물

※ "위"의 뜻과 거리가 먼 '상(上)'은 접미사임

(나) 이러한 인식 하에, 단장의 인솔 하에, IMF 체제 하에서

※ 이때의 '하'는 의존명사임.

- '본(本), 귀(貴)' 등의 띄어쓰기

(가) 본 연맹, 본 조사 기관, 본 대학에서는; 본바탕, 본부인

※ 본래의 뜻과 멀어져 자신과 남을 가리키는 데 쓰이는 '본'은 띄어 씀. 그러나 '본인(本人), 본고(本稿), 본회(本會)'처럼 '본(本)' 다음에 오는 말이 단어가 아닐 때에는 붙여 씀.

(나) 귀 회사, 귀 기관; 귀부인, 귀공자, 귀금속

※ 본래의 뜻과 멀어져 자신과 남을 가리키는 데 쓰이는 '귀'는 띄어 씀. 그러나 '귀사(貴社), 귀교(貴校)'처럼 '귀(貴)' 다음에 오는 말이 단어가 아닐 때에는 붙여 씀. '귀사'의 반대말은 '폐사(弊社)'.

- '결제'와 '결재', '개발'과 '계발'의 구분

(가) 결제(決濟): 증권 또는 대금을 주고받아 매매 당사자 간의 거래 관계를 끝맺는 것. (→ 어음으로 결제하다.)

(나) 결재(決裁): 부하 직원이 제출한 안건을 허가하거나 승인하는 것. (→ 결재를 {받다, 맡다} / 결재가 나다 / 결재 서류를 올리다)

(다) 개발(開發): ① 개척하여 발전시킴. ‖ 경제 개발 / 광산을 개발하다 / 신제품을 개발하다 ② 지능이나 정신 따위를 깨우쳐 열어 줌.

(라) 계발(啓發): 지능이나 정신 따위를 깨우쳐 열어 줌. ‖ 지능 계발 / 소질을 계발하다

- '나무꾼'인가 '나뭇꾼'인가: '나무꾼'이 맞음

(가) 낚시꾼, 나무꾼, 사기꾼, 소리꾼

(나) 때깔, 빛깔, 성깔, 맛깔

(다) 귀때기, 볼때기, 판자때기

(라) 자장면 곱배기(×) / 자장면 곱빼기(○)

○	×	○	×
심부름**꾼**	심부름**군**	뒤**꿈치**	뒷**굼치**
빛**깔**	빛**갈**	코**빼기**	콧**배기**
귀**때기**	귓**대기**	겸연**쩍다**	겸연**적다**

※ 「한글 맞춤법」 제54항에서는 '-꾼'과 '-(ㅅ)군', '-깔'과 '-(ㅅ)갈', '-때기'와 '-(ㅅ)대기', '-꿈치'와 '-(ㅅ)굼치', '-빼기'와 '-(ㅅ)배기', '-쩍다'와 '-적다' 중에서 '-꾼, -깔, -때기, -꿈치, -빼기, -쩍다'를 표준으로 정하고 있다(아래 표 참조). 즉 된소리로 나는 위의 접미사는 된소리 글자로 적게 되어 있는 것이다. 따라서

'곱빼기'가 맞다. 다만 '언덕배기'는 '언덕바지'와 짝을 맞추기 위하여 '언덕빼기'가 아니라 '언덕배기'로 적는다(「표준어 규정」 제26항에는 '언덕배기'와 '언덕바지'가 복수 표준어로 처리되어 있다).

- '짜깁기'인가, '짜집기'인가: '짜깁기'가 맞음
  (→ 짜깁기: 찢어지거나 구멍이 뚫린 부분을 실로 짜서 깁는 것.)

(출전: 국립국어원)

실습 및 강평

1. 다음 문장들에 빠져 있는 성분을 지적해 보자.

❶ 지나친 간섭이 자녀들을 도리어 파멸로 이끌었다.

....

❷ 그 음식점은 대학생들이 자주 드나드는 곳으로 준비해 왔다.

....

❸ 그가 교단 강의를 하고 싶었던 것은 소박한 꿈에 불과했다.

....

2. 다음 문장에서 맞춤법에 어긋난 단어를 지적하고 바르게 고쳐 보자.

❶ 시청율을 의식하는 프로그램은 흥미위주가 되기 쉽다.

....

❷ 그는 결코 댓가를 바라고 일한 것이 아니었다.

....

❸ 어머니는 햇콩을 넣어 송편을 빗으셨다.

....

❹ 외갓집 뒷쪽에서 숫돼지 한 마리가 튀어나왔다.

....

❺ 창 넘어의 뒷산을 바라보면서 설겆이를 마쳤다.

....

❻ 도서실에는 일체 음식 반입을 금합니다.

....

3. 다음 문장의 밑줄 친 부분을 바꿔서 자연스러운 문장을 만들어 보자.

❶ 이 약은 잡초를 제거하는 데 사용되었던 것이다.

❷ 학교에서 만날 때마다 으레하는 인사를 사랑의 표식으로 오해했다.

❸ 왜냐하면 그가 아버지의 바람대로 공학도가 되었다.

제 5 장 글의 구상과 개요

1. 창의적인 주제 찾기와 글감의 선정

우리가 창의적인 글을 쓰려고 할 때 가장 먼저 부딪히는 것이 '무엇을 쓸 것인가'의 문제다. 글을 쓴다는 것은 그 '무엇'에 대해 자신이 생각한 것을 말하고자 하는 바, 곧 그 무엇이다. 글을 통해 자신이 말하고자 하는 바를 '주제(主題)'라 한다.

주제는 글의 중심 내용으로 글을 쓰는 이가 글 속에 담고자 하는 중심 생각, 또는 필자가 독자에게 전달하고자 하는 핵심 생각을 일컫는다. 주제는 글 전체를 포괄하는 생각이다. 그러므로 글을 쓰기 전에 주제를 정해 놓지 않으면 좋은 글을 쓸 수 없다. 주제를 정하지 않고 아름다운 말로 표현하는 것은 내용 없는 아름다운 말과도 같다.

글을 쓰려고 할 때 자신이 지니고 있는 인식의 틀 속에서 '무엇 찾기', '주제 찾기'는 반드시 이루어져야 한다. 우리는 글을 쓰면서 흩어져 있던 자신의 생각을 정리한다. 또한 글을 쓰는 과정과 쓴 글을 통해 자기 자신에 대해서도 성찰을 해 볼 수 있다.

주제 찾기와 관련하여 다음과 같은 설명도 가능하다. 모든 글에서 가장 먼저 시작할 일은 주제를 선정하는 일이다. 그 다음에는 자신이 쓸 글의 독자가 누구인지를 고민해야 한다. 모든 글에는 독자가 있다. 심지어 혼자 쓰는 일기에도 '나'라는 독자가 있다. 글을 쓸 때 주제와 더불어 항상 염두에 두어야 하는 질문은 '내 글을 누가 읽을 것'인지, '이 글은 누구를 위한 것인지'이다. 독자가 누구냐에 따라 글은 천차만별로 달라지기 때문이다. 예컨대, 인문적 가치나 사회적 가치 등과 같은 '가치'와 관련된 주제라면 일반적 독자들은 따분해 할 것이다. 그렇다면 그 글은 당연히 독자의 호기심과 판단 그리고 선택을 효과적으로 유도해야 한다. 따라서 '독자'의 정체를 정확하고 면밀하게 파악해야 하는 것이다.

근대적 문장 교육의 교본으로 알려진 이태준의 글을 보자.

> 십분심사일분어(十分心思一分語: 마음에 품은 뜻은 많으나 말로 그 십분의 일밖에 표현 못한다)란, 품은 사랑은 가슴이 벅차건만 다 말 못 하는 정경을 가리킴인 듯하다.
>
> 이렇듯 다 말 못 하는 사정은 남녀간 정한사(情恨事)에만 있는 것이 아니라 일체 표현이 모두 그렇지 않은가 느껴진다. 부끄러워서가 아니라 뜻을 세울 수가 없고, 말을 붙일 수가 없어 꼼짝 못 하는 수가 얼마든지 있다.
>
> 나는 문갑 위에 조선조 때 제기(祭器) 하나를 놓고 무시로 바라본다. 그리 오랜 것은 아니로되, 거미줄처럼 금간 틈틈이 옛 사람들의 생활의 때가 푹 배어 있다. 날카롭게 어여낸 여덟 모의 굽이 우뚝 자리잡은 위에 옮고, 우긋하고, 매끄럽게 연잎처럼 자연스럽게 변두리가 훨쩍 피인 그릇이다. 고려자기 같은 비취빛을 엷게 띠었는데 그 맑음, 담수에서 자란 고기 같고 그 넓음, 하늘이 온통 내려앉아도 능히 다 담을 듯싶다. 그리고 고요하다.
>
> 가끔 옆에서 묻는 이가 있다. 그 그릇이 어디가 그리 좋으냐는 것이다. 나는 더러 지금 쓴 것과 같이 수사(修辭)에 힘들여 설명해 본다. 해 보면 번번이 안 하니만 못하게 부족하다. 내가 이 제기에 정말 좋음을 십분지 일도 건드려 보지 못하기 때문이다.
>
> 여기서 더욱 그럴싸한 제환공(齊桓公)과 어떤 노목수(老木手)의 이야기가 생각난다.
>
> 한번, 환공이 당상에 앉아 글을 읽노라니 뜰아래에서 수레를 짜던 늙은 목수가 톱질을 멈추고, 읽으시는 책이 무슨 책이오니까 물었다.
>
> 환공이 대답하기를, 옛 성인의 책이라 하니, 그럼 대감께서 읽으시는 책도 역시 옛날 어른들의 찌꺼기올시다그려 한다. 공인(工人)의 말투로 너무 무엄하여 환공이 노기를 띠고, 그게 무슨 말인가 성인의 책을 찌꺼기라 하니 찌꺼기 될 연유를 들어야지 그렇지 못하면 살려두지 않으리라 하였다. 늙은 목수 자약(自若)하여 아래와 같이 아뢰었다 한다.
>
> 저는 목수라 치목(治木)하는 예를 들어 아뢰오리다. 톱질을 해보더라도 느리게 다리면 엇먹고 급하게 다리면 톱이 박혀 내려가질 않습니다. 그래 너무 느리지도 너무 급하지도 않게 다리는 데 묘리(妙理)가 있습니다만, 그건 손이 익고 마음에 통해서 저만 알고 그렇게 할 뿐이지 말로 형용해 남에게 그대로 시킬 수는 없습니다. 아마 옛적 어른들께서도 정말 전해주고 싶은 것은 모두 이러해서 품은 채 죽은 줄 아옵니다. 그렇다면 지금 대감께서 읽으시는 책도 옛 사람의 찌꺼기쯤으로 불러 과언이 아닐까 하옵니다.
>
> 환공이 물론 턱을 끄덕였으리라 믿거니와 설화(說話)나 문장이나 그것들이 한 묘(妙)의 경지의 것을 발표하는 기구로는 너무 무능한 것임을 요새 와 점점 절실하

> 게 느끼는 바다. 선승(禪僧)들의 불립문자설(不立文字說: 도란 문자나 말과 같은 표면적인 것에 매이지 않고, 마음에서 마음으로 전한다는 뜻. 이심전심과도 같다)에 더욱 일깨워짐이 있다.
>
> —이태준, 「일분어(一分語)」 부분

십분심사일분어(十分心思一分語)란 마음에 품은 생각과 뜻은 많으나 말로는 그 십분의 일밖에 표현하지 못함을 이른다. 우리는 글을 쓸 때 주제를 정하였음에도 불구하고 그 주제를 십분의 일밖에 글로 표현해내지 못한다. 1930년대 문장가로 알려진 이태준도 자신의 생각을 글로 온전히 표현해내지 못한 것을 안타까워한다.

「일분어(一分語)」는 제목이다. 그런데 이 제목은 주제를 함축하고 있다. 즉 마음에 품은 뜻은 많으나 "하나 밖에 글로 표현해내지 못함"을 말한다. 이 글의 주제는 이태준의 경험이 밑바탕에 깔려 있다. 그는 살면서 자신이 갖고 있는 많은 생각을 말이나 글로 풀어내면서도 그 풀림의 과정을 볼 때 생각의 반도 아닌 1할만을 드러낸다는 사유의 과정에서 이 글을 착상했음을 짐작해 볼 수 있다. 이러한 착상으로부터 십분심사일분어(十分心思一分語)를 서두에 배치하여 자신이 말하고자 하는 중심 생각을 여러 글감으로 드러냈음을 알 수 있다. 그가 가져온 제재들은 그의 생활 주변에서 쉽게 접했고 얻을 수 있었던 친숙하고 익숙한 것들이다. '남녀의 정한사', '문갑 위 제기', '제나라 환공과 노목수의 이야기', '선승들의 불립문자설' 등의 글감을 순차적으로 배열하고 자료를 정리하면서 글의 틀을 세운 후 글을 쓴 것이다.

대부분 한 편의 글이 쓰이는 과정을 보면 아래의 단계를 순차적으로 밟게 된다.

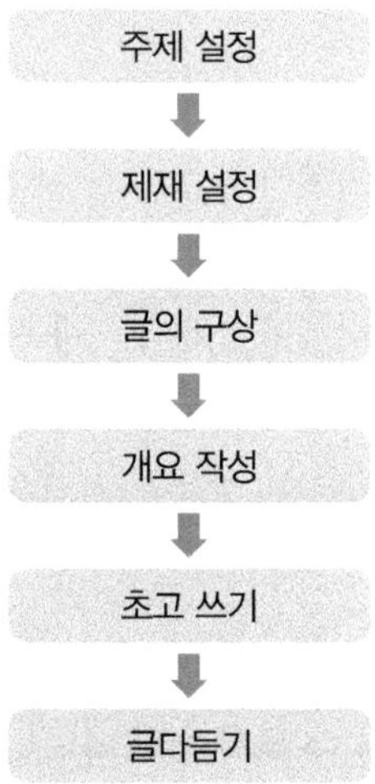

〈글쓰기의 일반적인 단계〉

1) 주제 설정

주제는 친숙하고 익숙하고 잘 알고 있는 것을 선택하는 것이 좋다. 또는 문제로 제기될 수 있는 것이나 비교, 비판이 가능한 것이어야 한다. 주제를 설정하기 위해서는 먼저 문제를 발견하는 것이 우선 되어야 한다. 문제를 발견할 수 없고 문제적인 것이 아니라면 대개 두세 줄 정도 써나가다가 더이상 논지를 전개시키지 못하는 경우가 많다. 그러므로 주제를 정할 때는 문제적인 것인가를 고려해야 한다.

또 한편에서 주제를 설정할 때 고려해야 할 것이 나의 지식과 경험을 바탕으로 얼마나 그 주제를 확장해 나갈 수 있는가이다. 주제를 확장할 수 있는가를 확인하는 가장 좋은 하나의 방법이 앞서 우리가 학습한 마인드맵, 브레인스토밍 등의 창의적 사고 기법을 통해 엮어나갈 수 있는 다양한 생각의 카테고리다. 다양한 생각의 카테고리가 많을수록 글감을 배치하고 배열해 나가는 과정은 손쉬울 수 있다. 반면, 생각의 카테고리가 몇 안 된다면 글을 쓰다가 결국 좌절하고 그만두게 될 수 있다.

주제는 단어 하나로 표현될 수도 있고 구(句)나 문장으로도 표현될 수 있다. 가령, '주인(主人)'이라는 한 단어는 포괄적인 주제(가주제)가 될 수 있다. '주인(主人)'을 바라보는 시각과 관점, 인식에 따라 다양한 주제의 카테고리를 만들어 낼 수 있다.

- **단어 및 구문 단위의 주제**

  주인의식 / 주인의 역할 / 주인의 의무와 권리 / 주인과 노예 담론 / 주체자로서의 주인 / 나는 나의 주인 / 미궁의 주인 / 빵집 주인 / 식당 주인이 외국인을 대하는 접객 등

- **문장 단위의 주제**

  학교의 주인은 학생이다.

  주인의 역할은 솔선수범에 있다.

  주인의 의무는 납세이며 권리는 행복 추구이다.

  보이지 않는 주인의 폭력성은 노예 해방운동의 도화선이 되었다.

  식당 주인이 외국인을 대할 때 친절을 가장한 사기 행각을 벌였다.

보다시피 단어나 구문 단위의 주제는 광범위하고 막연한 면이 있다. 반면에 문장 단위의 주제는 구체적으로 나타나고 있다. 주제의 범위가 광범위하여 막연하게 나타난 주제를 '가주제'라 하며, 범위를 좁혀 구체성이 드러난 주제를 '참주

제'라 한다.

주제는 '가주제'와 '참주제'로 나뉜다. 처음부터 주제를 구체화시켜서 한정하기는 어렵다. 그러므로 글을 쓰는 과정에서 주제는 구체화되고 한정적인 방향으로 나아가게 된다.

우리는 글을 써야 할 때 무엇을 쓰겠다고 막연하게 우선 생각한다. 그 막연한 주제를 가주제라 한다. 가주제는 화제, 제재, 제목을 아우른다. 가령, 가주제는 정치, 역사, 교육, 사회, 폭력 등과 같이 광범위하고 막연하게 세워지는 주제이다.

요즘 학교 폭력이 사회적 문제가 되고 있다. 그래서 폭력과 관련하여 글을 쓰고자 할 때 우리는 사회 속에 폭력, 폭력에서도 학교폭력, 학교폭력에서도 중고등학생 학교폭력의 심각성에 대한 글을 쓸 수 있다. 더 나아가 중고등학생의 학교폭력 중에서도 학교폭력 교육의 문제를 다룰 수도 있다. 가령, '영상 교육 중심의 중고등학생 학교폭력 교육의 문제점과 해결방안'과 같은 주제가 좋은 사례라 할 수 있다.

사회 ⊃ 폭력 ⊃ 학교폭력 ⊃ 중고등학생 학교폭력의 심각성

← 가주제 참주제 →

참주제는 글쓴이의 의도나 목적이 담기게 된다. 우리가 글을 쓸 수 있으려면 가주제로는 힘들다. 그러므로 참주제를 설정했을 때 좀 더 수월하게 글을 써나갈 수 있다. 참주제는 글을 쓰는 의도나 목적뿐만 아니라 글쓴이가 드러내고자 하는 구체적인 사상, 정서, 인생관, 세계관, 가치관이 밀접하게 관련되어 글 속에 녹아들게 된다.

참주제가 완성되면 '주제문'을 작성해야 한다. 주제문이란 참주제를 완전한 문장으로 서술한 명제의 형식을 갖추어야 한다. 문장 단위의 주제에서 든 예를 보면 "주인의 의무는 납세이며 권리는 행복 추구이다."와 같이 하나의 완전한 문장으로 기술되어야 한다.

주제문은 글 전체의 방향이나 논지의 전개, 제재의 선택과 배치, 글의 분량과 밀접하게 관련을 맺고 있다. 그러므로 주제문은 다음의 기술 원칙에 따라 작성되어야 한다.

주제문은 명료하고 정확한 하나의 완전한 문장이어야 한다.
주제문은 필자의 의견이나 관점이 명확하게 드러나야 한다.
주제문은 그 표현이 명확하고 구체적이어야 한다.
주제문의 내용은 확실한 근거에 의해 증명될 수 있어야 한다.
주제문은 글의 분량과 성격, 독자의 반응을 염두에 두고 작성되어야 한다.

실습 및 강평

1. 지금까지 논의한 사항을 바탕으로 주어진 매체에 적당한 주제를 찾고 예상되는 독자를 아래 표에 적어 보자.

	주제	매체	독자
① 스마트폰 게임 열풍		대학생 신문	
② 사형제도		리포트	
③ 걸그룹의 시대		여성패션잡지	
④ 간헐적 다이어트		피트니스잡지	
⑤ 대학생클럽문화		인터넷 블로그	
⑥ 북핵위협과 안보		사설	
⑦ 나의 삶		자기소개서	

2. 위의 각 항목에서 '주제, 독자, 필자'는 왜 그렇게 정했는지 설명해 보자.

2) 제재 선정

글감(topics)이란 쓸거리라는 뜻이다. 글의 흐름을 주도하면서 글의 전체 내용을 이끌어가는 글의 소재 혹은 내용을 말한다. 다시 말해서, 글의 주제를 확장하고 내용에 객관성을 부여하는 글의 소재이다. 앞서 쓴 토픽이란 단어의 어원은 창고, 혹은 물건을 저장하기 위한 장소인 그리스어 'TOPO'에서 나왔다고 한다. 이 말이 의미하는 것은 글감이라는 것이, 결국 글을 쓰기 위한 원자재를 쌓아 놓는 창고라는 것을 의미하는 것이다. 그럼 창고에 있는 원자재는 어떻게 쓰는가?

글감이란 글쓰기를 수월하게 시작할 수 있도록 도와 주며, 구체적인 사례로써 주장의 객관성과 신빙성을 높여주기도 하며, 글의 주제 그 자체가 되기도 한다. 앞선 질문, 글감의 창고에 있는 원자재는 어떻게 사용하는가에 대한 답이 여기 있다. 자재는 글쓴이가 원하는 것을 만들기 위해 사용된다. 그렇다면 창고에 있는 자재들을 막 던져 놓기만 하면 집이나 자동차 같이 만들고자 하는 것이 만들어지는가? 그것은 아니다. 자연스럽게 다음의 조언으로 넘어가게 된다.

글감 찾기의 중요성이 여기에 있다. 글을 써야 할 주제가 정해지고 글에 대한 계획을 짜는 과정에서 글의 목적과 동기, 또는 쓰는 사람의 가치관 등을 반영하면서 글의 진행과정에서 요점으로 드러날 글감을 찾아내거나 확장시키는 일을 글쓰기라고 부른다. 무엇이든지 만들기 위해서는 무작정 자재를 가져다가 풀어 놓아서는 아무것도 되지 않는다. 설계와 생각을 통한 '작업 전 단계', 즉 계획이 필요하다. 소위 말하는 속담, "구슬이 서 말이라도 꿰어야 보배"라는 말은 이런 전 단계를 강조하는 말이다.

글감을 찾는 방법은 매우 다양해서 필자마다 서로 다른 자기 나름의 방법을 가지고 있기도 하다. 특별한 과정을 거치지 않고 즉흥적으로 써야 할 주제의 핵심 내용을 파악하여 글감을 찾아내는 사람이 있는가 하면 많은 자료를 수집하고 정리하는 과정에서 글감을 찾아내는 사람도 있다. 물론 글감에 대한 감각이 없어서 주제와 동떨어진 소재와 내용으로 글을 쓰는 사람도 있다.

(1) 글감의 조건

❶ 주제와 밀접한 글감

글감은 글의 주제를 직접적으로 나타낼 수도 있지만, 독자가 독서행위를 통해 그 관련성을 유추하거나 추론할 수 있어야 한다. 사실 이처럼 하면 상당히 어려워지기는 하지만, 추리하는 재미를 주게 된다. 독자의 시선을 끌어서 계속 집중하게만 할 수 있다면 가장 효율적인 글쓰기가 되기도 한다. 주제와 글감 사이의 이러한 관련성은 필자의 글쓰기 전략에 따라 변화한다.

❷ 창의적인 글감

어떤 글감은 글의 주제에 따라 진부하다. 독서행위가 일종의 호기심 채우기와 같은 것이라면, 진부하고 익숙한 글감보다는 새롭고 창의적인 글감이 시선을 끈다.

❸ 구체적이고 객관적인 글감

자료의 객관성과 논리의 정확성은 글의 생명이다. 즉, 자료가 신뢰할 수 있을 만한 것이어야 하며, 그 자료를 쉽고 자세하게 써야 한다. 글감에 대해 독자가 이해하고, 신뢰할 수 있어야 한다.

그렇다면 글감은 어떻게 마련되는가? 먼저, 필자가 글의 주제와 관련된 지식을 알고 있을 경우 글감은 필자의 지식 속에서 찾을 수 있다. 그러나 사람의 지식이란 한정되어 있는 것이기에 여러 글을 쓰다 보면 그 내용이 고갈될 뿐만 아니라, 새로운 시각을 가진 글감으로 활용하기 어렵다. 이때 창의적인 발상법을 이용해 글감을 마련할 수 있다.

그러나 창의적인 발상만으로는 좋은 글을 쓸 수 없다. 발상을 조리 있게 전개하려면 많은 자료가 필요하다. 특히 학술논문과 같은 전문적인 글을 쓸 때에는 주제와 관련된 기존의 업적을 빠짐없이 수집하여 검토하는 일이 반드시 선행되어야 한다.

(2) 글감의 중요도

그렇다면, 글의 주제와 관련이 없는 글감은 무엇인가? 확보된 많은 글감 중에서 도움이 될 글감보다는 도움이 되지 않는 글감을 과감하게 버리는 것이 중요하다. 도움이 되지 않는 글감은 직접적으로 도움이 되지 않을 글감을 가지고 글을 써서 글의 논지와 흐름을 방해할 수 있다. 이 말의 뜻은, 우선 글감을 될 수 있는 한 많이 생각하라는 것이다. 많은 학생들이 글을 쓰기 전에 항상 어려운 이유는 글감을 찾기 위한 수고를 하지 않아서 그렇다. 최대한 많이 생각하고, 그것을 여러분의 창고에 쌓아 두어야 한다.

또한 글의 주제와 직접적으로 연관된 글감은 무엇인가? 글감 중에서 직접적으로 주제를 나타내고 주제와 밀접한 관련을 맺는 글감을 선별해야 한다. 중심 글감은 글의 주제를 명확하게 드러내고, 객관성을 확보한다. 이 말의 의미는 무엇인가? 많은 학생들의 머릿 속에는 아주 훌륭한 글감이 쌓여 있다. 하지만, 그것들의 대부분은 주제와 연결되지 않은 것들도 많이 있다. 그래서 글쓴이는 주제와 연결된 글감들만 창고에서 빼내어야 한다. 예컨대, 자동차를 만드려면 바퀴하고 엔진, 유리창, 차체를 만들 철강이 필요하다. 또한 라면을 끓이려면 우선, 라면, 냄비, 그리고 버너가 있어야 한다. 거기에 취향에 따라 계란, 파 등을 넣을 수도 있다. 그러나 거기에 다이아몬드는 필요하지 않는 것과 같은 이치이다.

아울러 글의 내용을 풍부하게 확장하는 데 도움을 주는 글감은 무엇인가를 생각해야 한다. 중심 글감 뿐 아니라 글에는 글의 흐름을 자연스럽게 하고 독자가 글의 주제를 파악하는 데에 있어 흥미를 유발하게 하는 주변 글감이 필요하다. 논문을 예로 들어 보자. 흥미로운 논문은 '독특한 주장'과 '탄탄한 근거'를 동시에 갖추고 있다. 글쓴이의 시각이 아무리 참신해도 근거가 부족하면 그 주장은 궤변에 불과하다. 그런데 '내 관점'에 딱 맞아떨어지는 근거 자료는 절대 제 발로 걸어오지 않는다. 실제로 어떤 학생은 『콩코드리뷰』 게재 논문 한 편을 완성하는 데 1년 6개월을 투자했다고 한다. 정말 관심 있는 주제가 아니라면 그렇게 공들이기가 쉽지 않을 것이다. 글감에는 그 주제를 튼튼히 뒷받침해줄 예시나 일화같은 것이 있으면, 훨씬 글이 멋있고 훌륭해진다.

그리고 분석이 필요한 글감인지 내용의 확장이 필요한 글감인지에 대한 분석이 필요하다. 글감은 그 자체로 글에 바로 사용할 수 있는 것이 아니다. 글감을 분석하고 더 많은 자료조사를 통해 글감의 내용을 확장해야 한다. 글감의 내용을 확장하는 것은 글의 주제를 돋보이게 할 수 있고 글의 내용을 풍부하게 한다.

한편 글감을 항목화할 수 있는지도 고려해야 한다. 여러 가지 글감을 마련해 놓고 보면 서로 달라보인다. 각각의 특성을 곰곰이 생각해 보면 공통점을 찾아내어 항목화가 가능하다. 우선 글감들을 다 써놓고 하나하나 비교해 보아야 공통점을 찾아낼 수 있다. 이렇게 동시에 비교해 본다면, 그 차이점에 대해서 분명하고도 명확하게 알 수 있다. 실제로 그런 비교 과정에서 새로운 글감이나 핵심적이고 창의적인 생각이 나오는 경우가 많다.

이상과 같은 글감을 제재라고도 한다. 제재는 글의 재료이다. 카레라이스를 만들기 위해서는 카레, 감자, 고기, 홍당무, 소금 등의 재료가 있어야 한다. 역시 한 편의 글을 쓰기 위해서는 여러 재료가 있어야 한다. 그런데 카레라이스를 만드는 데 카레, 감자, 고기, 홍당무, 소금 외에 계란, 고춧가루가 더 있을 때 계란과 고춧가루는 필요 없는 재료가 될 것이다. 글을 쓸 때도 마찬가지다. '중고등학생 학교폭력의 심각성'에 대한 글을 쓰려고 할 때 '남아메리카 대륙 발견 초기 서구열강의 원주민에 대한 폭력성'과 같은 글은 필요한 제재가 될 수 없다. 폭력과는 관련이 있으나 학교폭력, 더 나아가 중고등학생 학교폭력과는 무관한 제제인 셈이다. 제재는 주제를 정확하고 효과적으로 전달할 수 있어야 한다. 그러므로 제재는 다음 몇 가지 조건을 갖추어야 한다.

이 글감은 주제를 뒷받침해 줄 수 있는가.
이 글감들은 풍부하고 다양한가.
이 글감은 확실한 근거가 있는가.
이 글감은 읽는 이와 공감대를 형성할 수 있는가.

제재는 글의 주제를 뒷받침하고자 필요에 따라 수집된다. 그러나 그 역할이 다하면 더 이상 필요 없게 된다. 그러므로 제재는 주제를 뒷받침할 수 있어야 한다. 또한 글감이 풍부하고 다양하면 글은 다양한 관점과 인식을 보여줄 수 있다. 반면에 글감이 한정되어 있고 그 내용마저 한정되어 있다면 글 전체를 포괄하는 주제의 의미도 축소된다. 그러므로 제재가 풍부하고 다양할 때 더 좋은 글이 생산될 수 있다.

제재는 확실한 근거를 가지고 있어야 한다. 출처가 불분명하면 그 글에 대한 신뢰를 잃을 수 있다. 근거를 제시할 때 소견 논거와 사실 논거에 입각해서 선별되어야 한다. 소견 논거는 학자, 전문가의 견해를 근거로 제시하는 것이며, 사실 논거는 통계치, 수치화 등의 사실(the fact)을 근거로 제시하는 것이다. 그리고 제재는 읽는 이와 공감대를 형성할 수 있어야 한다. 제재를 선별할 때 유념해야 할 것은 읽는 이와의 공감대다. 서로 간에 공감대를 형성하지 못하면 소귀에 경 읽는 꼴이 될 수 있다. 그러므로 읽는 이의 수준을 고려하여 흥미 있고 관심을 불러일으킬 수 있는 제재가 선택되어야 한다.

제재를 선택한다는 것은 자료를 수집하는 것이다. 주제만 갖고는 좋은 글을 쓰기가 쉽지 않다. 설득력이 있고 호소력을 지닌 글이 되려면 여러 자료에 의존할 수밖에 없다.

자료를 수집하는 방법은 다양하다. 나의 경험이 제재가 될 수도 있고 관찰, 조사, 실험도 제재가 될 수도 있다. 또 책이나 그 외 신문도 제재로써 자료의 대상이 될 수 있다. 자료 수집의 가장 일반적 방식은 도서관에서 관련 서적을 찾는 일이며, 최근에는 인터넷 검색을 통해 손쉽게 자료를 찾을 수도 있다. 이렇게 수집된 자료는 인용하기 편리하도록 정리해서 글의 구성에 맞게 배치하고 배열해야 한다.

2. 구상과 개요 작성

'글을 구상한다.'는 것은 제재를 배열하는 것과 같다. 다시 말해 글을 쓸 때 쓰기 쉽게 글감을 배치하고 배열하는 구조화의 과정이다. 따라서 글의 구상이란 제재의 배치와 배열이며, 제재를 구조화하는 일련의 과정이다. 이는 곧 구체적인 글의 구성 과정이기도 하다. 제재를 구조화한다는 것은 어떻게 글의 틀을 짜느냐 하는 것이며, 글의 틀을 짜는 구상의 단계에 해당된다.

제재의 배치와 배열

제재를 구조화하는 일련의 과정

글은 전체와 부분, 부분과 부분이 유기적으로 관계를 맺으면서 주장, 곧 주제를 향해 모든 문장과 문단이 응집성으로 결집해야 한다. 한 편의 글이 응집성으로 결합하려면 글의 전체적인 흐름이 자연스럽고 매끄러워야 한다. 글의 자연스러운 흐름은 글의 틀을 어떻게 짜는가에 달려 있다.

글의 구상 및 구성은 예비 개요로 작성한 것을 우선 그대로 옮긴다. 예비 개요는 내가 가진 선험적 지식과 경험을 바탕으로 글의 전개를 짜임새 있게 만들기 위해 글의 뼈대를 세우는 작업이다. 그리고 작성된 예비 개요에 따라 자료를 수집해 나가야 한다. 그런데 수집된 자료를 살피다 보면 예비 개요와 맞는 것이 있는가 하면 맞지 않는 것이 있을 수도 있다. 또 예비 개요에 없는 새로운 사실과 정보를 확인할 수도 있으며, 예비 개요를 더 확장하거나 축소해야 하는 상항도 발생할 수 있다. 자료 수집을 통해 여러 상황을 검토하고 재배열하여 개요가 완성된다면 우리는 이미 글의 삼분의 일를 쓴 것이나 마찬가지다.

1) 상향식 구성과 하향식 구성

(1) 상향식 구성

먼저, 예비 개요의 구성은 공간적 배열을 바탕에 두고 있는가 하면 시간적 나열 구성을 틀로 삼을 수도 있다. 공간적 배열은 테마별 배열이다. 테마에 따라 상위 항목에서 하위 항목으로, 역으로 하위 항목에서 상위 항목으로 또는 유에서 종으로, 종에서 유로 각각 구성할 수 있다. 그런데 이러한 예비 개요의 구성을 집필 개요로 완성하기 위해서는 이것을 세분화하여 다시 상향식 구성과 하향식 구성으로 나누어 구성할 필요가 있다. 상향식 구성은 피라미드식 목차 구성이다.

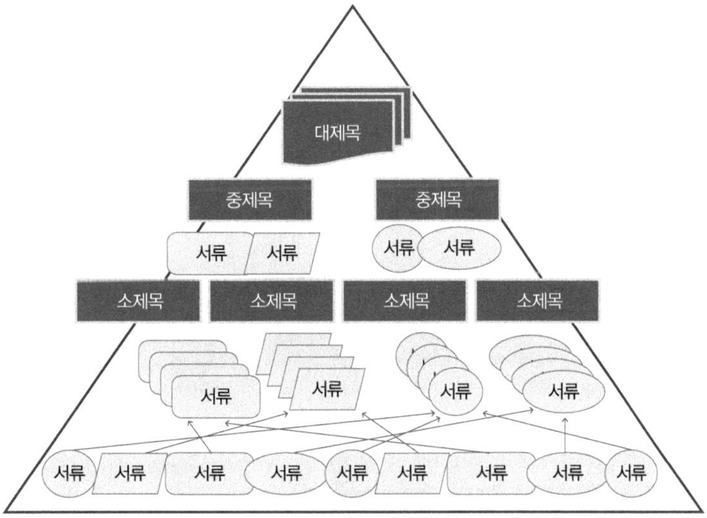

〈상향식 목차 구성〉

상향식 구성은 모은 자료들을 바탕으로 유형별로 유사한 것, 관련이 있는 자료를 각각 분류한 다음, 분류한 자료의 특성에 따라 소제목을 세운다. 그리고 또 다시 유사하고 관련이 있는 소제목을 다시 결합해서 중제목으로 분류한다. 그리고 중제목은 다시 한번 더 종합의 과정을 걸쳐 대제목으로 가져가는 방식이 상향식 구성이다. 이때 주의할 것은 자료의 유형과 성격을 명확히 구분해야 한다. 왜냐하면 소제목이나 중제목에 맞지 않는 유형과 성격의 주장(전제)이 오게 되면 전체 글의 흐름은 산만해진다.

상향식 구성 방법은 개별적인 자료를 하나하나 검토하여 관련 자료만을 묶어 소분류를 소제목으로 세우고 다시 소제목과 소제목을 묶어 중제목을 세우고 세워진 중제목을 바탕으로 글의 제목을 정하게 된다. 이때 제목은 사실상 주제가 되며, 그 주제에 대한 주제문을 작성하면 된다. 따라서 이러한 상향식 구성 방법은 귀납적인 추론 방법에 의해 이루어진다고 할 수 있다. 이런 귀납적 추론 방법의 개요 구성은 주로 과학적 테마를 다루는 의학, 보건학, 공학 등에서 대개 다루어지는 구성 방식이다.

(2) 하향식 구성

하향식 구성은 먼저 자신이 말하고자 하는 바의 목표를 세우고 그 목표를 드러낼 수 있는 주제, 곧 제목을 세운다. 하향식 구성은 먼저 자료에 의존하기보다는 선험적인 배경 지식과 아이디어로 제목을 세우게 된다. 그리고 그 제목 하에 상위 항목을 우선적으로 구성을 한다. 이후 대제목의 목표를 달성할 수 있는 전략에 따라 중제목을 세우게 된다. 중제목은 수집한 자료를 각각의 하위 항목으로 설정해야 한다. 이렇게 설정된 중제목은 세부적인 논증을 위한 논거들로 소제목을 배열하고 배치하면 된다. 이때 주의할 것은 동일하게 배치되고 배열된 항목들은 실질적으로 동일한 가치와 중요성을 갖도록 해야 한다. 만일 그 가치나 중요성이 한 방향으로 치우치게 되면 다른 영역 부분들이 실질적인 힘을 잃게 되면서 글이 저평가될 여지를 남기게 된다.

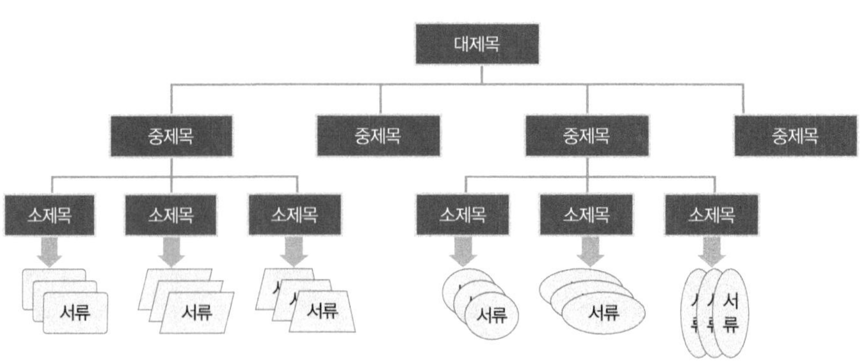

〈하향식 목차 구성〉

하향식 구성 방법은 선험적인 지식과 아이디어에 의해 참인 주제를 설정하고 각각의 하위 하목의 결론을 참인 중주제, 소주제로 가져가기 때문에 연역적인 추론에 의한 구성 방법이라 할 수 있다. 이러한 연역적인 추론 구성 방법은 인문학, 사회 과학에서 주로 사용한다. 그러나 이 방법들이 꼭 과학 대 인문학의 방식은 아니다. 우리는 한 편의 글을 쓸 때 먼저 하향식 구성을 고려하게 된다. 그 이유는 간단하다. 하향식 구성은 선험적인 지식에 의해 우선적으로 구성하기 때문에 예비 개요를 작성하는 데 적합하다. 그리고 대개가 하향식 방법에 의해 예비 개요를 작성한다. 이후 그 예비 개요와 관련된 자료를 수집하게 된다. 이렇게 수집된 자료를 정리하고 분석한 후 하위 항목의 소제목과 연관 지어 본다. 사실적이고 실증적인 자료에 의해 소제목을 검증해 보고 적합하다고 판단되면 그 소제목을 그대로 사용하면 된다. 반면에 적합하지 않고 배치의 면에서도 문제가 있다면 다시 배치하고 배열해서 작성해야 한다. 이처럼 하향식 구성을 토대로 상향식 구성으로 나갈 때 하나의 틀을 갖춘 개요가 작성될 수 있다.

상향식으로 목차를 구성할 것인가 아니면 하향식으로 목차를 구성할 것인가, 그것도 아니라면 하향식 구성을 토대로 상향식으로 목차를 구성하든 개요는 비교적 상세하게 작성하는 것이 좋다.

2) 목차(화제)식 개요와 문장식 개요

대표적인 개요의 방법에는 목차식 개요와 문장식 개요가 있다. 분량이 많은 경우 목차식 개요가 적절하고 분량이 적은 글을 쓸 때는 문장식 개요가 더 효과적이다.

(1) 목차(화제)식 개요

목차식 개요는 다른 말로 화제식 개요라고도 하며, 항목 나열형 목차 구성이라고도 한다. 목차식 개요는 책이나 글에서 흔히 접하는 목차나 차례를 떠올리면 된다. 대개 목차는 중심 내용의 핵심만을 도출하여 내용을 항목화해서 조직적으로 나열한다. 이처럼 목차식 개요는 상향식 구성이나 하향식 구성 중 하나가 선택되었을 때 쓰고자 하는 내용을 상위 항목과 하위 항목으로 나누어 조직적으로 나열하는 것을 말한다. 이 때 각 항목의 내용은 중심 내용의 핵심만을 도출하여 최대한 간략하게 서술해야 한다. 목차식 개요는 핵심만을 전달함으로써 독자가 내용을 효율적으로 파악하게 하는 효과를 발휘한다.

또한, 목차식 개요는 글 전체의 윤곽을 드러내는 방법이기도 하다. 이 개요의 방식은 핵심 내용만을 도출하기 때문에 제재를 어구 형태로 서술해야 한다. 제재가 어구 형태로 서술되어 있기 때문에 글 전체의 윤곽을 한 눈에 파악할 수 있다. 이것은 화제의 순서가 상위항과 하위항으로 구분되고 상위항과 상위항이 대등하게 분류되기 때문에 가능한 일이다.

학교폭력과 관련된 글을 쓰려고 가정해 볼 때 다음과 같은 목차식 개요를 작성해 볼 수 있다.

제목: 학교폭력의 원인과 대처방안

1. **학교폭력의 이론적 고찰**
   (1) 학교폭력의 개념
   (2) 학교폭력의 특성
   (3) 학교폭력의 유형

2. **학교폭력의 발생원인**
   (1) 개인적 요인
   (2) 가정에서의 요인
   (3) 학교에서의 요인
   (4) 지역사회에서의 요인

3. **학교폭력의 대처방안**
   (1) 학교폭력대책의 개선
   (2) 가정에서의 대처방안
   (3) 학교에서의 대처방안
   (4) 지역사회에서의 대처방안

4. **결론**

상위항 "1. 학교폭력의 이론적 고찰 / 2. 학교폭력의 발생원인 / 3. 학교폭력의 대처방안 / 4. 결론"을 보면 항과 항 사이가 대등하게 구분되고 있음을 알 수 있다. 그리고 상위항 "1. 학교폭력의 이론적 고찰"과 하위항 "(1) 학교폭력의 개념 / (2) 학교폭력의 특성 / (3) 학교폭력의 유형"은 그 위계 구조가 분명하게 드러난다. 2절의 경우도 마찬가지이다. 상위항 "2. 학교폭력의 발생원인"과 하위항 "(1) 개인적 요인 / (2) 가정에서의 요인 / (3) 학교에서의 요인 / (4) 지역사회에서의 요인"도 원인에 따른 네 가지 하위항의 다른 요인을 보여준다. "3. 학교폭력의 대처방안"도 다르지 않다. 이러한 목차식 개요는 학교폭력과 관련해 글의 전체 윤곽을 보여줄 수 있어 글쓴이가 무엇을 말하고자 하는지 쉽게 짐작할 수 있게 한다. 더욱이 핵심 내용만을 도출해서 제재를 어구 형태로 서술하고 있기에 글의 흐름을 용이하게 파악할 수도 있다.

(2) 문장식 개요

문장식 개요는 항목 서술형 목차 구성이라고도 한다. 항목 서술형 목차 구성, 곧 문장식 개요는 항목 나열형 목차를 일반적인 글의 형식으로 재구성한 것이다. 목차식 개요에서 나열된 각 항목과 중심 내용을 문장 형식으로 구성하는 것을 말한다. 따라서 문장식 개요는 문단, 절, 장 등으로 배뷰하여 내용을 문장 형식으로 상세히 전달하는 방법이다.

문장식 개요를 구성할 때 몇 가지 사항에 유념해야 한다. 우선, 문장식 개요는 완결된 문장 형식을 취한다는 점을 잊지 말자. 이 완결된 문장은 짧은 글을 쓸 때 개요로 작성한 문장 그 자체가 각 문단의 중심 문장이 되기도 한다. 그렇다 보니 개요에 보다 많은 정보를 담게 된다. 또 문장식 개요는 주장들 사이의 흐름이나 관계를 파악하는 데 효과적이다. 대개 문장식 개요는 주제를 드러내기 위한 하나의 흐름으로 이루어진다. 그러므로 개요 문장들만을 읽고도 그 문장들이 자연스럽게 연결된다면 좋은 개요라 할 만하다. 그런데 문장식 개요는 목차로 사용하기에는 부적절 면이 있다. 주제를 드러내기는 좋지만 각 항목간의 위계 구조가 불분명하며 항과 항이 분명하게 구획되지 않아서 중첩되거나 중복되어 나타나는 경우도 있다. 그래서 일반적인 보고서, 논문 등 학술적인 글에는 어울리지 않는다. 오히려 수필, 수기, 감상문, 자기계발서와 같은 글에 더 어울리는 측면이 있다.

제목: 불혹, 동화에 혹하다

프롤로그 – 당신의 동화는 안녕하세요?
넘어지면 죽는다, 넘어져야 산다. | 삼년고개
내가 아는 것이 정말 아는 것일까 | 호랑이와 곶감
누가 나그네의 옷을 입힐까 | 사윗감을 찾아 나선 쥐
거울 속에 비친 당신은 누구인가 | 욕심 많은 개
아내여, 나는 그 여인을 모른다 | 멸치의 꿈
어머니는 왜 신발을 벗었을까 | 북두칠성이 된 일곱 형제
너희가 수염을 아느냐 | 우렁이 각시
가장 여성적인 것이 세상을 구원한다. | 꼬마 사또
누가 며느리를 구원할 것인가 | 자린고비
몸은 내 존재의 알파다 | 도깨비감투
나 아니면 누가 내 이름을 크게 외치랴 | 울산바위의 비밀
당신은 진짜인가, 가짜인가 | 옹고집전
눈 뜬 장님에서 벗어날 수 없는 걸까 | 심청전
욕망이 나를 먹어치운다 | 소원을 들어주는 항아리

—박윤수, 『불혹, 동화에 혹하다』 참조

이와 같은 문장식 개요는 작성된 문장에 많은 정보를 담고 있다. 가령, "거울 속에 비친 당신은 누구인가"의 경우 이솝우화에 나오는 「욕심 많은 개」와 관련해 생각해 보면 그 의미를 쉽게 이해할 수 있다. 욕심이라는 욕망 때문에 실제와 허상을 구분하지 못하고 살아가는 현대인에게 자신을 성찰하라는 메시지를 던지고 있다.

그런데 최근에는 목차식 개요와 문장식 개요를 융합해서 복합적으로 개요를 구성하는 경우가 더 많아졌다. 목차식 개요와 문장식 개요의 융합은 내용의 핵심을 전달하면서도 그 내용을 좀 더 쉽게 이해하고 글의 흥미 속으로 빠져들게 하는 효과를 보인다. 특히 어려운 주제를 다룰수록 목차+문장 융합식 개요는 효율적인 개요 작성의 한 방법이 될 수 있다.

제목: 생각을 발견하는 토론학교 철학

1. **아름다움**
   그래, 아름다움은 주관적 취향이야
   아니야, 아름다움은 객관적 사실이야

2. **이기주의**
   그래, 인간은 누구나 이기적이야
   아니야, 사람은 이기적인 동기만으로 행동하지 않아

3. **다수와 소수**
   그래, 다수를 위해 소수를 희생할 수 있어
   아니야, 우리에겐 반드시 지켜야 할 원칙이 있어

4. **분배와 정의**
   그래, 평등하게 나누는 사회가 정의로운 사회야
   아니야, 자유를 침해하면서까지 나누는 것은 정의롭지 못해

5. **혈액형의 과학**
   그래, 설명과 예측을 잘하는 지식이니까 믿을 수 있어
   아니야, 확증과 반증이 불가능하니까 사이비 과학일 뿐이야

—최훈, 『생각을 발견하는 토론학교 철학』 참조

목차문장 융합식 개요는 상위항은 목차식 개요를 따르고 하위항은 문장식 개요를 따르고 있다. 사실 상위항 "1. 아름다움 / 2. 이기주의 / 3. 다수와 소수 / 4. 분배와 정의 / 5. 혈액형과 과학"만 보면 언뜻 내용적인 의미는 그 구체성이 잘 와닿지 않는다. 그런데 하위항의 문장식 개요는 내용적 의미를 보완해서 부연해준다. 아름다움은 주관적인 것이냐 객관적인 것이냐, 주관적인 것이라면 취향의 문제이냐, 객관적인 것이라면 사실의 문제이냐를 통해 우리로 하여금 아름다움에 대한 철학적 사유의 세계로 이끌고 있다.

이처럼 목차문장 융합식 개요는 어려운 철학의 주제를 상위항에 세우고 흥미를 느낄 수 있도록 하위항에서 내용적 의미를 보완해주고 있다.

실습 및 강평

※ 아래는 학생이 쓴 글이다. 이 글을 통해 목차식 개요와 문장식 개요를 각각 작성해 보자. 그리고 글의 제목을 설정해 보자.

❖ 제목:

21세기는 과학 시대라고도 불린다. 사회는 급격하게 성장하고 있다. 이러한 성장의 뒤에는 항상 과학이 존재했다. 과학의 발전이 빠른 사회 성장과 생활의 변화를 가져왔다. 과학과 함께 지식과 정보가 자본의 중심이 되는 정보화 시대가 되었다. 급격한 과학의 성장으로 우리의 생활은 100년 전에 비해 훨씬 더 편리해졌다. 인간의 생활이 점차 기계화되기 시작한 것이다. 기계화란 사람이 할 일을 기계가 대신하여 작업능률을 높이는 것을 의미한다. 즉, 기계가 인간의 일을 맡아서 한다. 아직까지 이런 기계화는 적은 부분에서 이루어지고 있다. 예컨대 공장의 제품생산과정 기계화, 업무의 과정에서 자료의 기계화 등이 있다. 그러나 이러한 기계화가 확산되어 언젠가는 우리 일상생활의 모든 것이 기계화가 되지 않을까?

기계화 사회의 도래는 불가능한 이야기가 아니다. 미국의 경우, 1886년 자동차 기술이 등장해 1908년부터 대량생산이 시작되었다. 1960년에는 한 가구당 1대, 1972년에는 한 운전자당 1대꼴로 확대되었다. 즉 생산에서 성장, 발달하는 과정까지 불과 64년 밖에 걸리지 않았다. 뿐만 아니라 컴퓨터는 1981년 대량 생산이 되어 2010년에 1인당 1대를 갖게 되었다. 이 과정은 불과 30년 밖에 걸리지 않았다. 기술은 무서운 속도로 발달하고 있다.

로봇 연구자들은 청소로봇, 교육용 로봇, 오락로봇, 개인비서 로봇과 같이 일반인을 대상으로 서비스를 제공하는 개인 서비스 로봇이 등장할 것이라고 했다. 또한 2025년에는 1가구 1로봇의 가정용 로봇을 가지고 있을 것이며, 2050년경에는 PC와 같이 1인 1로봇의 개인 로봇시대가 열릴 것이라고 예측했다. 이처럼 모든 생활의 기계화는 더 이상 상상이나 영화 속의 이야기가 아닌 우리의 미래로 다가오고 있다.

미래의 기계화된 사회는 어떤 모습일까? 프랑스 출신의 공상과학 소설가 베르나르 베르베르의 『나무』에서 그 모습을 볼 수 있다. 여러 가지 단편 중에 "내게 너무 좋은 세상"이라는 이야기가 있다. 머나먼 미래에 말하는 가전제품들과 모든 사물들이 살아 움직이는 완전 자동화 시대가 왔다. 이런 기계들은 더 이상 기계가 아닌 생활에서의 필수가 되었다. 기계가 말을 하고 행동을 한다는 것에 불만을 느끼기 시작한다. 어느 날 한 여자 도둑이 자신의 집에 들어와 집에 있는 모든 기계를 훔쳐 가는데 주인공은 도난의 분노보다도 기계가 사라졌음에 오히려 기분이 좋아진다. 그러다가 우연히 길을 가다가 그때 그 여자 도둑과 마주친다. 주인공은 그녀에게 따지게 되는데 갑자기 그 여자 도둑은 주인공의 가슴을 갈라서 가슴에 손을 넣어 인공심장을 꺼내어 주인공의 손바닥에 올려주며 말한다. "나 역시 당신과 똑같은 것을 내 가슴 속에 감추고 있소. 지구상에 진정으로 살아있는 유기체가 존재하지 않게 된 것은 이미 오래 전의 일이야. 우리는 모두 기계야. 우리가 살아있다고 생각하는 이유는 뇌가 그렇게 프로그래밍 되어 있어서 일뿐이야. 자동판매기와 당신과의 차이점이 있다면, 당신이 꿈을 꾸고 있다는 것뿐이야."라며 이야기는 끝이 난다.

이 이야기를 통해서 우리는 완전 자동화의 시대라는 모습을 볼 수 있다. 미래에는 모든 인간의 일을 기계가 도맡아서 하고 주인의 의사를 물어보면서 일을 한다. 더 이상 인간이 할 일은 없을지도 모른다. 새로운 전자기술의 도입과 자동화의 발전은 노동을 소외시키고 최악의 경우 노동의 소멸을 가져올 것이다. 더 나아가 인간이라고 생각했던 주인공조차 기계였다는 점에서 정말 먼 미래에는 인간의 소멸까지 이어질 수 있다.

인간 생활의 기계화는 여러 가지 사회적, 윤리적 문제를 낳는다. 먼저 사회적 문제가 있다. 아리스토텔레스는 "인간은 사회적 동물이다."하고 했다. 그런데 기계화가 되어 가면 인간의 생활은 더욱 더 편리해질 것이고 인간은 게을러지기 시작할 것이다. 가까운 거리도 차로 이동하고, 굳이 출근을 할 필요도 없이 집에서 업무를 보면 된다. 아이의 육아도 로봇이 도맡아서 하면 된다. 어디를 가든 로봇 또는 기계와 함께 한다. 인간은 굳이 친구를 만들 필요도 없다. 왜냐하면 로봇이 함께 해줄 것이기 때문이다. 공부를 굳이 열심히 할 필요도 없다. 로봇이 대신 다해 주거나 필요한 정보는 기계를 통해 찾으면 된다. 인간은 사람들과 어울릴 필요가 없다. 자기가 원하는 대로 살아가면 기계가 그것을 맞춰주면 그만이다. 이렇게 되면 자연스레 개인화 현상이 퍼져나가게 될 것이다. 그것이 심화되면 극심한 개인주의로 뻗어나갈 것이다. 더 이상 실질적인 인간의 사회는 없을 것이다. 서로의 이익을 챙기기 바쁠 것이고 남들과 어울리거나 존중해 줄 필요성조차 못 느끼는, 그런 인간미란 찾아볼 수 없는 메마른 사회가 될 것이다. 또한 기계가 인간이 할 일을 모두 대신한다면 굳이 인간은 존재하지 않아도 된다. 이런 기계화된 사회에 인간은 왜 존재하는 것일까? 존재할 필요는 있는 것일까? 모습만 똑같이 진정한 인간이라고 할 수 있을까? 단순히 외관상 형식적인 인간에 불과할 것이다. 살아있는 것처럼 보이지만 죽은 사회인 것이다.

둘째로 윤리적 문제가 발생할 수도 있다. 알렉스 프로야스 감독의 작품 「아이로봇」의 영화 내용처럼 과학기술이 지나치게 발달한 먼 미래에 로봇들이 생각하는 힘을 가지게 되어 인간을 뛰어 넘는 수준의 사고를 하게 된다면 어떨까? 기계들이 더 이상 인간에게 지배 받아야 할 필요성을 느끼지 못하고 인간을 해하려고 든다면 어떨까? 일단 두 가지 윤리적 문제를 생각해 볼 수 있다. 첫째, 인간을 도와주려고 만든 기계들이 오히려 인간을 해한다는 점에서의 윤리적 문제가 발생한다. 둘째, 그 정도로 높은 사고방식을 가지고 우리들의 생활을 함께 해온 로봇 또는 기계를 인간의 필요성에 따라서 폐기하고 바꾼다는 것이 윤리적 문제가 된다. 인간의 지적 능력을 뛰어넘어 생각까지 할 수 있는 능력을 지니고 있고, 더 나아가 감정까지 지니게 된다면 기계는 더 이상 기계가 아니게 되기 때문이다. 그러한 기계를 인간이 폐기하는 것은 어떤 측면에서는 살인이라고 볼 수도 있지 않을까?

사회적, 윤리적 문제를 해결하기 위해서는 실질적인 대안이 필요하다. 우선 인간 생활과 기계와의 생활의 분리가 있어야 한다. 기계들과 함께 할 때는 소비자가 만족할 상황밖에 없다. 무조건 자신에게만 맞추면 되고 싫으면 바꾸거나 버리면 된다. 하지만 도덕성이나 이해와 배려, 믿음 등의 인간성을 인간들 속에서 살아가면서 서로 배우고 만들어가야 한다. 죽어가는 인간성을 살리기 위해서는 내게는 너무 편한 기계화 사회가 주는 환상적인 일상의 꿈에서 깨어나야 한다. 자신이 직접 다른 사람들과 섞이고 그들과 생각을 나누며 배우며 성장해 나가는 것이 진정한 인간이다. 따라서 먼 미래의 이야기만이 아닌 기계화 사회가 오기 전에 우리는 '진정한 인간 사회의 고유영역에 대해서는 기계화를 해선 안 된다.'라는 성문화된 법을 규정하고 완전 기계화 사회와 인간 사회를 분리시켜야 한다. 인간의 인간성에 대한 독자성은 남겨두어야 한다.

우리는 기계화가 되어가는 사회 속에서 인간성을 회복해야 한다. 인간성의 회복은 어려운 일이 아니다. 말 그대로 언제나 우리 마음 속, 몸속의 인간성의 존재를 인식하면 된다. 인간성을 만들어 내는 것이 아니라 잊었던 인간성을 다시 되찾는 일일 뿐이다.

우리나라는 IT강국으로 불린다. 또한 엄청난 기술의 발전이 급속도로 전세계로 퍼져나가고 있다. 사람들은 모두 기계의 노예가 되어간다. 친구 없이는 살아도 핸드폰 없이는 못 산다고 할 정도로 기계는 우리 일상에서 뿌리를 내려가고 있다. 이러한 현상이 계속 지속되고 커져간다면 더 이상 우려하는 일이 아닌 실질적인 사회 문제로 다가오게 된다. 모두가 고철덩어리로 뒤집힌 사회에서 살아가면서 인간성을 잃어버린 소리만 요란하고 알맹이 없는 깡통에 불과한 사회가 될 것이다. 따라서 무조건적인 기계화의 발달이 아니라 미래의 메마른 깡통 사회에 꺼져가는 인간의 고유한 아름다움을 살려야 한다.

【목차식 개요】

❖ 제목:

【문장식 개요】

❖ 제목:

3. 서술방식에 따른 구성과 스토리텔링

개요가 작성이 되면 그 개요에 따라 내용을 "어떤 전개방식으로 어떻게 기술할 것인가"를 결정해야 한다. 여기서 "어떤 전개방식"은 서술방식에 따른 구성을 의미하며, "어떻게 기술할 것인가"는 기술양식에 해당한다. 기술양식은 뒤에서 다루기로 하고, 서술방식에 따른 구성을 우선 살펴보기로 한다. 서술방식에 따른 구성에는 시간적 구성, 공간적 구성, 나열적 구성, 반론형 구성, 문제해결형 구성이 있다.

1) 시간적 구성

시간적 구성은 어떤 사건이나 상황을 시간의 순서에 따라 글감을 배치하고 구조화하는 구성 방식이다. 시간은 물리적 시간과 경험적 시간으로 구분할 수 있다. 따라서 물리적 시간의 순서를 따를 것인가, 아니면 경험적 시간의 순서를 따를 것인가를 우선적으로 결정해야 한다. 물리적 시간의 순서는 인식적 가능한 시간의 순서이다. 그러므로 1시, 2시, 3시……, 아침 → 점심 → 저녁, 낮 → 밤 → 새벽, 과거 → 현재 등의 순서로 사건을 배열하면 된다. 반면에 경험적 시간의 순서는 연대기적인 체험으로부터 인상 깊었던 사건과 동일한 의미의 사건들을 불러와 시간을 재구성하여 사건을 중심으로 배열하는 방식이다. 대개 물리적 시간의 구성보다 경험적 시간의 구성이 보다 강한 인상과 호소력을 지닌다. 왜냐하면 특정 사건의 화제를 중심으로 기술하기 때문이다.

시간적 구성은 기행문이나 수기에 주로 쓰인다. 구체적으로 예를 들면 역사문화 탐방 기행, 체험기, 연수체류기, 성장 수기 등이 이에 해당된다.

> 예정보다 좀 늦게 아홉시가 넘어서야 열차는 출발했다. 숱한 인정이 교차하는 정거장 주변에는 오늘도 습관처럼 손을 흔들고 있다.
>
> 차체의 요동은 한결 안정되어 제 궤도를 질주하기 시작한다. 멀리서 흔들고 서 있는 하얀 손수건, 그것은 어느 높은 게양대 위에 걸려있는 깃발처럼 펄럭인다.
>
> 언제나 이별하는 눈언저리에 이슬 젖은 마음은 소심(素心)일 것이다. 참으로 헤어진다는 것은 섧고도 아름다운 것인지도 모른다. 열차는 산모롱이를 돌아 강안(江岸)을 끼고 추수가 막 끝난 논과 밭을 누비며 질주한다. 하늘은 죄 없이 푸르고 정명(淨命)하다. 억겁을 살았어도 저렇게 젊고 푸르러 있는 하늘에 마냥 축복을 보내주고 싶은 마음이다.
>
> 얼마를 달려왔을까? 제법 한산해진 산촌이다. 봄, 여름, 가을 동안을 땀 흘려 거둔 곡식 가마가 마당 한가운데 자랑스럽게 노족(露積)되어 있다. 그런대로 마음이

풍성해진 이 산촌의 골목길을 서성대는 촌민들의 얼굴에는 잠시나마 생기가 감돌고 있는 것 같다.

(중략)

두 시가 좀 지났다. 종착역의 신호가 울려온다. 어수선한 행장을 차리고 집찰구를 향해 걸어간다. 이제는 모두가 뿔뿔이 흩어져 가야만 할 시간이다. 저 집찰구를 지나면 이제까지의 삶이 끝나고 또 낯선 사람들과 함께 해야 할 새 삶을 준비해야만 한다.

—김학동, 「차창한묵(車窓翰墨)」, 『그래도 사과나무는 심어야 한다』 부분

사유에 잔잔함이 묻어나는 수필이다. 아홉 시에 출발하여 오후 두 시 종착역에 도착하는 동안 차창을 통해 본 여러 사념들을 시간의 순서에 따라 서술하고 있다.

다음의 글은 학생의 체험 수기다.

10시에 학교에서 심리학 강의를 1시간 듣고 버스 한 대를 빌려서 우리 학과 학생들 모두가 서울 강북에 위치한 국립재활원으로 갔다. 12시가 넘어 도착한 국립재활원은 국립이라는 말이 무색하지 않을 정도로 크고, 다양한 부서로 나누어져 있었다.

우리는 먼저 점심을 먹기 위해 구내식당으로 갔다. 구내식당은 점심을 먹으러 온 직원들로 붐볐다. 얼마 있지 않아 우리도 배식을 받아먹었다.

점심을 먹고 1시에 우리는 국립재활원 교육홍보과 선생님의 안내를 따라 영상관으로 갔다. 그곳에서 잠시 동안 국립재활원의 홍보영상을 보고 약 2시간에 걸쳐 국립재활원을 견학했다.

교육홍보과 선생님은 로봇치료실, 물리치료실, 작업치료실, 재활연구소, 장애인 운전재활 지원과를 차례로 소개해 주었다. 제일 먼저 간 곳은 로봇치료실이었다.

물리적인 시간의 순서에 따라 글이 전개되고 있다. 오전 10시 학교에서 출발하여 12시에 국립재활원을 도착해 오후 1시에 견학하는 과정을 기술하고 있다.

그런데 이 시간적 구성은 일반적으로 쉽게 사용할 수 있는 가장 쉬운 일반적 방식이며, 평범한 방법이다. 그렇다보니 글의 구성이 밋밋해서 감흥이나 감정적 호소력이 떨어진다는 단점도 있다.

암흑기

1995년 12월 6일 내 동생이 태어났다. 난 사실 오빠가 갖고 싶었다. 친구들의 오빠를 보면 동생을 부려 먹기는 하지만 동생이 또래 친구에게 맞고 있다거나 무슨 일이 생기면 달려가는 오빠가 너무나 부러웠다. 하지만 난 남동생을 두게 되었다.

1996년 여름 엄마는 동생을 앞으로 메고, 난 엄마의 손을 잡고 할머니 댁으로 가는 기차를 탔다. 그러다가 멍 때리는 사이에 우리가 내려야 하는 역에 기차는 정차했다. 엄마는 불이 나게 뛰어나갔다. 하지만 동생을 매고 있어서 괜찮았지만 나는 기차 문에 발이 끼고 말았다. 그래서 엄마와 기차 승무원 아저씨가 기차를 멈추었다. 다행히 크게 다치지는 않았다. 난 역무실에서 간단한 치료를 받고 병원에 갔었다. 그때는 아픈 것보다 놀란 것이 더 컸다. 그 뒤로 기차를 탈 때 더욱 조심히 타게 되었다.

2001년 여름에 분당으로 이사를 가게 되었다. 정확히 기억하는 것은 초등학교 3학년 과학 7단원 "소리"라는 단원을 할 때였다. 이 날 내가 좋아하는 검정색 드레스를 입고 갔다. 그런데 하필 청소차례가 여자 아이들 차례라서 원피스를 입고 불쌍하게 청소를 했다. 전학을 해서 걱정을 했는데 학교 아이들은 나를 반갑게 맞이해 주었다. 그래서 금방 친해질 수 있었다. 그런데도 이미 유치원 때부터 친구로 지냈던 아이들이라 내가 여전히 끼어들 수 없는 벽이 존재해서 조금은 슬펐다.

2011년 11월 10일은 두 번째로 수능을 보러 가는 날이었다. 두 번째라 그런 것인지 너무 덤덤했다. 떨림도 없고 긴장도 안 되고 그냥 빨리 이 시간이 끝나 벗어나고 싶은 마음뿐이었다. 하지만 결국 이번 수능도 망쳐버렸다. 내가 실수를 하나만 하면 추락인 셈이었다. 실수가 많은 나에게 아주 최악의 상황이 되어버렸다. 그냥 수능 끝나고 멍하니 울기만 했다. 어느 누구의 탓도 아니기에 내가 너무 미웠다. 지금까지 1년 동안 더 해도 아무소용도 없이 더 못 봤다는 것에 화도 났다.

행복기

1998년 여름 엄마를 졸라서 발레를 배우기 시작했다. 발레를 하고 있는 사람들을 보면 천사가 땅에 내려와 있는 것 같아 너무 아름다웠다. 내가 발레에 완벽히 빠져든 것은 볼쇼 아이스쇼의 「호두까기 인형」을 보고 나서였다. 결국 발레를 등록하고 발레복을 고르러 갔다. 여러 가지가 있었지만 내 눈에 들어 온 것은 분홍색의 기본적인 발레복과 발레 슈즈였다. 당장 그것을 고르고 발레를 배우러 갈 날을 손꼽아 기다렸다. 하지만 엄마는 발레 배우는 곳과 우리 집이 멀어서 걱정을 했다. 나에게 발레 외에는 아무 것도 문제되지 않았다.

2000년 봄 예은, 슬기, 미정이와 함께 뮤지컬을 배우게 되었다. 오디션을 봤다. 대본도 읽고, 노래도 불렀다. 예은이가 먼저 하자고 해서 시작은 하였지만 무대에 올라가니 긴장이 너무 되어 평소보다 제 실력을 발휘하지 못해서 짜증도 났다. 하지만 무대에 올라가는 기분은 나쁘지 않았다.

2002년 봄 아빠가 새로운 피아노를 사주셨다. 새 피아노를 갖다 놓으니 피아노를 다시 배우고 싶은 욕구가 팍팍 들었다. 아빠의 꼬임에 넘어 갔다. 나는 다시 피아노를 배우게 되었다. 이번에는 피아노 학원이 아니라 과외 형식으로 피아노 선생님이 우리 집에 와서 가르쳐 주었다. 선생님도 좋고 새 피아노이어서 그런지 피아노도 잘 쳐지는 것 같았다. 그리고 선생님이 나중에 하모니카와 단소까지 가르쳐주어서 음악 시간에 많은 도움이 되었다.

2009년 여름 ○○고 2학년 1반은 예체능반으로 불렸다. 우리 반은 예체능 아이들도 많았지만 하나같이 예뻤다. 더욱이 예체능반처럼 아이들은 각자의 개성이 뚜렷했다. 그런 만큼 문제와 말썽도 많은 반이었다. 경찰이 두 번이나 우리 반에 왔다고 하면 어느 정도 짐작을 할 수 있을 것이다. 그 아이들은 하나하나 뜯어보면 잘하는 것이 있었다. 그것을 어떻게 표현하느냐가 다를 뿐이지 그 아이들도 누구와 다를 것이 없는 그저 평범한 학생일 뿐이다. 그래서 우리 반은 반 친구들끼리는 엄청 잘 뭉쳤다. 다시 돌아가라고 하면 이때로 돌아가고 싶다. 남들 눈에는 말썽만 피운다고 할런지 모르겠지만 그들 입장에서 한번 바라보면 정말 그 친구들만의 세계가 살아 숨쉬고 있었다.

방황기

2006년 가을 중2 때 귀걸이와 피어싱을 몰래했다. 부모님이 엄하셔서 몰래 귀를 뚫었다. 만날 아빠가 "귀 뚫으면 귀를 찢어버린다"는 소리를 달고 살았다. 그 정도로 귀를 뚫는 것을 싫어했다. 하지만 귀를 뚫고 혹시 몰라 큐빅 위에 살색테이프를 붙이고 집에를 들어갔다. 그리고 귀를 뚫을 때는 곪지 않도록 여름을 피해서 뚫어야 한다. 그 때 최고 7개까지 뚫어 보았다.

2007년 가을 중3에서 고등학생이 되려면 고입선발 고사를 봐야만 했는데 아빠는 나에게 공부를 하라며 백과사전만한 고입선발고사 문제집을 사다주셨다. 엄마도 합세해 아무도 안하는 그 공부를 하라고 했다. 두 분은 내가 놀러 나가는 것까지 참견하기 시작했다. 그러다 결국 아빠는 내 핸드폰을 망치로 부수는 대참사가 나왔다. 난 그 길로 가출을 결심하고 집을 나가버렸다. 기분이 조금 풀리고 들어가니 아빠는 당장 핸드폰을 사준다고 했다. 아빠의 얼굴에는 걱정을 많이 한 기색이 역력했다. 마음이 아팠다. 그때는 정말 철이 없을 때 한 행동이라 두 분다 그러려니 하시는 것 같다. 이런 일은 두 번 다시 없었다.

성공기

1993년 2월 16일 대전 성모병원에서 내가 태어났다. 첫 세상의 불빛과 인사했다. 처음에 엄마뱃속에서 나오면 울어서 입안에 있던 것을 뱉어내야 하는데 난 울지 않았다. 의사 선생님께서 친히 날 때려서 울게 만들었다고 한다. 난 태어날 때부터 남들과 달랐다. 평범하게 울지 않았다.

2003년 봄 난 학교 합창단 단원이었다. 합창은 두 사람 이상이 함께 부르는 가창이라서 알토, 메조, 소프라노로 구성된다. 나는 메조 파트를 맡았다. 다들 중간음이 메조가 어렵다고 했다. 하지만 나는 중간음을 잡는 것이라 쉽기만 했다. 우리는 점심시간과 방과 후 시간을 최대한 활용해 연습을 했다. 합창에만 열중했다. 합창대회에 여러 번 나가 상을 몇 개나 탔다.

2003년 여름 합창단에만 정신이 팔려 있을 무렵 글쓰기 숙제가 주어졌다. 글을 쓰는 것도 좋아했던 나는 열심히 써서 제출을 했다. 그런데 그 글이 우리 학교 최우수상으로 선정되었다. 이후 우리 학교 대표로 시 대회, 글쓰기 대회에 참가하기도 했다. 그런데 입상이 끝이었다.

2009년 여름 나의 평생 파트너가 될 정안이와 베스트 프렌드가 되었다. 정안이와 친해지기 시작한 것은 학기 초 유리의 뒷담 때문이었다. 유리한테 피해 받은 것을 서로 이야기하다 '뭔가 좀 맞는다'라는 생각이 들었다. 그 후 친해졌고 점점 서로가 잘 맞는다는 것을 느꼈다. 우리는 항상 붙어 다니게 되었고 그림자처럼 멀리 있어도 무엇을 하는 서로가 알고 있다. 다른 친구들은 나에게 정안이 소식을 묻고 정안이에게 내 소식을 묻는다. 내 친구 정안이가 이번에 대학을 가게 되면서 보기 힘들어졌다. 내 평생 갈 친구를 만난 것은 큰 행운인 것 같다.

이 글은 학생의 성장 수기이다. 시간의 순서에 따라 구성했다. 특이한 것은 암흑기, 행복기, 방황기, 성공기로 구분하여 기술하고 있다는 점이다. 이 글은 물리적인 시간의 순서와 경험적인 시간의 순서를 다 활용하여 구성했다. 즉 연대기적인 시간의 순서와 공통된 사건을 추려내는 공시적인 시간의 순서로 구성했다. 암흑, 행복, 방황, 성공의 사건을 각각 가져와서 그것을 다시금 연대기적인 시간의 순서로 재구성한 것이다.

실습 및 강평

※ 앞에서 제시한 학생의 성장 수기를 참조하여 자신의 성장 수기를 써 보자. 성장 수기의 연습 목적은 암흑, 행복, 방황, 성공의 사건들을 각각 가져와서 연대기적인 시간의 순서로 재구성하는 데에 있다.

________________의 성장 수기

암흑기

행복기

방황기

성공기

2) 공간적 구성

공간적 구성은 공간성을 가진 글감을 체계화하는 구성 방법이다. 이 구성 방법은 어떤 공간 속에 존재하는 사물이나 상황을 기술하거나 설명할 경우 사용된다. 공간적 구성은 우리 주변에서 흔히 볼 수 있다.

오늘 커피전문점에서 친구를 만났다. 친구와 함께 커피를 주문하고자 한다. 그때 당신이 보는 메뉴판은 커피의 속성에 따라 공간으로 구획한 공간적 구성이다. 당신이 도서관에 가서 한 권의 책을 찾아서 빌리고자 할 때 제일 먼저 도서관 검색을 하려고 컴퓨터에 앉는다. 컴퓨터에 보이는 것들은 이미 공간적 구성으로 이루어져 있고 도서관 사이트, 검색의 결과도 공간으로 구성되어 있다. 더욱이 검색 결과를 갖고 책을 직접 찾으러 갈 때도 공간에 따라 문학, 사회, 경제 등으로 구분해 놓은 분류표에 따라서 책을 찾게 된다. 이처럼 공간적 구성은 우리가 가장 많이 활용하는 구성의 한 방법이다.

특히, 공간적 구성은 사물의 형태나 구조 등을 기술하거나 설명할 때 유용하다. 그리고 단체의 조직이나 기구 등을 기술하거나 설명할 때도 자주 사용된다.

대개 우리는 사물의 형태를 인지적으로 인식하기 위해 공간으로 분절해 놓는다. 곤충만 하더라도 몸의 공간적 형태에 따라 머리, 가슴, 배로 구분해 놓았다. 물론 곤충은 유기체로 이루어져 있다. 우리가 인지적으로 인식하기 위해 공간에 따라 세 부분으로 구분하는 것 자체가 언어적 폭력일 수 있다. 하지만 그 공간의 구성없이 대상에 대한 인식은 어렵다.

예를 들어 인간의 뇌 구조는 대뇌, 사이뇌, 소뇌, 중간뇌, 다리뇌, 숨뇌 등으로 구분되듯이 공간적 구조로 작성하기에 적절한 소재이다.

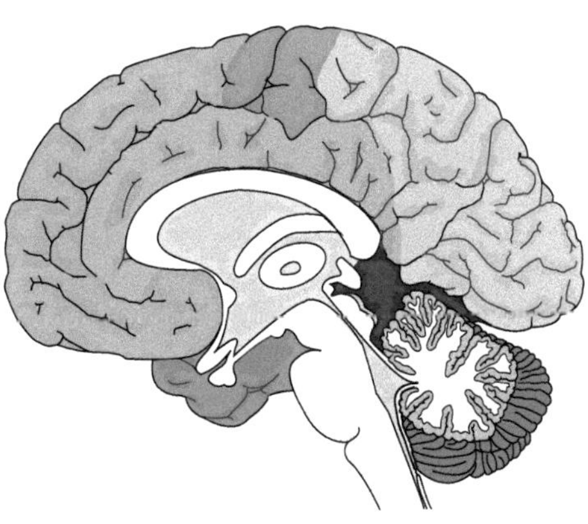

다음으로 지역문화와 문화유산을 공간적으로 구성해서 서술한 예를 살펴보자.

> 충북의 수계는 아니지만 북한강은 강원도와 경기도에 흐르면서 남한강과 함께 한강의 상류를 이루는 국가하천이다. 금강산, 오대산 등지에서 발원하여 내린천, 서화천, 화천강, 금성천 등 북부지역의 여러 지류가 모여 소양강으로 집결한다. 이 물이 홍천강, 조종천 등을 합하여 큰 강이 된다. 북한강은 유역에는 그 물길의 현장에서 사는 사람들이 만든 다양한 문화유산들이 존재한다. 구석기시대부터의 선사유적지와 고대 역사 현장 등 비롯한 유형문화유산, 서낭제와 설화, 소금배와 떳꾼들이 북한강을 따라 내려가면서 불렀던 '아라리', 마을 신앙 등 무형문화유산 등이 함께 전승하는 공간이 북한강이다.
>
> 북한강의 문화유산은 어로, 전통지식, 수달, 음식 등 다양한 방면으로 설정할 수 있다. 구체적인 방향으로 예를 들면, 어로생활은 그물, 줄낚시, 삭정, 보쌈, 복전, 천렵 등과 전통지식은 황포배 기술, 소금짐배 기술, 뗏목 기술, 물레방아 기술 등과 수달 청정 실태는 수달연구센터 활용, 물의 건강성 등과 민물 강상 음식은 어채(魚菜), 생선회, 조림, 매운탕, 구이, 냉경지 국밥 등을 들 수 있다.
>
> 북한강 상류에 해당하는 화천지역에서는 매년 쪽배축제를 개최한다. 쪽배축제의 원형은 냉경지 난장의 뱃놀이에서 찾을 수 있다. 남한강을 따라 올라온 소금배가 남강나루(南江津:냉경지, 남경지)에 도착하면 냉경지에는 장터가 크게 열렸다. 그리고 북한강 수계 여러 지역에서 많은 사람들이 모여 나루터, 장터는 번성하였다.
>
> —이창식, 「충청북도 지역문화 가치창조와 민속문화」 부분

실습 및 강평

※ 아래 그림은 키보드의 일반적인 한 모형이다. 공간적 구성을 활용하여 키보드의 형태와 구조에 대하여 기술해 보자.

3) 나열식 구성

나열적 구성방식은 서술하고자 하는 글감의 비중이 대등할 때 그 글감의 이행에 따라 배열하는 구성이다. 나열적 구성은 설명문에 적합하다.

> 빅데이터가 완전히 새로운 개념은 아니다. 특히 데이터양의 관점에서만 본다면 빅데이터는 이전부터 존재했었다. 예를 들어 보잉사의 제트엔진에서는 30분마다 10테라바이트나 되는 운항정보 데이터가 생성된다고 한다. 4개의 엔진을 탑재한 점보기에서는 대서양을 횡단할 때마다 640테라바이트의 데이터가 생성되는 셈이다. 세계 각지에서 매일 25,000대 이상의 비행기가 운항됨을 생각하면 그 데이터양이 정말 방대하다는 것을 알 수 있다. 또한 바이오테크놀로지 분야의 게놈 분석과 NASA(미국항공우주국)를 중심으로 한 우주 개발 분야에서도 고가의 고성능 슈퍼컴퓨터를 이용한 방대한 데이터 분석처리를 이전부터 해왔다.
>
> 이전과 다른 점이라면 빅데이터가 이런 특수한 영역뿐만 아니라 일상 생활과 밀접한 환경에서 만들어지게 된 것이다. 페이스북이나 트위터 등 소셜 미디어의 텍스트 데이터가 대표적이다. 게다가 전부는 아닐지라도 공개된 API(애플리케이션 프로그래밍 인터페이스)를 이용해 이런 데이터를 비교적 쉽게 수집할 수 있다. B2C 기업이라면 텍스트 마이닝이나 감정 분석 기술을 사용해 자사 상품에 대한 소비자 평가를 분석할 수도 있다.
>
> —시로타 마코토, 「빅데이터의 충격」 부분

실습 및 강평

※ 아래의 용어들을 참조하여 "인플레이션"과 관련된 나열적 구성의 글을 써 보자.

✲ 인플레이션

- 영향: 지축 감소, 환물(換物)심리로 투기발생, 투자 감소, 수출 감소, 수입 증가, 화폐 소지자 불리
- 원인과 대책

요인	명칭	원인	대책
수요	초과수요인플레	총수요 > 총공급	총수요 억제
공급	비용인상인플레	임금, 원료비 상승	임금인상 억제 (소득정책)
	관리가격인플레	독과점 가격 상승	공정거래법
	저생산성인플레	저생산성	구조 정책

4) 반론형 구성

반론형 구성은 문제시되는 찬반 논쟁·의견, 한 주제에 대한 대립적인 견해에 대하여 서로 다른 입장의 논지를 전개시키면서 상대방의 논지에 대한 반론으로 내 주장에 대한 당위성과 타당성을 펼쳐 나가는 구성이다. 따라서 상대방과 자신의 주장을 명확히 한 다음, 상대방의 주장이 갖고 있는 모순이나 문제점을 부각시키면서 자신의 주장을 강화시키는 방식의 구성이다.

반론형 구성의 일반적인 전개는 문제 제기 → 논제의 가치, 현상 제시 → 상대방 주장 제시 → 상대방 주장의 문제점 제시 → 자신의 주장 제시 → 자신의 주장에 대한 타당성, 당위성 제시 → 종합적 결론 제시로 이루어진다.

사형이란 개선의 여지가 없는 흉악 범죄자의 생명을 박탈하여 그를 사회로부터 영구히 제거시키는 형벌로 생명형, 극형이라고도 한다. 사형을 통해 위험인물의 생명을 국가가 강제로 사회로부터 격리시킴으로써 국민의 안전을 보장함과 동시에 국가가 보존될 수 있다는 사회적 정의를 이룩한다는 점에서 의의가 있다.

사형은 가장 오래된 형벌이며 근대 이전부터 행해져 온 하나의 제도이다. 고대에는 훨씬 잔인한 형벌이 많았다. “이에는 이, 눈에는 눈”의 논리에 입각하여 그 처벌은 엄중했다. 그러나 현대에 들와 형벌의 본질은 응보가 아닌 범죄자의 교화와 범죄 예방, 사회인들에 대한 경고이며, 인간 존엄성의 문제 때문에 사형제도는 사라져야 한다는 논쟁이 이어지고 있다.

사형제도에 찬성하는 사람들은 대부분 응보론, 사회보호 측면, 사법정의의 실현, 범죄억제이론, 질서유지론, 종신형의 경우 세금부담 등의 이유를 든다. 이들은 사형제가 잔혹하고 흉포화된 범죄에 대응할 가장 효과적이고 유효한 수단이라는 점을 강조한다. 또 형벌의 목적에는 범죄에 대해 동등한 고통을 준다는 응보와 이를 경고한다는 의미에서 사형제도가 적합하다고 주장한다. 그리고 사형제도가 없다면 많은 범죄자들이 자신이 받을 처벌에 대하여 궁극적인 위협을 느끼지 못하기 때문에 범죄가 더 증가할 것이라고 말한다.

반면에 사형제도에 반대하는 사람들은 인간의 존엄성, 범죄자의 개선과 사회복귀, 전 세계적 추세, 정치적 목적을 위한 사형, 오판의 가능성이 있다는 이유로 사형 자체를 반대한다. 더욱이 이들은 비인도적이고 잔혹한 형벌이며, 모든 인간의 생명은 존엄하고 가치를 가지기에 생명 박탈권이 있는 사람은 아무도 없다고 주장한다. 오히려 사형제도는 범죄자의 개선과 교화라는 형벌의 목적에 모순된다. 그러므로 사회적으로도 책임이 있기 때문에 교화를 시켜 다시 한 번 사회로 나설 수 있는 기회를 주어야 한다는 것이다.

크고 작은 모든 범죄에는 개인의 잘못 뿐만 아니라 사회적인 문제도 어느 정도 작용한다. 사형은 그런 사회적 책임을 전혀 고려하지 않은 채 전적으로 개인에게만 모든 책임을 전가한 처벌이다. 범죄자를 사회에서 격리하고 교화시킴으로써 그에게 다시금 사회를 위해 공헌할 수 있는 기회를 주는 것이 '화합과 공존'을 추구하는 사회에 부합되는 모습이다.

—학생의 글

실습 및 강평

※ 법의 정신은 사람을 위한 법이다. 실수로 상해를 입혔을 때 법률적 문구로는 처벌의 대상이다. 그러나 법의 정신에 입각하면 실수였기에 사람이 우선 되어야 한다. 당신은 어디에 동의하는가? 아래의 두 입장과 관련해 하나의 입장을 취해서 반론형 구성의 글을 써 보자.

당신은 동의하는가?	
어떤 문제로 충돌했을 때, 법의 정신(법적인 정신작용)은 법률적 문구보다 우선 되어야 한다.	
긍정적인 입장 그렇다. 환경이나 상황은 사람들에게 자신이 놓인 입장에서 결정하게 하거나 결정하지 않게 한다. 이것은 자신의 한계를 넘는 어떤 일이 될 수도 있다.	**부정적인 입장** 아니다. 법률적 문구는 항상 지켜져야만 한다. 당신은 개인적인 해석에 의지하기보다 법에 따라 판결해야 한다.

5) 문제해결형 구성

문제해결형 구성은 주어진 문제나 문제로 인식되는 대상에 대한 원인을 분석하고 그 원인 분석을 통해 문제를 해결할 수 있는 대안을 제시하는 방식이다. 이러한 구성 방식은 대개 현상 파악 → 원인 분석 → 해결책 제시로 이루어진다. 문제나 대상에 대한 현상 파악은 조사나 실험을 통해 이루이지는 경우가 많다. 이 때 조사나 실험은 가치중립적 자세를 유지하여야 하며, 다루고자 하는 문제나 대상에 대한 목적이 뚜렷해야 한다. 원인 분석은 구체적인 방법으로 이루어져야 하며, 원인에 대한 결과가 분명해야 한다. 원인에 대한 결과가 분명해야 한다는 것은 문제나 대상이 긍정적 결과를 얻었든 부정적인 결과가 도출되었든 그 다음의 해결책, 대안을 제시할 수 있어야 함을 의미한다. 이 때 원인 분석이나 해결책, 대안은 확실한 논리적 근거를 토대로 이루어져야 한다.

대중매체와 인터넷의 발달은 외모지상주의가 출현하게 된 배경이자 심화된 원인이다. 2000년대에 들어와 다양한 TV 프로그램과 광고가 생기고, 이러한 대중매체에서 아름다운 여성, 멋진 남성을 부각시키기 시작했다. 대중매체는 사람을 판단하는 기준을 만든 것이다. 대중매체가 사람을 판단하는 기준을 만들었다면 인터넷의 발달은 외모지상주의가 사람들 사이에서 상호작용하도록 뿌리내리게 되는 계기가 된다. 사람들이 서로 블로그와 SNS를 통해 소통하면서 외모를 추앙하게 되고 이것에 의해 그 사람의 가치를 외모로 평가하게 되는 사회가 된 것이다. 더욱이 대중매체의 보편적 확대로 아이들에게도 외모지상주의 가치관에 영향을 미치고 있다.

이처럼 대중매체는 외모지상주의 가치관 형성에 영향을 미치고 있으며, 우리 사회의 사회적 풍토는 외모지상주의를 절대적인 것으로 고착화시키고 있다. 최근 회사들은 학생들의 능력과 인성을 보고 뽑아야 하는데 키, 몸매, 얼굴을 보고 뽑고 있다. 이러한 사회적 분위기는 취업성형을 낳고 있다. 사회의 첫 걸음을 시작하는 대학생에게 외모지상주의가 만연할 수밖에 없는 분위기를 조장하고 있는 것이다. 「외모도 '스펙'이다」라는 기사를 읽어 보면 "구직자 10명 중 4명은 채용과정에서 외모 때문에 불합격 등 불이익이나 차별을 받은 경험이 있다."고 조사되었다. 오늘도 능력과 인성을 겸비한 대학생들은 안타깝게도 눈물을 머금고 성형외과로 들어간다. 그리고 대학 졸업생들이 운이 좋아 취업을 했다하더라도 그 안에서 외모 때문에 승진이 되지 않는 경우도 비일비재하게 존재한다.

외모주의가 만연한 사회는 능력 있는 사람들을 소외시킬 뿐만 아니라 재화의 사용을 비효율적으로 소모하게 한다. 장기적으로 보면 이는 경제발전이 더디며, 사회에 악영향으로 돌아올 것이다. 「성형수술 비용 회수하려면 30년 걸린다.」는 기사를 보면 재화의 가치를 다시 생각하게 한다. 적절한 미용에 대한 투자는 경제를 활성화시키는 좋은 소비이지만 외모지상주의에 빠진 나머지 미용에 대한 과도한 지출을 하게 되는 것은 비효율적이다.

외모지상주의의 영향을 줄이기 위한 국가적 차원에서의 노력은 다른 나라가 시행하는 방법을 들여다보면 큰 도움이 된다. 김지경의「청소년과 외모지상주의」는 독일의 매스미디어법을 실례로 "독일의 경우 체질량 지수(BMI)가 18 이하의 모델들을 무대에 서지 못하게 하는 조치가 취해졌다. 이는 사람들의 인식을 변화시키고 저체중에 대한 선호를 변하시키는 데 도움을 줄 것이다."라고 했다.

이처럼 우리나라도 광고, 드라마 등 TV에 노출되는 모델의 복장이나 몸매에 대한 규제를 할 필요가 있다. 신조어인 "꿀벅지", "베이글녀"와 같은 단어들은 모두 대중매체에서 흘러나왔다. 국가는 방송심의규정을 강하게 제정을 할 필요가 있다. 방송심의규정이 엄해지면 섹스어필, 외모지상주의에 대한 우리의 생각도 조금은 바뀔 수 있을 것이다. 그리고 국가에서 회사면접을 투명하게 운영하게 만들어 외모가 취업의 지표가 되지 않도록 막는 것도 사회 풍토, 사회적 분위기를 변화시킬 수 있는 한 방법이다. 하지만 국가에서만 노력한다고 이러한 사회적 흐름은 쉽게 변하지 않는다. 우리 개개인도 모두 노력해야 한다. 가장 강력한 외모지상주의의 원인인 대중매체를 비판적으로 수용해야 한다. 방송에서 내보내는 섹시아이콘, 얼짱 등과 같은 이미지는 모방심리를 이용한 상업수단이라는 것을 알아차려야 한다. "여자연예인들은 스스로를 대중에게 알리기 위해 노출 방송 사고를 감행하는 노이즈 마케팅도 서슴지 않는다. 위험하지만 대중들의 이목을 끌기에는 더없이 달콤한 '악마의 유혹' 같아서다."라는 기사의 문장을 보면 대중매체는 사람들의 시선을 끌기 위한 도구로 전락했다. 그러므로 외모는 허상임을 깨닫고 자신의 능력과 진정한 꿈을 키워 나가는 것이 중요하다. 이 과정에서 부모의 역할이 클 것이다. 마지막으로 가장 중요한 개개인의 과제가 있다. 자기 자신을 사랑해야 한다. 성형수술은 결코 자신의 정신을 건강하게 할 수는 없다. 나 존재 자체를 받아들여 사랑하는 순간 나의 진가가 발휘될 것이다.

—학생의 글

실습 및 강평

※ 아래의 꿀벌의 집단폐사 현상, 원인분석, 해결방법을 참조하여 문제해결형 구성의 글을 써 보자.

그 많던 꿀벌은 어디로 갔을까?—꿀벌의 실종
최근 몇 년 사이에 봄만 되면 윙윙거리며 꽃을 찾아다니던 꿀벌이 사라지고 있다.

꿀벌이 철새처럼 다른 나라로 이동이라도 하게 된 것일까? 사라진 꿀벌은 우리에게 그 해방에 의문을 가지게 한다. 하지만 꿀벌의 실종은 비단 우리나라의 일만이 아니다. 미국, 일본, 프랑스, 영국 등 강대국 약소국 가릴 것 없이 전 세계의 꿀벌들은 사라져가고 있다. 전문가들은 이를 "군집붕괴현상(CCD)"이라 명명한다. 군집붕괴현상은 꿀벌의 집단폐사현상을 뜻한다. 먹이를 찾아 나간 일벌들이 집으로 돌아오지 못하고 집단적으로 사라지면서, 벌집 안에 남아 있던 여왕벌과 애벌레들이 굶어죽어 한 군집을 이루던 벌집은 사라지게 되는 것이다. 이 현상에서 꿀벌들은 흔적도 없이 사라져버린다. 심지어 시체조차 찾을 수 없다. 그렇다면 군집붕괴현상이 발생하는 원인은 무엇일까? 전문가들은 꿀벌실종의 원인을 크게 다섯 가지로 꼽는다.

원인분석	해결방법
첫째, 환경오염으로 인한 기후변화	첫째, 이상기후 문제의 해결
둘째, 벌에게 내성이 없는 바이러스에 의한 질병	둘째, 벌이 받을 스트레스의 최소화
셋째, 전자파	셋째, 전자파의 감소
넷째, 벌에게 투여하는 항생제와 살충제	넷째, 살충제의 사용 자제
다섯째, 한 가지 음식으로 인한 스트레스	

제6장 창의적인 글의 전개

1. 창의적 글의 전개 1: 창의적 아이디어

지금까지 살아온 삶의 습관을 바꾸기란 쉽지 않다. 삶의 습관만큼 바꾸기가 어려운 것이 사고, 곧 생각의 습관이다. 우리는 지금까지 해온 대로 생각하고 행동한다. 내가 무엇인가 새로운 것을 찾았다고 하지만 실상은 지금까지 내가 해온 패턴에서 나온 아이디어일 가능성이 크다. 그러므로 지금 우리에게 필요한 것은 낡은 생각을 몰아내는 일이다. 지금까지 해오던 모두 사고와 행동에서 벗어날 때 새로운 창의적 아이디어는 만들어질 수 있다. 창의적 아이디어를 만들기 위해서는 이전에 학습한 창의적 사고 기법들을 활용하는 방법도 좋은 수단이 될 수 있다.

1965년 노벨 물리학상을 받은 미국의 이론물리학자 리처드 파인만(Richard Phillips Feynman)은 창의적이 사고력과 재치있는 익살의 소유자였다. 그의 익살스러운 농담 중 하나가 "문제를 적는다. 열심히 생각한다. 그러고 나서 답을 적는다"였다. 그런데 이 농담은 우리의 창의적 아이디를 발산하게 하는 가장 근본적인 촉매(觸媒)라 할 수 있다. 파이만은 양자전기역학의 재규격화이론을 완성한 연구 업적으로 노벨물리학상을 공동 수상하였다. 파인만의 연구동료이자 저명한 물리학자 겸 작가였던 다이슨(Freeman Dyson)은 그의 부모에게 파인만에 대해 다음과 같이 편지했다. "저희 학교에 파인만이라는 젊은 미국인 교수가 있는데요, 반은 천재고 반은 익살꾼이예요. 그의 생기 넘치는 농담 덕분에 물리학과 교수님들과 아이들은 웃느라고 정신이 없어요. 하지만 저도 최근에 알았는데, 그분에게는 그 이상의 무언가가 있는 것 같아요…" 그리고 세월이 한참 지난 후에 다이슨은 또 한 장의 편지를 쓴다. "제가 잘못 알았어요. 파인만은 100% 천재에 100% 익살꾼이에요. 그의 깊은 창의적 사고력과 재기 넘치는 익살은 분리될 수 없는 그만의 특성이더군요… 파인만은 생각과 농담을 동시에 구사할 줄 아는 사람이었어요."라고 편지했다.

다이슨이 본 파인만은 생각과 농담을 동시에 구사할 줄 아는 사람이었다. 다시 말해서, 창의적 아이디어를 발산하고 그 발산한 아이디어를 삶에 적용해 농담으로 승화할 줄 아는 사람이었던 것이다. 이러한 파이만은 양자전기역학, 초유체, 입자 이론에서 중대한 진전을 이루었고, 그의 연구 성과는 이론물리학과 응용물리학 양쪽 모두에서 셀 수 없이 많은 연구 프로젝트의 기초가 되었다. 파인만이 사용했다는 문제 해결 방식은 생산적 사고 방식이었다. 그는 문제를 적고, 열심히 생각한 다음, 답을 적는 방법을 활용했다. 그런데 우리가 명심해야 할 점은 생산적 사고에서 답은 하나만 적지 않고 최대한 많이 산출(output)해야 한다는 것이다. 가능한 한 많이 적은 다음 해결의 실마리 또는 방안으로 가장 적합하고 타당한 후보들을 발전시키고 확장해 나간다.

창의적인 글로 전개하려면 첫 번째 해야 할 작업은 가능한 한 많은 창의적 아이디어를 찾고 내놓는 일이다. 실용적인 아이디어, 터무니없는 아이디어, 물의를 일으킬 만한 아이디어, 불가능한 아이디어, 무례한 아이디어, 감당할 여력이 없는 아이디어, 꿈에서 얻은 아이디어, 스트레스 때문에 생긴 아이디어, 무지에서 비롯된 아이디어, 다른 분야의 아이디어, 실패할 것이 확실한 아이디어, 새로운 문을 열어주는 아이디어, 여러 아이디어를 조합한 아이디어, 뜻밖의 연관성에서 나온 아이디어 등 많은 아이디어를 찾아야만 검증을 통해 그중에 제일 좋은 아이디어를 골라낼 수 있다. 하나 이상의 대안적인 해결책이 '답변 생성' 단계의 결과물이다.

다음은 노년층의 스마트폰 피싱 피해의 문제를 통해 창의적 아이디어를 통한 답변 생성, 곧 문제 해결 방안으로 글을 전개한 사례를 살펴보자.

[문제 제기] -----【 문제를 적는다 】

스마트폰이 대중화되면서 대면서비스는 감소하는 추세다. 이렇게 급변하게 바뀌는 상황에서 디지털 격차를 가장 크게 느끼고 소외 현상을 느끼는 대상은 노인이다. 최근 정보통신 정책 연구원에서 발표한 「디지털 디바이스 실태」 보고서를 보면 나이가 많을수록 스마트폰 기기 보유율이 적으며, 65세 이상 고령층의 경우 미디어 활용능력이 다른 세대보다 현저하게 낮은 것으로 나타났다.

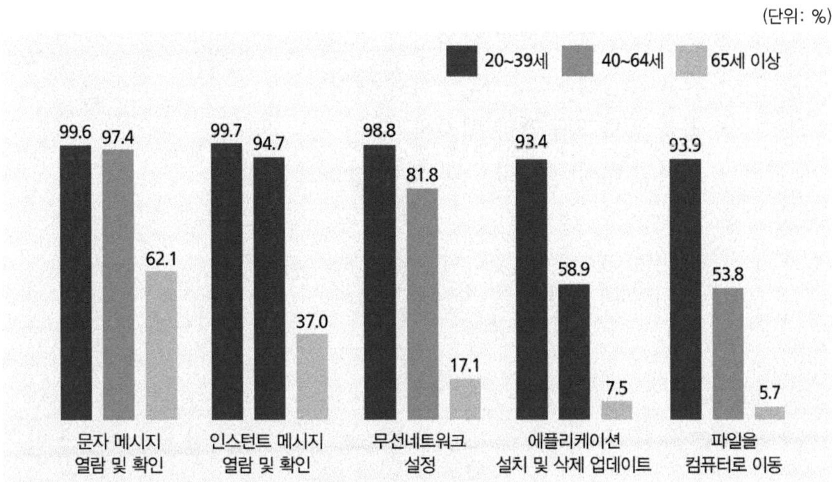

〈세대별 스마트폰 활용 능력〉

2019년 기준 금융감독원 자료를 보면 60세 이상 노인이 보이스피싱 사기로 피해당한 금액은 역대 최고인 1,757억 원이었고, 피해액 중 고령자 비율도 평년보다 26.1% 증가한 것으로 나타났다. 또한 경찰청에서 제공한「2017~2021년 연도별 사이버 범죄 발생 현황」을 살펴보면 2020년 기준으로는 사이버범죄 발생 건수가 2017년 대비 77.7% 증가했다.

디지털 기기에 익숙하지 않고 활용능력이 상대적으로 낮은 노년층을 대상으로 스마트폰을 통해 지능적으로 금융사기를 치는 경우가 늘어나는 추세다. 퇴직 후 자식들에게 의존하기보다 홀로서기를 위해 노후자금을 마련하는 경우가 많은데, 금융 피해 사기에 노출되어 한순간에 돈을 잃게 되는 경우 자녀들이 피해 사실을 알게 될 것을 걱정해 신고하지 않거나 사기였다는 사실을 뒤늦게 알기 때문에 보상받기가 어려운 경우도 신고되고 있다. 이렇게 금융 피해 사기는 실제 노년층의 경제생활에 직접적으로 큰 영향을 미치고 있다. 따라서 노년층을 대상으로 한 스마트폰 피싱 피해를 예방할 수 있는 해결방안이 필요하다.

[노년층 스마트폰 피싱 피해 예방 아이디어] -----【 열심히 생각한다 】

- 메신저 피싱 소액 결제 차단
- 금융거래에서 해외결제 차단

- 악성코드 배포 및 설치 안하기
- QR코드 악성 앱 다운 안받기
- 스마트폰 보완 설정 강화
- 중요 개인정보 스마트폰 저장 금지
- 공식 프로그램 앱만 설치하기
- 노년층 대상 정보화 기본 역량 강화교육 마련

〈 기타 다른 방안을 적어보자. 〉

[노년층 스마트폰 피싱 피해 해결방안] ----【 적합성, 타당성 검증 후 확장 】

적합성, 타당성 검증 후 해결방안

❶ 스마트폰 보안 설정 강화

'알 수 없는 출처의 앱'이 설치되지 않도록 스마트폰의 보안 설정을 강화해야 하고, 앱 다운로드 시 함부로 문자 내용 속 링크를 클릭하지 않는다.

또한, 사용하고 있는 스마트폰의 악성 피해를 줄이기 위해서는 백신 프로그램을 이용해 수시로 바이러스 검사를 해야 한다. 그리고 기존에 확인된 보안취약점이 있다면 해당 업체에서 주기적으로 업데이트를 진행하기 때문에 스마트폰 운영체제, 백신, 금융 앱 등의 최신 버전을 확인한 후 수시로 업데이트를 해야 한다.

❷ 중요 개인정보 스마트폰 저장 금지

이용 편의를 위해서 스마트폰에 중요 금융정보를 텍스트로 저장하거나 사진을 찍어 이미지 형태로 보관하는 경우가 있다. 그러나 이런 정보가 바이러스 감염이나 해킹 등으로 유출되면 큰 피해를 입을 수 있으므로 가급적이면 금융정보를 저장하지 않는 것이 좋다. 또한, 보안카드보다는 일회용 비밀번호 생성기(OTP)를 사용하는 것을 권장한다.

❸ 공식 프로그램(앱) 설치

확인되지 않은 경로로 앱을 설치하라는 요구를 받거나 다운받은 프로그램을 절대 설치하지 않는다. 앱 다운로드가 필요한 경우에는 인증된 마켓에서 다운로드를 받는다. 혹 위조된 앱인 경우도 있기에 공식 배포처가 맞는지 한 번 더 확인한다.

노년층의 경우 주기적으로 필요한 프로그램의 경우 즐겨찾기 등 경로를 저장해두거나 복잡한 앱의 경우 도움을 구해 설치하는 것이 좋다.

❹ 노년층 대상 정보화 기본 역량 강화교육 마련

현재까지 노년층의 정보화 역량이나 필요성에 대해 제고하는 글만 많다. 노년층을 대상으로 한 구체적이고 행정적인 정보화 정책이나 교육은 다양한 사례를 찾기가 어렵다. 그러므로 현재 노년층과 관련된 실질적인 디지털 교육이 가장 필요한 때라 할 수 있다. 고령층에게 필요한 디지털 기본 역량 강화교육을 지자체, 대학 등에서 마련하여 지식 정보화 시대 세대 간 정보 격차를 해소해 나가야 한다. 그리고 교육과정에서 금융 관련 보안 내용을 포함하여 금융사기 유형과 예방법을 학습할 때 피해를 줄일 수 있다.

2. 창의적 글의 전개 2: 구조의 변주

좋은 글은 글쓴이의 목적과 의도를 분명하고도 쉽게 파악할 수 있어야 한다. 그러기 위해서는 글의 구조를 파악해야 한다. 글의 구조를 파악하는 일은 글쓴이가 글의 구성 요소를 어떻게 배치했는지를 이해하는 과정이다. 이 과정에서 글쓴이의 목적과 의도가 선명하게 부각된다. 글 속의 문장들은 단순히 나열되어 있는 것이 아니다. 문장들은 어떤 의도에 의해 다른 문장들과 관계를 맺고 있다. 문단 역시 저자의 의도에 의해 다른 문단들과 유기적 관계를 맺는다. 즉, 문장과 문단들은 글 속에서 구조화되어 있다. 정확한 구조 읽기를 위해서는 앞서 논의된 핵심어 찾기, 문단의 유형 등을 통해 각 문장이나 문단의 역할을 읽어낼 수 있는 연습이 필요하다.

1) 구조도 그리기

글의 내용과 구조를 명확하기 파악하기 위한 가장 중요한 방법이 구조도를 그리는 일이다. 구조도를 그리기 위해서는 글 속의 주요 내용들을 계층화할 수 있는 능력이 필요하다. 여기에 관여하는 것이 범주화나 항목화 능력이다. 항목화와 범주화를 통해 구조를 그려내는 활동은 자신의 글을 구성하는 데도 유용하다. 글의 설계를 위해 구조도를 그릴 때 주의해야 할 점은 아래와 같다. 첫째, 상위 개념과 하위 개념의 관계가 일관되어야 한다. 이는 상위 개념을 하위 개념으로 나누는 기준을 명확히 하고 각각의 기준이 동일해야 함을 의미한다. 둘째, 동일 위치에 놓이는 개념들끼리는 대등한 값을 가져야 한다. 즉 하위 항목들 간에 겹치는 부분이 생기지 않도록 하는 것이 좋다. 셋째, 상위 개념을 하위 개념으로 나눌 때 빠진 부분은 없는가에 대해 사고하는 과정이 중요하다.

창의적인 글로 전개해 나가기 위해서는 아이디어만큼이나 중요한 부분이 글의 구조다. 창의적인 아이디어를 많이 갖고 있다고 할지라도 글의 구조를 어떻게 짜느냐에 따라 메시지에 '설득되느냐', '감동과 감명을 받았느냐', '쉽게 정보가 전달됐느냐'가 결정된다.

(1) 순행적 구조보다는 역순행적 구조로의 변주

창의적인 글의 구조는 일반적인 글의 구조와 달라야 한다. 예를 들어, 시간적인 구성으로 구조를 짤 때 일반적으로 흔히 사용되는 구성이 순행적 구조다. 순행적인 구조는 물리적인 시간의 순서에 따라 글감을 배열해서 전개해 나간다. 가령, 답사나 현장견학, 기행문 등을 글로 전개할 때 아침 → 점심 → 저녁, 오전 → 오후, 어제 → 오늘, 봄 → 여름 → 가을 → 겨울 또는 시간대별로 구성하게 되면 글을 쓰기는 쉽다. 그런데 이렇게 글감이 배열되면 글이 밋밋하고 호소력이 떨어진다. 글에 관심과 흥미를 더하기 위해서는 순행적 구조보다 역순행적 구조가 더 효과적이다. 왜냐하면 글쓴이가 말하고자 하는 바에 대한 주제 의식을 강조할 수 있으며, 호기심을 유발하여 글에 몰입하게 할 수 있는 흡입력을 증폭시킬 수 있기 때문이다.

역순행적 구조는 시간에 따른 사건을 시간의 반대 순서, 순행적인 시간에 역행하는 구성이다. 가령, "① 가 사건(과거) - ② 나 사건(과거) - ③ 다 사건(과거) - ④ 라 사건(현재)"과 같이 시간의 순서로 이루어진 사건 전개를 역순으로 구성하여 "④ 라 사건(현재) - ③ 다 사건(과거) - ② 나 사건(과거) - ① 가 사건(과거)"으로 전개한다든가 "③ 다 사건(과거) - ② 나 사건(과거) - ① 가 사건(과거) - ④ 라 사건(현재)" 등과 같이 시간의 순서를 변형하여 구조를 변주하는 방식이다. 이때 나에게 주어진 의미 있는 시간은 나의 내부의 의식적 흐름에 따라 주관적으로 서술될 수 있다. 가령, 여러 사건 중 "② 나 사건(과거)"이 나에게 특별한 경험과 결정적인 순간의 의미를 부여한 사건이라면 이 사건은 실제 일어난 시간보다 더 지속적인 서술이 가능하다.

국내문화 체험

예로부터 살기 좋은 고장으로 알려진 수도권 관광의 중심지, 전국 최대의 휴양지, 우리 삶에 행복한 에너지가 넘치는 곳 보령은 1년 365일 즐거움이 가득한 곳이다. 보령에서는 신이 빚어 놓은 듯한 환상의 섬 외연도를 비롯한 78개의 크고 작은 섬과 모세의 기적으로 유명한 무창포 신비의 바닷길, 한여름에도 오싹한 냉풍욕장, 석탄박물관, 36점의 귀중한 문화유산 등을 함께 보고 즐길 수 있다.

특히나 우리가 말하고자 하는 그 곳! 보령의 상징, 대천해수욕장의 마스코트인 "머드" 는 신이 내린 최고의 선물이라 불리는 정도로 깨끗한 갯벌과 살아 숨 쉬는 생명체라 할 수 있다. 한국을 넘어, 세계적 축제(글로벌 축제)로 발돋움하고 있는 보령 "머드축제"는 이미 전 세계적으로 유명한 관광 축제가 되어 버렸다. 관광의 진수를 맛보고 스릴 넘치는 레저의 현장, 보령 머드축제에서 빠지고, 뒹굴고, 누구나 천진난만하게 격식·체면을 무너뜨리며 놀 수 있는 "제13회 보령머드축제"에 우리 팀이 참가하고자 한다.

전국 최고 축제 1위로 뽑힐 정도로 보령 머드 축제는 각가지 체험 행사 및 이벤트를 개최하고 있다. TV에서만 보아왔던 갯벌, 이제는 그 현장에서 직접 가족, 연인, 친구 관계는 물론 외국인과 함께 즐겨보자. 미끄러지고 또 미끄러짐의 연속! 머드 정상 정복, 머드 종 빨리 울리기, "Help me!"를 외치며 머드 교도소에 갇혀보기, 비가 내리는 머드 터널에서 스트레스 날리기, 남녀노소 커플 불구하고 신선함의 재미를 더하는 머드 슈퍼슬라이드, 머드 씨름 대회, 인간 마네킹, 갯벌 스키 대회 등 다양한 종류의 체험 행사와 즐길 거리가 기다리고 있다. 그 밖에도 시내 중심가에서 열리는 거리 퍼레이드 쇼, 머드 난장판 만들기, 머드 아가씨 선발 대회, 머드 아가씨 구하기, 머드 탕 엿보기, 머드 디스코텍, 연예인 축하공연까지 하루 한시도 쉬지 않고 볼거리와 체험 거리가 무궁무진할 정도다.

참고로 세계인 어느 누구나 피부에 좋다면 그만, 고대 이집트 시대의 클레오파트라도 자주 애용했다던 머드팩. 축제의 시작과 함께 당장 무덤에서 깨어나 울고 갈 정도로 미용에 좋은 머드. 미네랄이 풍부해 피부 수축과 노화 방지 등에 좋다는 "머드"는 특히나 여자들의 중요 관심사라고 할 수 있다.

각종 체험과 함께 "머드"라는 소재 하나만으로도 세계인 모두가 하나 될 수 있는 그 곳! 인종, 언어의 장벽이 깨짐으로써 서로 간의 헝클어지는 모습을 볼 수 있고 스릴 넘치고 젊음의 열정을 느낄 수 있는 곳. 머리부터 발끝까지 머드에 맡겨 셀프 마사지에 이어 컬러풀하게 즐기는 컬러 머드까지 다채로운 행사가 마련되어 있다. 밤에는 화려한 불꽃놀이, 내로라하는 한국 대표 가수들의 총출동, 힙합이 어우러진 무대는 밤늦게까지 이어진다.

우리는 그 곳, 대천해수욕장에서 열리는 "보령 머드축제"에서 서로 간의 어우러짐과 갯벌 체험, 머드 마사지를 직접 즐겨봄으로써 그 지역의 대표 축제를 더욱 빛나게 만들 작정이다.

혹시 "사라져 가는 갯벌"이라는 말을 들어본 적이 있는가? 그렇다면 "새만금 간척 사업"은? 그렇다, 개발과 발전에만 집중하는 우리 인간들은 생태계 파괴에는 관심조차 두지 않고 있는 이 시대의 현실. 요즘 인기리에 방영되고 있는 한 프로그램의 말투를 따라한다면 '개발에만 힘쓰고 자연은 죽어야 한다고 기억하는 이 더러운 세상.' 한국의 대표 지역축제인 이 보령의 머드 축제는 갯벌이라는 대 자연이 인간과 함께 어우러지는 축제로 거듭난 것이기에 더욱 우리에게 다가오는 의미가 크다고 말할 수 있겠다. 그 지역의 축제도 지키고, 더 많은 것을 배우고 느낄 수 있는 대한민국 대표 축제 "보령 머드축제"

단합하는 모습과 어우러지는 유격 훈련까지 이어지는 갯벌 체험장, 맨발로 달리기, 머드체험관(화장품, 마사지, 사우나)에서의 새롭게 거듭나는 우리의 피부! 우리 팀 5명이 간다. 다양하고 풍성한 보령의 먹거리, 하얀 백사장과 갯벌이 있는 대천해수욕장, 국내는 물론 국외의 사랑까지 받고 있는 머드축제! 모두가 하나 되는 글로벌 축제가 열리는 그 곳, 보령 머드축제로 가고자 한다.

—「보령 머드 축제」, 학생의 글

(2) 연역추론 · 귀납추론보다는 유비추론으로의 변주

또 하나 우리는 흔히 글을 쓸 때 연역추론, 또는 귀납추론에 따라 구조를 짠다. 연역추론과 귀납추론은 논리적인 논증을 펼칠 때 유용한 추론 방식의 글 구조다. 따라서 다른 사람을 설득해야 한다면 연역추론과 귀납추론에 따른 글의 구조는 효과적이라고 할 수 있다. 하지만 감동이나 감명을 준다든지 쉽게 정부를 전달하는 데에는 한계가 있다.

'논리는 힘이 세다'라고 말하는 이들도 있다. 연역추론과 귀납추론에 따른 글의 구조는 논리를 통해 설득력을 높이고자 하는 의도다. 왜냐하면 대개의 사람들은 논리를 참이라고 생각하기 때문이다. 그런데 꼭 그런 것만은 아니다. 추론에 대한 일반적 설명은 다음과 같다.

연역법(演繹法)은 일반적인 사실을 바탕으로 하여 특수한 사실을 결론으로 이끌어내는 논증의 방법이다. 전제와 결론의 구체적인 내용은 문제 삼지 않으며 논증 과정은 엄격한 논리적 규칙에 의존한다.

전제와 결론 사이의 이러한 필연 관계는 논리적 형식과 규칙의 타당성에 근거가 성립한다. 연역은 이미 전제 속에 포함되어 있는 정보를 명확하고 새롭게 도출해 낼 뿐이다. 따라서 연역적 추론 규칙과 형식을 탐구하는 것은 매우 중요한 일이다.

일반적으로 연역적 추론에는 대전제, 소전제, 결론이 있는데, 삼단논법의 대전제는 연역법의 일반명제이며, 결론은 개별 명제에 해당된다. 즉 개별 명제가 주제문이 되는 것이다.

❶ 인간은 모두 죽는다. 〈대전제〉

❷ 소크라테스는 인간이다. 〈소전제〉

❸ 그러므로, 소크라테스는 죽는다. 〈결론〉

귀납법(歸納法)은 특수한 사실들을 바탕으로 하여 일반적인 사실을 결론으로 끌어내는 논증의 방법이다. 인간의 다양한 경험, 실천, 실험 등의 결과를 일반화하는 사고방식이다. 이는 개별 명제를 전제로 일반명제를 추론해 내는 것이다.

귀납적 추리는 근본적으로 관찰과 실험에서 얻은 부분적이고 특수한 사례를 근거로 전체에 적용시키는 이른바 '귀납적 비약'을 통해 이루어진다. 귀납적 추리에는 표본적인 관찰이나 실험에서 얻은 일반적인 결론을 이끌어내는 통계적인 추리와 같이 예증을 통한 일반화도 있고, 사물이나 사례의 유사성에 근거하여 어떤 결론을 끌어내는 유비적인 추리(유추)도 있다.

❶ 소크라테스는 죽는다. 〈사실1〉
공자는 죽는다. 〈사실2〉
간디는 죽는다. 〈사실3〉

❷ 소크라테스도, 공자도, 간디도 죽는다. 〈경험의 일반화(공통적인 속성 및 유형의 발견)〉

❸ 그러므로, 인간은 모두 죽는다. 〈결론〉

다음으로 유추와 예증이 있다. 구체적인 사례들이 지닌 몇 가지 유사점(공통점)을 근거로 다른 유사점이 있다고 판단하는 논증의 방법을 유추라고 하며, 구체적인 사례를 들어 주장의 타당성을 입증하는 논증의 방법을 예증이라 한다.

❶ 예증을 통한 일반화: 어떤 명제를 입증하기 위해, 하나 혹은 그 이상의 특정한 개별적인 예들을 제시하는 것.

❷ 유추를 통한 논증: 서로 다른 대상이나 과정, 또는 체계 등이 일정한 면에서 비슷하거나 일치할 때, 다른 특정한 점에서도 역시 비슷할 것이라고 추리하는 것.

실습 및 강평

1. 최근 나에게 일어난 사건 중 세 개의 사건을 순행적 구조로 작성한 후 다시 역순행적인 구조로 만들어 보자.

순행적 구조

역순행적 구조

2. 다음은 『악마의 사전』이라는 책에 나오는 단어 설명이다. 예문을 토대로 제시된 단어를 나름대로 설명해 보자.

> 고뇌: 친구의 성공을 목격했을 때 유발되는 질병
> 기자: 추측을 통해 진실을 찾아가며 말의 홍수로 그 진실을 흐리는 작가
> 삶: 육신을 부패로부터 보호해주는 영혼의 소금
> 소문: 인간이 애용하는 남의 명성을 말살하는 무기
> 우정: 날씨 좋을 때는 두 사람이 충분히 탈 수 있으나, 날씨가 나쁠 때는 오직 한 사람밖에 탈 수 없는 크기의 배

역사:

기억:

행복:

자동차:

집:

사랑:

우주:

슬퍼하다:

의자:

책:

사진:

혀:

자신의 주장을 나름의 근거와 증거에 의해 조리 있고 순서 있게 펼쳐나감으로써 상대방을 합리적으로 설득시키고자 하는 일련의 과정을 논증이라고 한다. 논증에는 평론과 시론(사설)로 크게 나눌 수 있다. 그 둘의 차이는 아래의 표에 설명한다.

논증: 사신의 주장이나 의견을 논리적으로 전개해 상대방을 설득하는 글	**평론**	어떠한 사물이나 사건에 대한 가치를 평가하는 글
	시론/사설	어떤 시대에 발생하는 시사적인 사건에 대한 주장을 논리적으로 작성한 글

그렇다면 논증과 설명은 어떻게 다른가? 설명은 사실에 대한 정보를 알기 쉽게 전달하는 것이 목적이다. 논증은 어떤 것이 사실인가 아닌가, 그리고 무엇이 옳고 무엇이 그른가를 따져 자신의 의견과 주장을 상대방에게 납득시키는 것이 목적이다.

그렇다면 논증(혹은 논리적 주장)이란 무엇인가? 논증은 특정한 상황에서 어떤 문제나 쟁점에 대해 자신이 생각하는 것을 표현하는 행위나 주장이다. 일상생활 속에서 우리는 상대방의 행동을 보고 그 사람의 생각을 미루어 짐작한다. 이와 같이 어떤 생각에서 다른 생각을 이끌어내는 심리적 과정을 '**추리**'(추론, inference, reasoning)라 한다. 추리의 결과로서 하나의 '**판단**'(judgement)이 형성된다. 판단의 형식에서 우리는 최종적으로 참과 거짓을 묻지 않을 수 없는데, **이때 참과 거짓의 논거를 밝히는 것(제시)을 '논증'**(argument)이라 한다. 이렇게 논증은 어떤 문제와 쟁점에 관하여 표출하는 자신의 견해이되, 반드시 그 타당성을 입증해야 하는 견해이다. 요컨대 논증은 주장하는 이가 타당성을 입증해야 하는 견해, 단언, 결론을 의미한다. 그래서 논증은 '진리 탐구의 기본 도구'라고 할 수 있다.

논증은 명확한 평서문 어법으로 제시되어야 한다. 문장이 견해, 단언, 결론의 형태를 갖춰야 논증의 대상이 될 수 있다. 또한 구체적인 언어적 표현이어야만 한다. 애매한 표현을 사용하면 안된다. 개인의 취향을 드러내는 표현은 논리적 주장이 아니다. 개인의 취향이나 기호는 증명할 수가 없고, 증명해야 할 이유도 없기 때문이다.

3. 창의적 글의 전개 3: 인용의 중요성

글의 앞 부분에 신선한 예화가 인용된다면 독자는 일차적으로 글에 흥미를 가지게 된다. 그러나 신선한 예화에 너무 집착할 필요는 없다. 널리 알려진 예화를 인용한다고 하여도 다른 관점에서 접근하면 사람들은 새롭게 여기기 때문이다. 그리고 예화가 너무 장황하게 인용되어서도 안된다. 서두는 본문의 준비 단계이기 때문이다. 일단 예화를 인용할 때 중요한 것은 예화가 가진 기본적인 의미를 설명하는 것이다. 그런 다음 내가 어떠한 관점에서 예화를 바라보고 있는지, 어디에 초점을 맞추고 있는지를 반드시 설명해야 한다. 아울러 서두가 아닌 다른 부분에서 인용을 할 때도 인용의 의의를 설명하는 부분이 있어야 한다.

인용한 부분의 기본적 의미를 설명했으면, 다음은 인용문의 의의를 설명하거나 또 다른 맥락에서 볼 수 있는 심층적 의미를 서술한다. 그리고 이 부분에서 자신의 논점을 제시하면서 그 논점이 그리고 그 논점이 글에서 가지는 문제적 부분을 서술한다. 그러면 독자들은 글의 내용을 대강 짐작하고 글의 이해도를 높일 수 있다.

그렇다면 참신한 인용문은 어떻게 얻을 수 있을까? 그것은 글쓰는 사람의 노력에 달려 있다. 자신이 쓰고자 하는 분량이 10이라면, 글쓰는 이는 100의 자료를 모아야 한다. 글을 능숙하게 쓰는 것은 자료가 얼마나 많은가에 달려 있다. 그러나 항상 자료를 모을 수는 없다. 대학생들은 자신의 전공 공부로도 바쁘기 때문이다. 그래서 일상 생활에서 자료를 수집하는 태도를 항상 견지해야 한다. 평소 인터넷 서핑을 하거나 신문 기사 혹은 동영상 자료를 볼 때, 자신이 흥미있는 주제이거나 자신의 전공과 관련된 것이라면 스크랩을 해놓는 습관을 기르는 방법이 가장 좋다. 아울러 항상 글을 쓰기 전에 자신의 주제에 대한 자료를 도서관에서 찾아보는 것도 좋은 습관이다.

글에 사용할 자료 조사하는 요령은 자신이 쓸 주제와 비슷한 주제로 가장 최근에 등록된 박사 학위 논문을 찾는다. 맨 뒤에 수록되어 있는 〈참고 문헌〉에 있는 책과 논문을 도서관에서 찾아본다. 중요한 것은 글의 주제와 연관성이 있는 자료를 중심으로 찾아보는 것이 핵심이다. 아래는 활용할 수 있는 학술 자료 사이트이다.

❶ 국립중앙도서관: https://www.nl.go.kr
❷ 국회도서관: http://www.nanet.go.kr/main.jsp
❸ 한국학술정보(KISS): http://kiss.kstudy.com
❹ 학술연구정보서비스(RISS): http://www.riss.kr/index.do

그리고 찾은 자료를 반드시 정리해야 한다. 가장 좋은 방법은 독서 카드를 만드는 것이다. 독서 카드는 책에 관련된 모든 정보를 일목요연하게 정리한 것이다. 서지 정보 및 인용하고자 하는 모든 내용이 수록되어야 한다. 다시 말해서 독서 카드 목록 작성의 요소는 인용하고자 하는 내용, 서지 정보(저자, 논문명, 학회지명(책이름), 권호수, 학회명, 발행 연도)가 꼭 들어가야 한다. 서지 정보는 글에 그 자료를 인용했을 때 표절을 피하기 위해 반드시 필요하다.

다음은 자신의 작품을 각종 참고자료를 인용하면서 설명하는 대학원생 비평문의 사례이다. 스스로를 제삼자로 설정하여 객관적 시각을 유지하고 있으며, 작품 설명에 필요한 이론적 참고자료를 적절하게 인용하고 있다. 이 점을 주의하면서 살펴보자.

빛의 언어, 생성의 몸

남소영

하이데거는 언어를 두고 '존재의 집'이라고 명명하였다. 이는 존재가 인간에게 언어로서 현성(現成)하는 한 언어는 존재가 머무는 집이라는 뜻이며, 다른 한편으로 인간 현존재가 비로소 존재자를 만날 수 있는 인간의 가옥이라는 뜻을 포함한다.[1] 보다 유추하자면, 인간은 언어를 매개로 하는 사유를 통해 인간 자신과 존재의 본질을 이해할 수 있는 유일한 현존재일 것이다.

이처럼 기존의 존재론에서 현존재는 인간에 집중된다. 인간만이 사유할 수 있기 때문이다. 하지만 '존재'는 인간에게만 국한되지 않는다. 대자연은 비록 언어를 가지고 사유하지 않지만 스스로의 물성을 통해 존재의 신비를 드러낸다. 그 드러냄의 과정을 자연의 언어라 할 수 있다. 인간의 언어와 같이 문자화된 기호 체계를 지니고 있지 않지만, 우리는 자연의 이미지를 통해 존재의 신비를 깨닫고 경이로운 감각의 순간을 경험한다. 「바람으로부터」는 그러한 자연의 순간, 빛이 그려내는 언어의 형상에 주목하고 있다.

〈남소영, 「바람으로부터」(watercolor on paper, 61×73cm)〉

[1] 이선일, 『하이 데거 『언어로의 도상』, 서울대 철학사상연구소, 2004, p. 6.

여기 한 송이 풍란이 있다. '청초한 사랑'이라는 꽃말을 가진 풍란은 바람이 잘 통하는 곳을 좋아한다. 그런 풍란은 바람을 타고 내려와 나무에 뿌리를 내리고, 다시 바람을 품고 자란다. 풍란의 삶은 그 자체로 생명의 순환과 자연의 생리를 현전하는 셈이다. 풍란 스스로가 생태의 비의를 전하는 언어인 것이다.

풍란에 주목하는 작가의 심리는 내면의 결핍을 반영한다. 정신분석 이론에 따르면 욕망(desire)은 욕구(need)와 요구(demand)의 차이로 정의된다. 욕구는 생물학적인 본능에서 비롯되어 특정 대상을 지향하며 그것을 통해 만족을 얻는다. 그런데 욕구는 항상적으로 충족될 수 없기에 다른 무엇을 끊임없이 요구하게 된다. 욕구가 언어를 통해 특정한 요구가 되는 순간에 일종의 소외가 발생한다. 정신분석은 욕구가 요구가 되는 순간의 차이 혹은 소외가 곧 욕망이라 한다. 그런 점에서 욕망은 일종의 결핍과도 같다.[2] 그렇게 보면 자연을 그리는 작품은 곧 작가가 지닌 결핍의 형상이요 욕망의 이미지일 수 있다. 실로 작가의 현재적 삶은 디지털 매체로부터 거리두기를 의도적으로 지향한다. 컴퓨터와 전자파에 노출되었던 청춘 시절로 인해 건강을 해친 결과라 하겠다.

한편 도시의 삶이 동반하는 피로가 비단 이 작가만의 상처는 아닐 것이다. 근대문명이 보편화됨에 따라 편리함은 극대화되었지만, 그 이면에 존재하는 각종 부작용 역시 극에 달하고 있는 실정임을 부정하기 어렵다. "이미 오래전에 일과를 전폐해야 할/ 문명이/ 오늘도 또 나를 이렇게 괴롭"[3]히고 있다. 이는 결코 시인 김수영만의 피로감일 수 없다. 결국 풍란을 통해 삶의 재생을 꿈꾸는 과정은 작가를 포함하여 우리 시대가 지닌 사회적 욕망과 연동된다.

「바람으로부터」는 풍란과 바람과 빛의 조응을 형상화하는 데로 나아간다. 이들 사이의 결합과 긴장, 그로부터 파생되는 생성의 단계에 보다 주목할 필요가 있다. 무릇 미술은 공간 및 시각의 미를 표현하는 예술이다. 회화는 평면 위에 선이나 색채로 형상을 만들어 낸다. 평면 공간의 단순성은 회화라는 장르가 지닌 운명일 것이지만, 작가의 욕망은 그 선험적 한계를 넘어서고자 한다.

외형적으로 위 그림은 물감의 발색력과 표현력에 집중하고 있다. 투박한 듯한 터치와 드러난 재료의 질감이 평면의 단순함을 지양하기 위한 의장인 듯하다. 입체감을 표현하는 적절한 배치이지만 상투적인 기법이기도 하다. 그러한 인위적 기교를 넘어서는 것이 자연의 물성이다. 사물의 운동 이미지는 평면의 단순성과 캔버스의 폐쇄성을 그 자체로 극복하고 있다.

이러한 이미지들의 조응은 결과적으로 빛의 언어로 귀결된다. 이른바 빛의 산란(散亂)은 풍란과 바람이 조응하는 순간, 그 중층적이고도 역동적인 자연의 이미지를 가시화하는 적절한 기제인 것이다. '산란'의 사전적 의미는 "파동이나 입자선이 물체와 충돌하여 여러 방향으로 흩어지는 현상"[4]과 같다. 그런데 산란의 이미지는 이

2 이진경 외,『철학의 탈주』, 새길, 1995, pp. 37~40.

3 김수영,「파리와 더불어」, 이영준 편,『김수영전집·1』, 2018, 민음사, p. 187.

4 표준국어대사전(http://stdweb2.korean.go.kr/search/View.jsp)

러한 설명적 언어로 제한될 수 없을 듯하다. 위 그림에 드러난 빛의 산란은 빈 공간의 흰 환영으로, 연보라 꽃잎을 투과하는 순간으로, 펼쳐진 녹색 잎들의 농도 사이로 스스로를 다시 산란시킨다. 그런 감각들은 문자로써 재현하기 불가능한 빛의 언어일 수밖에 없다.

이렇듯 「바람으로부터」는 바람을 품은 풍란이 빛과 어우러지면서 파생되는 본연의 감각을 현전코지 한다. 보이지 않지만 잔잔하게 흐르는 바람의 이미지가 밝은 원형의 형상으로 표현되었으며, 빛이 풍란과 조우하며 산란되는 순간의 영롱한 색을 드러내고 있다. 작품은 이들이 유기적으로 결합된 장이라는 점에서 하나의 신체와도 같다. 회화 스스로도 바람과 빛의 몸을 생성하고 있는 것이다.

〈남소영, 「Becoming」(watercolor on paper, 43×73cm)〉

「Becoming」은 「바람으로부터」의 미시적 운동을 보다 거시적인 관점에서 시각화하고 있다. 표제에서부터 '생성'을 언명하듯이, 이 작품은 꽃과 바람과 빛의 입자가 어우러져 생성하는 순간을 포착하고자 한다. 이처럼 자연은 빛과 더불어 자신의 신체를 변주한다. 이것이 존재를 드러내는 또 다른 가옥이지 않을까. 빛이 그리는 언어, 몸으로 잠재적 신체를 재현하는 생성.

생성의 철학자로 알려진 들뢰즈는 현실을 이해하는 데 있어서 '잠재성'에 주목한 바 있다. 현실은 드러난 현재와 더불어 잠재적인 것과의 상호 관계 속에서 구성된다는 것이다.[5] 「Becoming」은 어쩌면 꽃과 바람과 빛이 만드는 잠재적 현실의 생성을 면과 색으로 보여주는 한 장면일 수 있겠다.

존재의 언어는 인간의 정체성에 관한 주류 기호일 것이다. 이 글에서 소개한 작품들은 인간 범주를 넘어 빛의 언어와 생성의 몸을 그리고자 한다. 위에 거론된 작품들의 예술적 수준은 많은 한계를 지니는 것도 사실이다. 그럼에도 불구하고 이들

[5] 잠재성과 현재성에 대해서는 질 들뢰즈, 김재인 역, 『베르그송주의』, 문학과지성사, 1996 참조.

작품이 감각하려는 변화의 순간은 나름의 의미를 지니리라 본다. 미술사의 고전은 "미술의 모든 역사는 기술적인 숙련에 관한 진보의 이야기가 아니라 변화하는 생각과 요구들에 대한 것"[6]임을 강조하고 있다. 빛의 언어와 생성의 몸을 호명하는 계기일 수 있다면, 그것만으로도 이들 작품의 존재 이유는 충분할 것이다.

[6] E. H. 곰브리치, 백승길·이종숭 역, 『서양미술사』, 예경, 2013, p. 43.

윗글은 자신의 그림을 설명하기 위해 관련된 철학 이론을 인용하며 설득력을 더하고 있다. 인용을 할 때에는 출전을 정확히 표기해야 한다. 이는 학술적 윤리와 직결되기에 매우 중요한 문제이다.

글쓰기에서 표절이란 타인의 아이디어나 글을 허락 없이 가져다 쓰는 행위이다. 다른 사람의 글에서 특별한 표현이나 아이디어를 출처를 밝히지 않은 채 무단으로 사용하면 표절에 해당한다. 최근에는 자료 조작 문제가 글쓰기의 윤리에서 많이 언급되고 있다. 자료의 조작에는 데이터의 위조와 변조가 있다. 위조는 의도적으로 속일 것을 전제로 없는 사실을 실제로 있는 것처럼 꾸미는 행위를 말하며, 변조는 실제 내용을 바꾸어 제시하거나 사실을 다르게 서술하는 것을 가리킨다. 글쓰기를 할 때 표절이나 자료 조작 등의 비윤리적인 행위를 하지 않도록 경계해야 윤리적인 학문 공동체를 지속시켜 나갈 수 있다.

실습 및 강평

※ 다양한 검색 사이트를 이용해서 자신이 선정한 주제에 대한 참고 자료를 수집하고, 관련 서지사항을 정리해 보자.

제7장 성찰을 통한 창의적 글쓰기

1. 자기화 방식의 이해

최근 대학 교양 글쓰기의 교과는 대학의 학술적 과정을 위주로 한 논리적 글쓰기를 글쓰기 실천의 최우선 과제로 삼고 있다. 논리적 글쓰기는 '비판'과 '설득'이라는 설명·논증 방식을 통해 글쓰기를 이성과 논리로 접근하고자 하는 글쓰기의 실천이다. 대학이 지성의 전당이며 학술적 과정을 연마하는 학문의 전당임은 자명하다. 때문에 이성과 논리로 접근하는 학술적 글쓰기, 논리적 글쓰기는 당연히 필요한 영역이며 성취해내야 할 과정이다. 그러나 이성과 논리로 접근할 수 있는 글쓰기가 점점 정서적 글쓰기, 윤리적 글쓰기, 창의적 글쓰기의 영역을 밀어내고 있는 현실은 안타까움을 자아낸다. 대학 글쓰기에서 논리적이고 학술적인 글쓰기에 역점을 둔 글쓰기의 실천은 글쓰기의 스타일을 일률적으로 획일화시켜 나갈 수밖에 없기 때문이다.

이와 같은 대학 글쓰기의 편향은 '이성(Logos)'을 중심에 두는 형이상학적 사고와 관련이 있어 보인다. 형이상학적 사고에서 이성은 '있는 것' 모두에 대해서 형식과 구조를 부여하는 통합적인 이유에 해당한다. 따라서 이러한 형이상학적 입장에서는 지성, 정신, 내적인 특성들이 중심적 위치를 차지하고, 감성, 육체, 외적인 특성들은 배제된다. 그리고 글쓰기도 '영원한 진리를 지칭하는 기표 그 자체를 지칭하는 기호에 해당한다'고 보고, 논리적인 글쓰기를 중시하게 된다. 이처럼 형이상학적 사고가 전통적으로 대학 교육 이념에 바탕이 된 사상이라는 것은 자명한 사실이다.

그러나 논리적인 글쓰기에서 배제된 감성이나 육체 등 그 밖의 외적인 자질은 삶에 있어서 배제될 수 없는 요소다. 더욱이 대학은 심신이 조화로운 지성인을 양성하는 것을 그 목표로 한다. 따라서 논리적인 글쓰기의 편향을 보충해 줄 대안적 글쓰기가 절실히 요구된다. 이런 실정에서 교양교육에서 창의적인 글쓰기, 성찰적 글쓰기, 자서전적 글쓰기 등에 대한 관심은 논리적 글쓰기를 보완해 줄 수 있는 글쓰기로 주목받고 있다.

취업이라는 실용적인 목적에서 비롯되었기는 하나, 자기 경험과 정서를 바탕으로 하는 자기화 방식의 자서전적인 글쓰기는 논리적인 글쓰기를 보완하는 데 도움이 될 수 있는 여지가 있다. 그럼에도 불구하고 안타까운 사실은 대부분 자기화 방식에 따른 자서전적인 글쓰기를 '고백'류의 글쓰기 내지는 자기화 방식에 따른 '자기 정체성 형성'의 글쓰기로 인식한다는 점이다. 그런데 자서전적인 글쓰기를 이와 같이 바라보는 관점에는 몇 가지 문제점이 있다. 우선, '고백한다는 것을 마치 죄와 수치로 여겨 이것을 진리의 이름으로 극복한다는 것'으로 이해한다면, 자서전적인 텍스트를 고백류의 글쓰기로 보는 인식은 자서전적인 글쓰기에 부정적인 의미를 전제하는 것으로 볼 수 있다. 게다가 이러한 관점은 자서전적인 글쓰기를 지극히 개인적인 차원의 문제로 환원한다. 그리고 자기화 방식에 따른 자서전적인 글쓰기를 자기 정체성 형성의 글쓰기로 보는 관점은 사회적인 차원에서 완전한 인격체나 정체성이 존재한다는 관점을 전제한다는 점에서 형이상학적이다. 그러나 글쓰기의 주체는 '관계의 시스템'에 지나지 않는다. 글쓰기의 주체는 자기 홀로 고립된 단자(單子)적인 주체로 머무는 것이 아니라, 자신과 자기 바깥의 심리적 차원, 사회적 차원, 세계적 차원과 끊임없이 관계를 맺어나가는 존재이다. 그리고 글쓰기는 그 관계의 효과에 불과하다.

따라서 자기화 방식에 따른 자서전적인 글쓰기에 대한 기존의 관점을 재고하면서 자서전적 글쓰기를 '차연(差椽, différance)'의 관점에서 바라보아야 한다. 차연이란 '시공간적 차이가 생산되는 능동적이자 수동적인 운동이며, 부재하는 것들이 현재적인 것을 낳거나 거두어가는 움직임'이며, '현재 속에서 배제되거나 부재하는 타자들이 현재의 가능성을 구성하면서 남기는 차이와 지연의 흔적'이다. 이성중심주의적 관점에서는 주관성의 영역에 하나의 중심을 차지하고 있는 초월적인 에고가 있다고 간주한다. 그리고 이 초월적인 에고가 사유와 글쓰기의 동인이라고 생각하는 경향이 있다. 그러나 차연의 관점에서 자서전적 글쓰기를 고려하자면 그것에는 텍스트에 고정된 의미를 부여하는 주체가 존재하지 않는다. 즉 글쓰기의 기원이자 의미를 부여하는 주체, 고정된 정체성 같은 것은 존재하지 않는다고 보는 것이 차연으로서의 글쓰기다. 왜냐하면 인간의 주관성이란 차이의 결과이며, 차이의 체계에 기입된 결과이기 때문이다. 즉 선험적인 자아가 의미를 만들어 내는 것이 아니라, 기호들의 차이의 능동적이자 수동적인 운동이 글쓰기의 주체를 만들어 가는 것이다. 그리고 글쓰기의 가능성은 현재 속에 배제되거나 부재하는 타자들이 구성하면서 남기는 차이와 지연의 흔적에 지나지 않는다. 따라서 자기화 방식에 따른 자서전적 글쓰기를 글쓴이의 기억이나 정체성을 솔직하게 고백하는 글쓰기로 보는 관점은 글을 쓰고 사유하는 초월적 에고를 상상하는 일과 같다. 하지만 글쓰기는 그러한 고정된 기원에서 흘러나오는 것이 아니라, 그저 기호들의 '차이의 유희'의 결과에 지나지 않는다.

자기화 방식에 따른 자서전적 글쓰기의 주체는 고독한 단자적인 주체가 아니라 '차이'로 생성되는 주체, 곧 '나'다. 인간의 '자기동일성이란 자기에 대한, 자기로부터의, 자기와의 차이'이기도 하기 때문이다. 다시 말하자면 인간의 정체성이란 '자기 자신과의, 자기 자신이 배제된 그로부터 벗어난 차이'로 끊임없이 생성되는 것이다. 자서전적인 글쓰기에서는 과거 자신의 삶에 대한 글을 쓰면서, 지금의 기억에서 희미해져 있던 과거의 흔적들을 다시 회상해 내게 된다. 그럼으로써 자서전적 텍스트의 자아는 지금의 나와 지금의 나의 고정된 동일성으로부터 이탈하여 지금의 나와 차이로 끊임없이 재생산되어 탈중심화될 수밖에 없는 나를 만나게 된다. 이는 고정된 자기동일성의 주체에 의한 자기성찰의 과정과는 다르게 쓰기의 행위를 통해 과정 중에 있는 나의 글쓰기가 되어야 한다. 왜냐하면 '지금 여기에서 이미 사라지고 실재하지 않는 과거의 자신을 쓰는 행위는 계속적으로 자기 변신을 요구하는 과정이며, 자기 자신에 대해 낯설기를 동반'하는 것이 자기화 방식에 따른 글쓰기이기 때문이다. 이러한 글쓰기의 수행적(performative) 과정 속에서 자서전적 필자로서 '나'라는 주체는 자신만의 '에고(ego)'가 타자들에 의해 형성되었다는 사실을 발견하게 된다. 나의 에고가 탈중심화되는 사건은 자신이 타자와 사회, 역사, 그리고 시대와 서로 관계를 맺고 있다는 사실을 확인하는 윤리적 경험의 순간이기도 하다. 이러한 순간의 경험이 보편 속에서 차이의 삶을 구성하게 한다. 따라서 자기화 방식에 따른 글쓰기는 차이를 생산하고 차이를 드러내는 글쓰기가 되어야 한다.

2. 사기화 구성의 기능과 방법

자기화 방식에 따른 글쓰기의 대표적인 양식이 자서전이다. 자서전은 '한 실제 인물이 자기 자신의 존재를 소재로 하여 개인적인 삶, 특히 자신의 인성의 역사를 중점적으로 이야기한, 산문으로 쓰인 과거 회상형의 이야기'로 설명된다. 그렇기 때문에 자서전적 글쓰기는 자신이 살아온 삶을 뒤돌아보고 정리하며 앞으로 나아갈 삶의 방향을 계획한다는 차원에서 매우 중요한 글쓰기의 하나로 인식되어 왔다. 그러나 대체로 자서전은 사회적으로 인생에서 성공했다고 평가하는 성공한 인물이나 마치 인생의 긴 여정의 굴곡을 지난 사람들의 전유물처럼 인식되어 왔다. 성공한 인물이 자신의 성공담, 곧 시련을 극복하고 이겨낸 성공담이나 노년이 된 시점에서 자신이 살아온 인생의 많은 우여곡절을 삶의 선배로서 인생의 후배들에게 전해주는 글로 알고 있는 경우가 많다.

그러나 자서전을 특정한 나이에 이른 사람이 삶의 교훈을 후세대에 전달하는 글로 여기는 것은 일종의 사회적 편견에 지나지 않는다. 그리고 이러한 편견은 자서전적인 글의 종류를 협소한 관점에서 파악한 견해라 할 수 있다. 오늘날 자서전적 요소를 지닌 자기소개서와 같은 글이 취업이나 입학에 중요한 요소를 차지하는 것을 보아도 그러한 편견이 얼마나 협소한지 알 수 있다. 따라서 자기화 방식에 따른 자서전적인 글쓰기를 보다 폭넓게 정의하면서, 자서전적인 글쓰기의 기능이 다음 몇 가지로 나타날 수 있음에 유념하자.

우선, 자서전적인 텍스트는 하나의 삶에 대한 서사를 제공한다. '자서전적 서사'에서 자서전의 주인공인 나는 자서전에 나의 자아나 나의 주체성을 기록하면서 하나의 이야기를 만들어낸다. 자신이 살아온 서사의 시간과 공간을 구조화하면서, 자신의 삶에 대해 묘사하고 설명해 나가게 된다. 따라서 자서전 쓰기는 자서전적 서사를 통해 자신의 삶을 설명하는 행위이다. 그리고 그 결과로 나는 나의 자서전 쓰기를 통해 나의 삶을 스스로 이해하고 설명할 수 있게 된다.

둘째, 자서전은 자기 자신의 삶을 삶 그 자체에 대한 글쓰기로 보충하는 일에 해당한다. 쉽게 말하자면, 자서전은 하나의 삶에 대한 '번역'이자, '옮기기'이고, '이행하기'이다. 나는 자서전을 쓰면서 나의 삶을 새롭게 형성해 보고, 내 삶에 독특한 '스타일'과 '특징'을 부여할 수 있게 된다.

셋째, 자서전적 글쓰기에서는 '기억된 것과 상상된 것을 개인적인 설명으로 전환'시켜서 자아를 '재기술'하게 된다. 즉, 자서전을 쓰려면 나는 '기억하기'에 의존할 수밖에 없다. 하지만 '기억하기'의 한계는 '상상하기'에 의해 보완될 수밖에 없다. 따라서 자서전을 쓰는 나는 자기 기억의 한계를 상상으로 보충하면서 과거와 현재의 자아를 재기술하기 마련이다. 자서전 쓰기의 이런 측면은 자아의 정체성을 치유하거나, 보완하는 데 기여할 수 있다.

넷째, 자서전화하는 글쓰기는 자서전 작가의 '경계'와 자서전으로 된 것의 '경계'에 위치하는 작업으로 '자서전적 자아를 탈중심화시키는' 행위이다. 따라서 자서전을 쓰는 자아는 글을 쓰는 동안 자서전을 쓰는 작가로서의 자아와 글쓰기의 주체로서 자신의 자아가 탈중심화되는 경험을 하게 되는데, 이는 자서전을 쓰는 자아가 자신을 객관화하여 사회적 정체성(social identity)을 발견하는 데 도움을 줄 수 있다. 이는 자아의 중심을 형성하는 고리가 자신에게만 있지 않고, 자기 외부의 타자, 사회, 세계 등과 밀접하게 연관되어 있음을 알게 되는 과정이라 할 수 있다.

이처럼 자서전적 글쓰기는 내가 살아온 삶의 서사를 통해 자아로 하여금 폭넓은 자기 이해에 도달하게 해 준다. 또 자서전적 서사는 자신의 삶에 대해 독특한 스타일과 개성을 부여하면서, 자신의 삶을 하나로 통합해 주는 역할을 한다. 이를 통해 자서전을 쓰는 자아는 세계에 대해 더 폭넓은 관점을 얻을 수 있다. 한마디로 자서전적 글쓰기는 자아를 탈중심화함으로써 자기 완성체를 구성하기보다는 주체와 타자, 주체와 사회, 주체와 세계, 그리고 더 나아가 주체가 시대와 서로 관계를 맺고 있다는 사실을 새롭게 인식할 수 있는 계기로 작용할 수 있다. 그러므로 지금까지 내가 살아온 내 삶의 서사는 체험의 시공간 구조화, 자기 삶에 대한 보충, 기억(하기)의 한계에 대한 상상(하기)의 보충, 과거와 현재의 자아 재기술, 자아의 탈중심화 등의 자서전적 글쓰기 과정을 통해 구성적 세계에 대한 하나의 통합적 인성을 얻게 하는 데 기여한다.

자서전적 글쓰기의 대표적 유형이 자기소개서와 연대기이다. 대개 학생들의 경우 자기소개서를 작성하게 하면 글쓰기에 대한 어려움을 토로할 뿐만 아니라, 그저 자신의 삶을 연대기적으로 나열할 뿐이다. 물론 자기소개서를 작성하게 되면, 삶의 시간적 행위들은 '연대기'로 나타난다. 즉 자서전적 글쓰기에서 가장 대표적인 글쓰기가 '연대기'라고도 할 수 있다. 하지만 우리 삶의 연대순의 시간들은 그냥 선조(線條)적으로 흘러가지 않을 뿐만 아니라, 시간이 우리가 타인과 맺는 모든 관계를 제어하기도 하며, 심지어 우리 자신과 맺는 관계를 제어하기도 한다. 우리가 주체로서 구성되는 과정은 오직 타자와 관계함으로써 가능하며, 우리 역사의 기초가 되는 연대적 시간이 인생을 그리는 이야기에서 가장 중요한 자리를 차지하게 되는 것도 이 때문이다. 자기소개서에서도 가장 기본적인 작업은 자신의 삶을 연대기적으로 구조화하고 조직하는 일이다. 자기소개서를 쓰는 학생의 경우 자신의 삶을 시간 순으로 구조화하면서, 자신의 삶을 되돌아 볼 수 있다. 하지만, 모든 삶의 경험이 자기소개서로 구조화 될 수는 없다. 자기 삶의 연속적인 통시성 속에서 대표성을 띠는 사건들을 중심으로 글을 구조화해야 한다. 따라서 연대기의 작성을 위해서는 과거에 발생한 기억들 중에서 필요한 사항들을 선택해야만 한다. 그러므로 연대기 작성을 위한 기억하기는 기억을 '재형성하기'에 해당한다. 즉 자서전적 글쓰기에서 기억하기는 '재형성하기'이며, '기억하기'는 자서전의 시간을 가능하게 한다.

그러나 나의 삶은 홀로 고립된 단자적인 삶이 아니다. 나의 삶은 내 삶을 규정짓는 틀에서 벗어날 수 없다. 연대기가 개인적인 삶을 다루는 글이라 해서 역사적인 시간의 중요성이 간과되어서는 안 된다. 연대기에서의 시간은 자아가 기억하고 있는 '개인적인 시간'과 개인적인 삶의 틀을 규정하는 '역사적인 시간' 모두가 포함되어야 한다. 다시 말하자면, 자서전의 연대기에는 개인적으로 경험했던 삶의 시간도 포함되고, 자아를 형성하고 있는 내용에 대한 특수한 견해를 규정하는 시대적 삶의 개념적 틀도 포함되어야 한다.

그런데 우리의 역사적인 시간은 무엇보다도 '모더니티'라는 자본주의적 시간에 의해 규정되어 왔다고 할 수 있다. 서구화와 산업화, 그리고 무엇보다도 도시화라는 모더니티의 산물들이 우리의 삶을 틀 지우고 있다. 이러한 자본주의적 시간은 무엇보다도 재현과 동일성을 강조하는 삶으로 요약할 수 있다. 그러나 재현과 동일성을 강조하는 자본주의적 삶은 개별적인 삶의 '독특성(singular)'을 드러내지 못한다. 따라서 다른 삶과의 차별성을 강조하는 자서전적인 글쓰기도 재현과 동일성의 삶이 강요하는 보편적인 삶의 방식을 드러내기보다는 자기 삶의 '독특성'을 부각할 필요가 있다.

3. 자아와 개성을 담은 자서전

자기화 구성의 가장 핵심은 다른 사람과 차별화된 자기 삶의 '독특성'을 부각시키는 데 있다. 그런데 이때 필요한 것이 '로컬리티(locality)'에 주목하는 연대기적인 서술이다. '로컬'이란 '한정된 특수한 공간'을 가리키며, '국지성(局地性)'을 특징으로 한다. 따라서 로컬리티를 강조하는 서술은 '우리에게 주어진 현실, 보편에 의해 장악되지 않은 현실에 주안점을 두는 태도'라 할 수 있다. 자서전적인 글쓰기에서 중요한 점이 차별화라고 할 때, 로컬리티를 드러내는 글쓰기는 중요한 덕목이라 할 수 있다.

예문 1

1962년 음력 2월 23일 강원도 인제군 북면 용대리에서 할아버지(김영학)과 할머니(이옥녀) 사이에서 3남 3녀 중 막내로 아빠 김균형이 태어났다. 그 후로 3년 뒤인 1965년 음력으로 9월 1일 강원도 묵호에서 외할아버지(박동철)과 외할머니(유영치) 사이에서 2남 3녀 중 셋째 딸로 엄마 박해경이 태어났다.

서로 다른 곳에서 자라다가 같은 대학교를 다니면서 미팅을 하게 되었고, 졸업하는 해에 만나서 교제를 하다가 서로 졸업하고 잠시 다른 직장을 다니다가 인연이 있어서 인지 1990년도 3월에 결혼을 하게 되었다. 결혼을 하고 10개월 뒤에 첫째 딸인 내가 태어났다. 나의 태몽은 할머니께서 꾸셨는데 꽃을 자꾸 따서 치마폭에 담는 꿈이었다고 한다. 그 후 2년 뒤인 1992년 10월 18일 귀여운 남동생이 태어났다.

예문 2

철없던 초등학교 때 바닷가의 모래 위에서 뒹굴며, 바다가 주는 상큼한 내음을 맡으며 자란 1남 2녀 중 막내입니다. 아버지는 문학작품을 주로 출판하는 자그마한 출판사에서 근무하시고, 어머니는 근검과 절약을 몸소 실천하는 알뜰한 주부이십니다. (중략)

어려서부터 손재주가 있어 주위 어른들로부터 칭찬을 듣던 저는 중학교 때 미술부에 들어 실력을 발휘하였습니다. 끝없이 펼쳐 보이는 넓고 푸른 바다와 부두에 떠 있는 많은 배를 캔버스에 담으며, 고깃배에 자신의 인생을 건 뱃사람들의 끈질긴 삶에의 성실한 노력을 많이 생각해 보았습니다.

〈예문 1〉은 자신의 어린 시절에 대한 연대기이다. 그런데 특이한 점은 자신이 태어나기 이전의 과거의 사실에 대해 전해들은 바를 연대기로 기술함으로써 텍스트성이 부각되고 있는 부분이다. 부모의 출생과 부모의 만남, 그리고 자신이 태어나기까지의 과정, 그리고 할머니께서 꾼 태몽들은 자신의 기억에 의해 서술된 내용이 아니다. 하지만 타자들에 의해 듣게 된 자신과 관련된 사건과 일화들은 자기 구성을 통해 자서전적 텍스트의 연대기성에 극적 효과를 불어 넣고 있다. 그리고 이와 같은 연대기를 쓰는 동안 자서전의 작가는 자신의 탄생과정에 수많은 타자들과의 관계성이 녹아 있다는 사실을 새삼 느끼게 될 것이다. 그런데 안타까운 부분은 자기 구성과 기억의 일부를 상상으로 보충(태몽)하는 정도로만 서술하였기에 자서전적 글쓰기의 로컬리티적인 경험이 미흡하다는 점이다. 이러한 한계는 결국 보편적인 삶의 서사로 비쳐질 수밖에 없다.

〈예문 2〉는 도시가 아니라 지방에서 성장한 자신의 유년 시절을 연대기로 기술하고 있다. "초등학교 때 바닷가"에서의 추억과 "중학교 때 미술부"에서의 경험들은 도시적 삶의 보편성으로는 이해할 수 없는 로컬리티적인 경험이다. 따라서 이 자기소개서의 연대기는 다른 사람들의 성장 경험과는 특이한 독특성이 드러난다. 게다가 "중학교 미술부"에 속해 있던 이 자서전 텍스트의 자아는 "끝없이 펼쳐 보이는 넓고 푸른 바다와 부두에 떠 있는 많은 배"들과 "뱃사람들"을 그림으로 그려내면서 자연(세계)과 타자들의 삶에 대해 재인식하는 로컬리티적인 시공간의 구조화, 상상하기로의 보충을 서술 속에 담아내고 있다. 특히 "고깃배에 자신의 인생을 건 뱃사람들의 끈질긴 삶에의 성실한 노력"이라는 구절에서는 자기 중심적인 사고에만 머물러 있지 않고 타자들의 삶에 대해 새롭게 인식하는 자기 삶의 보충을 보여 주고 있다. 이렇게 내가 타자와 관련되어 있다는 인식에 대한 각성은 자기 '변화의 계기'가 되는 윤리적 경험이라 할 수 있다.

통시적인 자서전적 글쓰기의 하나인 연대기는 자서전 자아의 기억을 활성화하는 데 기여한다. '기억은 삶을 지속하는 것이자 재생'시킨다. 연대기 기술은 연대표를 작성하는 일로부터 시작하여 자신의 삶을 구획화, 단계화하면서 자신의 기억을 구성하고 재생할 때 서사의 시공간 구조화, 자기 삶에 대한 보충, 기억에 상상하기로의 보충, 과거와 현재의 자아 재기술이 수월해진다. 이러한 구체적 서술은 과거의 나를 재현해내는 하나의 과정이며, 나의 삶의 의미를 찾고 발견할 수 있게 할 뿐만 아니라 내 삶을 뒤돌아보고 성찰할 수 있는 계기를 마련해 준다. 그리고 나의 발견과 성찰은 '사회적 환경 속에 있는 어떤 것에 대한 반응'이며, 나와 관계된 타자와 사회를 재발견하게 한다는 데 의미가 있다. 즉 연대기의 작성은 자신의 삶에 대한 반성과 성찰을 통해 자신의 위치를 발견하고 사회와 분리될 수 없는 나를 발견함으로써 미래의 방향을 계획하고 새롭게 수정하는 실천적인 수행적 글쓰기의 행위라 할 수 있다.

최근의 자기소개서는 성장과정, 성격의 장단점, 인생관, 특이사항, 지원동기 등으로 규격화되는 경향이 있다. 이러한 자기소개서를 볼 때 자기소개서는 자서전적 글쓰기의 한 일환이라 할 수 있다. 대개 자기소개서는 인간적인 면을 평가하기도 하지만, 한편 다른 면에서는 업무수행능력 또한 중요시 한다. 업무 수행능력 면의 기술은 직무 능력, 업무 능력에 대한 수행 가능성에 초점이 맞춰져야 한다. 그래서 자기소개서에 학창 시절의 경험이나 지원 동기 등을 작성할 때에는 지원 분야와 관련된 자격이나 경력들을 나열하게 된다. 하지만 이런 식의 기술은 다른 사람들의 글쓰기와 대동소이하며 큰 차이가 나지 않는다.

그러나 자서전적인 글쓰기는 사실들의 나열에 의해 형성되는 글쓰기 공간만이 아니다. 자서전의 공간은 사실과 허구가 병치됨으로써 구성되는 공간이다. 즉 자서전적인 글쓰기에서는 '자신을 투기(投企)하고 고백하기, 꿈을 꾸고 스스로를 정화(淨化)하기, 그리고 허구의 이야기들을 통해 자신을 표현하기' 등의 허구가 사실과 병치되어 형성되는 공간이다. 따라서 자서전적 글쓰기가 형성되는 공간은 일종의 '토포스(topos)'라고도 할 수 있다. 자서전적인 글쓰기는 '토포스' 즉 장소도 아니고 토픽도 아니지만 이 두 가지 요소의 교차점에서 위치하고 있는 '토포스'에 해당한다는 점을 주지해야 한다. 이 토포스적인 글쓰기 공간에서는 문학적인 것과 비문학적인 것, 시간성과 공간성, 은유성과 문학성, 상상과 기억의 경계면에서 자아에 대한 설명과 재설명하기가 반복적으로 실천된다. 따라서 자서전적인 글쓰기의 학습자들도 이에 대한 이해를 높이는 노력이 필요하다.

예문 3

내가 태어난 곳은 제주도의 서귀포이지만, 아버지의 직장 때문에 초등학교 3학년 때 서울로 이사를 온 이후 지금까지 서울에서 초·중·고등학교를 졸업하고, 1997

년 연세대학교 상경 계열에 입학하였다. 2학년을 마치고 입대하여 최전방 부대에서 복무하다가 만기 제대하여 복학한 후 현재는 경영학과 4학년에 다니고 있다.

예문 4

대학교 중어중문힉과에 입학했지만 국내에서 배울 수 있는 언어의 한계를 느꼈고, (중략) ○○년 북경 ○○대학교 하기 연수를 ○개월 다녀왔고, ○○년 휴학을 하고 중국 북경 ○○대학교 ○○문화대에서 ○○년간의 연구과정을 마쳤습니다.

〈예문 3〉은 출생에서부터 현재까지의 성장과정을 진술한 글이다. 그런데 과거 자기소개서와의 변별점이 발견되지 않는다. 이것은 출생에서 현재까지의 성장과정에서 일어난 많은 사건들에 의미를 제대로 구성해내지 못했음을 보여준다. 또한 자신이 살아온 지금까지의 삶을 의미화를 시키지 못한 결과라 할 수 있다. 〈예문 4〉는 지원동기를 서술한 부분이다. 이 자료도 〈예문 3〉과 마찬가지로 자신의 경력을 나열하는 데 그치고 있다.

자서전적인 글쓰기에서 은유는 원관념을 보조관념으로 표현하는 수사적 기법에만 그치지 않는다. 아리스토텔레스에 의해 제시된 전통에서도 있듯이 은유는 '정확한 상황에 대한 보충'이다. 자서전적 텍스트에서는 은유성 그 자체가 자기 자신의 삶을 삶 그 자체에 대한 글쓰기로 보충하는 일에 해당한다. 따라서 '번역, 옮기기, 이행하기, 개인적 경험의 영역에서 글쓰기의 영역으로 전환하기'와 같은 은유성은 자기 자신의 삶을 기술하는 일이자, 그 자체의 삶을 형성하는 작업이며, 자신의 삶에 '스타일과 특징'을 부여한다.

예문 5

우리 집의 가훈은 "거짓말을 하지 말고 사람은 사람답게 살자"이다. 그렇기에 부모님은 진실성과 사람의 됨됨이를 중요하게 가르쳤다. 그리고 아버지는 내가 어릴 때부터 삼척석재사를 운영하셨다. 석재사를 경영하시는 아버지를 보고 자라 왔기에 경영에 많은 관심을 가지게 되었으며, 후에 직접 경영자가 되는 것이 내 꿈이 되었다. 어머니는 나에게 자기수양을 통한 성찰과 반성의 자세를 일깨워 주셨다. 그것의 한 방법으로 초등학교 6년여 동안 서예학원을 다니면서, 내면의 성찰의 시간을 꾸준히 가져왔다. 말보다 몸으로 실천하신 부모님께 많은 것을 배우면서 가족 간의 대화는 저절로 가지게 되었다. 가정 속의 많은 대화를 통해서 예절과 사교에 대해 익히게 되었다.

〈예문 5〉는 〈예문 3〉과 동일하게 자신의 성장과정을 쓴 글이다. 하지만 〈예문 3〉에 비해 더 사실적이고 진정성이 느껴지는 이유는 자신의 성장과정에 영향을 준 인물들과 사건들을 언급하면서, 자신이 어떤 사람인가를 잘 설명하고 있기 때문이다. 자기소개서는 정확성이 생명이다. 그리고 특히 성장과정은 사실에 바탕을 두어야 한다. 하지만, 아버지가 "삼척석재사"를 하셨다는 언급이나, "서예학원"을 다녔다는 언급에서 나타나는 '은유성'은 자서전 자아가 자신의 성장과정에서 나타나는 정체성의 형성을 직접적으로 기술하는 것보다 더 사실적이다. 자서전은 사실성이 생명이지만, 자서전 쓰기가 은유성과 같은 문학성을 만나는 곳에서 자서전의 내용은 더 진실해질 수 있다. 자서전에서 은유성은 자신의 삶에 대한 직접적인 기술을 피하면서, 자신의 삶을 보충해주는 역할을 한다. 즉 여기에서 '은유의 임무는 삶을 보충하는 것이자 또 다른 해석을 보충하는 것에 해당'한다. 따라서 이 자기 소개서를 읽게 되는 독자는 〈예문 4〉의 자서전적 자아가 경영에 관심이 많고 자기 수양을 많이 했다는 덕목 말고도 또 다른 해석을 할 수 있을 것이다.

자기소개서에서 인간적인 면을 보여줄 수 있는 또 하나의 항목이 성격의 장단점이다. 성격의 장단점은 사건을 통해 구체성을 보여주어야 한다. 그런데 일반적으로 학생들의 자기소개서의 성격은 관념적이며 추상적인 기술이 대부분이다.

예문 6

나는 성격이 소탈하고 부지런하며 활동적인 편이다. 한 번 시작한 일은 끝까지 책임지고 해낸다. 정직과 성실이야말로 인간이 가진 미덕 중에서 가장 가치 있는 품성이라 생각하여 생활의 첫 번째 신조로 삼고 있다. 어떤 경우에도 내게 맡겨진 일은 최선을 다해 완성해 내는 성격이며, 또 거기서 생의 희열을 느끼곤 한다. 나에게 맡겨진 직분이 비록 하잘 것 없을지라도 묵묵히 수용하고 열심히 일해 나간다. 또 생각은 긍정적이며 신중하게, 행동은 적극적으로 한다는 것이 내 생활의 모토이다.

예문 7

성격이 급한 관계로 일처리는 빨리 하지만 실수는 없는 편입니다. 풍부한 감정으로 때로는 우유부단할 때도 있고 늦춰지는 마무리에는 쉽게 지치기도 합니다. 하지만 성장하면서 감정을 절제하는 법을 배워 이성으로 문제 해결을 하려 합니다.

〈예문 6〉에 제시된 성격은 소탈함, 부지런함, 활동적, 정직, 성실, 최선, 긍정적 마인드, 신중, 적극적 행동 등이 제시되고 있다. 이상적이며 좋은 성격이라 할 수 있는 것은 대부분 제시되었다고 할 수 있다. 그런데 이상적인 성격의 제시에도 불구하고 이 성격이 감화력, 설득력이 떨어진다는 점이 문제이다.

일반적으로 성격이 급하다는 것은 흠이고 단점으로 작용한다. 그런데 급한 성격도 어떤 직무를 수행하는가에 따라 달라진다. 〈예문 7〉의 경우 잡지사나 신문사에 취업하고자 하는 학생의 자기소개서이다. 잡지사나 신문사는 편집 마감일을 맞추는 것이 중요하다. 그렇다면 급한 성격은 장점으로 작용한다. 더욱이 실수가 없는 편이기에 잡지사나 신문사에 적격인 성격이라 할 수 있다. 이처럼 성격은 어떤 직무, 업무를 하는가에 따라 성격에 대한 분석을 통해 장점과 단점을 구분하여 진술할 필요가 있다. 그리고 이 학생의 경우 단점으로 "풍부한 감정으로 때로는 우유부단할 때도 있고 늦춰지는 마무리에는 쉽게 지치기도 합니다."를 제시하고 있다. 이는 자서전적 글쓰기의 특성 중 보충에 해당한다. 그리고 단점은 "감정을 절제하는 법을 배워" "이성으로 문제를 해결"하려 한다는 기술을 통해 단점을 어떻게 보완하고 있는가에 대한 기술을 보여주고 있다. 이러한 기술은 자서전적 기술의 특성으로 옮기기에 해당하며, 대상에 대한 재해석, 숨겨진 것에 대한 드러내기, 곧 옮기기의 한 서술방식으로 이행되고 있는 것이다. 이처럼 성격은 어떤 업무인가, 또는 직무인가를 먼저 분석하는 것이 우선되어야 한다. 그리고 그 직무에 따라 성격의 장점도 단점이 될 수 있고 단점도 장점이 될 수 있기에 장점과 단점을 명확히 파악하고 이해해서 숨겨진 것에 대하여 기술해야 한다. 그리고 단점은 반드시 어떻게 보완해나가고 있는가를 통해 단점을 극복하려는 노력의 자세를 기술해야 한다. 이는 앞서 제시했듯이 자서전적 글쓰기의 보충에 해당한다. 하지만 〈예문 7〉도 성격의 장단점이 관념적이고 추상적인 것에서 벗어나지 못했다.

자기소개서가 추상적이고 관념적인 것에서 벗어나지 못할 때, '허구'와 '비허구'의 적절한 배치는 자기소개서를 구체적이고 감각적이게 할 수 있다.

예문 8

중학교 2학년 때 영어 쪽지 시험 답안지를 받고는 깜작 놀랐다. 틀린 줄 알고 있었던 문제가 맞은 걸로 되었기 때문이다. 마음을 가다듬고 조심스레 책을 찾아 봤는데 역시 내가 틀린 문제였다. 그냥 가만히 있었으면 넘어갈 수 있었지만, 난 선생님께 사실대로 말씀드렸고 점수는 조금 내려가게 되었다. 그날 점수는 잃었지만, 그 이후 선생님으로부터 절대적인 신뢰감을 얻을 수 있었다. 그 신뢰감으로 나는 다른 사람에게 인정받았다는 것이 어떤 것인지 알게 되었다. 그것은 세상에서 돈으로 살 수 없는 수많은 것 중의 하나이며, 아주 기분 좋은 일이었다. 이 일은 또한 당장의 이익보다는 정직을 선택하는 것이 더 중요하다는 것을 일깨워준 사건이었다. 나는 그 이후 지금까지도 모든 일에서 정직이 가장 중요한 것이라고 생각한다.

〈예문 8〉은 중학교 2학년 때의 사건을 통해 '정직'이라는 자신의 성격을 기술하고 있다. 하지만 앞에 소개한 자료에 비해 더 흥미로운 자기소개가 되고 있다. 이는 자기소개서에 '허구와 비허구'를 절절히 활용하여, 독자로 하여금 자서전의 자아를 상상할 수 있게 해 주기 때문이다.

자서전적인 글쓰기는 '비허구화'를 지향한다. 그 이유는 자신의 삶을 객관적으로 보고하기 위해서이다. 그래서 자서전 글쓰기의 비허구화에서는 '제공된 묘사가 진실의 담론에 참여하고 있다는 점을 전제'로 한다. 따라서 자서전적인 글쓰기에서는 '비허구화'를 통해 자신의 삶에 대한 진실을 소개하고자 한다. 하지만, '비허구'적인 사실들의 나열만으로는 삶의 다양성과 구체성을 담아내기 어렵다. 이때 필요한 것인 '허구'적인 요소이다. 그러나 자서전적인 텍스트에서 '허구'는 진실에 반대되는 거짓이라는 의미에서가 아니라, '그럴듯한 진실'이라는 의미에서의 '허구'이다. 즉 자서전적인 글에서 허구는 특정한 상황과 사건에서의 '자아를 상상하고자 하는 노력, 혹은 자아의 그림을 제공하려는 노력' 등을 의미한다.

〈예문 7〉에서는 "중학교 2학년" 때 경험했던 사건을 통해 자신의 성격을 제시하려 하고 있다. "틀린 문제"가 맞게 채점되어 있었다는 점, "선생님"께 정직하게 말씀을 드렸다는 점은 '비허구'적인 사실로 보인다. 하지만, "틀린 문제"가 맞게 채점되어 놀랐다는 점, 조심스레 마음을 가다듬고 책을 통해 정답을 확인했다는 점, 그리고 "그냥 넘어 갈 수도 있었"는데 선생님께 찾아가서 솔직하게 말씀드리고, 절대적인 신임을 얻게 되었다는 점 등은 언급하지 않았어도 될 약간의 '허구'적인 사실이다. 하지만, 이 자료에서는 그러한 점들을 언급함으로써 오히려 자기 소개의 진실성이 두드러지는 효과가 생겨났다. 더욱이 진실성을 은폐하기보다는 자기를 탈중심화함으로써 윤리적 경험을 극대화하고 있다는 점에도 주목해 볼 수 있다. 이처럼 자서전적인 텍스트에서는 '허구와 비허구'의 경계면에서 자서전적인 텍스트성을 찾을 수 있다. 그리고 이러한 텍스트성들은 자기소개서 교수자들이 적극 활용할 수 있는 부분이라 여겨진다.

이상과 같이 자서전적인 텍스트인 자기소개서는 자신의 성장 과정, 자신의 업무 역량 등만을 나열하는 글쓰기가 아니다. 대학 글쓰기에서 자기 소개서는 자신의 전 인격을 드러낼 수 있는 '토포스'로서의 글쓰기 공간이 되어야 한다. 토포스로서의 글쓰기 공간은 허구와 비허구, 사실과 은유의 경계면에서 형성된다. 그리고 이를 통해 자기소개서는 보다 더 자신의 삶을 재활성화하는 윤활제 역할을 하게 될 것이며, 이런 수행적 글쓰기는 은폐된 진실을 드러내어 자기를 탈중심화하면서 타자들과의 관계를 재인식하는 윤리적 경험의 순간과 조우하게 된다. 그러므로 자서전적 글쓰기를 통해 자서전의 자아는 자서전에 서술된 또 다른 자아의 스타일과 개성을 윤리적 경험으로 가져오는 통합적인 수행적 글쓰기 과정을 통해 정체성 변화와 재형성뿐만 아니라 타자와의 관계성 속에서 새롭게 사회를 들여다볼 수 있는 인식의 계기를 마련할 수 있을 것으로 전망한다.

1) 효과적인 자기소개서

자기소개서 작성법과 관련된 서적이 많다. 그럼에도 불구하고 여기에 다시 자기소개서 작성법을 싣는 것은 시중에 나와 있는 여러 자기소개서 관련 서적에서 강조하고 있는 부분을 분석한 결과 6가지 정도로 축약되었다. 여기서는 6가지 효과적인 자기소개서 작성법을 소개하고자 한다.

우리는 자기소개서에 대해 한 가지 오해를 하고 있다. 많은 학생들에게 자기소개서는 설명적인 글인가, 설득적인 글인가를 묻으면 대부분이 자신에 대해 설명하는 글이라고 대답한다. 이것은 잘못된 인식이다. 자기소개서는 나의 설명하는 글이라기보다는 상대방, 곧 인사담당자나 심사관을 설득하기 위한 글임을 명심하자. 인사담당자나 심사관에게 나는 어떤 사람이고 어떻게 살아왔으며, 무엇을 했기에 나를 뽑아준다면 후회하지 않을 것이라는 확신과 믿을 주기 위한 설득적 글이다.

설명적인 글 ➡ 설득적인 글

(1) 효과적인 자기소개서 작성법

행위성(Action) 동사를 많이 써라

예전의 자기소개서는 어느 대학을 나오고 무슨 학과를 나왔다고만 써도 그 사람의 능력과 실력을 인정했다. 그러나 지금은 그렇지 않다. 가령, 이전에 서울에 있는 S대에 법학과를 나왔다고만 해도 그 사람을 인정했지만 지금은 그 사람이 가지고 있는 인간적인 면도 하나의 능력으로 인식하게 되었다. 그러므로 어느 대학, 무슨 학과를 나온 경력은 중요한 기준이 되지 않는다.

그래서 예전의 자기소개서에는 명사와 수치가 많았다. 어느 대학, 무슨 학과, 어떤 과목 이수, 학점은 얼마, 어떤 동아리, 어떤 직책 등에 대한 기술이 많았다. 하지만 최근의 자기소개서에는 이러한 명사들을 기술해 봐야 의미가 없게 되었다. 오히려 학과, 과목, 동아리활동, 직책 등을 통해 무엇을 배웠으며, 어떤 능력을 얻었는지가 중요하게 인식되었다. 그러므로 무엇을 배우고 어떤 능력을 얻게 되었는가에 대하여 행위성 동사를 활용해 서술해야 한다.

> 나는 ○○프로젝트를 통해 문제해결 능력과 자신감을 갖게 되었다. 자신감은 문제에 봉착했을 때 그 문제의 발생 원인을 찾아 현상을 분석해 대안을 제시하게 했다. 또 동아리에서 총무 역할을 맡음으로서 지도력뿐만 아니라 다양한 사람들과 커뮤니케이션을 원활하게 할 수 있는 능력을 키울 수 있었다. ○○회사에서 인턴십을 하면서 틈틈이 영상편집기술을 배워 영상을 자유자재로 편집할 정도로 통달하였다. 프로젝트와 인턴을 하면서 조직에 적응하고 팀이 하나가 되어 업무를 수행하는 팀워크도 다양하고 풍부하게 경험할 수 있었다.

이와 같이 자신의 실제 능력에 대한 표현을 행위성 동사로 표현하라고 하는 것은 체험을 통해 얻게 된 자신의 능력과 자질을 강조하라는 의미이다.

자신의 개성을 드러내라

이전에 자유형식으로 자기소개서를 기술할 때 주로 썼던 서두는 "언제, 어디에서 태어났으며, 아버지는 누구이고 어머니는 누구이며 가족관계는 어떻게 된다."의 형식으로 자기소개서를 시작했다. 그런데 이 문장이나 문구는 이력서만 보아도 알 수 있는 내용들이다. 그래서 최근의 자기소개서에서 강조하는 요소는 개성을 드러내야 한다는 점이다. 많은 자기소개서 소개서들이 한결같이 하는 말이 개성을 드러내라는 말이다. 자기소개서를 쓰는 사람은 개성을 드러내고 싶지 않아서 개성을 안 드러내는 것이 아니라 못 드러내는 형편이다. 어떻게 해야 개성을 드러내는 것인지를 모르고 있기 때문에 개성을 드러내지 못 하는 것이다.

개성을 드러내는 방법은 사건이다. 우리는 많은 사건을 경험했다. 죽을 뻔한 경험이 있는가 하면 운 좋게 잘 풀려나간 경험도 있다. 우리는 어쩌면 동일한 경험을 하며 살고 있다. 그러나 그 경험의 모양 각자가 다르다. 개성은 다른 그 모양의 사건을 중심으로 서술하여 의미로 서술을 마쳐야 한다. 다시 말해 나만의 사건을 통해 누구나 공감할 수 있는 보편적인 사건으로 기술이 되어야 한다는 의미이다. 따라서 최근의 자기소개서는 자신만의 독특한 경험이나 일상적인 일화 등을 통해 누구나 공감하는 보편적인 경험, 일반화된 의미로 기술할 것을 강조하고 있다.

그런데 여기서 또 하나의 문제는 사건이 어떤 것인가를 몰라 질문을 하는 학생이 있었다. 우리는 시간의 흐름에 따라 살아왔다. 서사적인 삶을 살아온 것이다. 그 삶에는 많은 갈등의 요인들이 있어 왔고 그 갈등으로 인하여 문제가 발생한 적도 있다. 사건은 바로 갈등이 빚은 일이다. 그 갈등을 원만히 해결하고 또 하나의 성장을 해온 당신의 그 사건을 기술해야 개성을 드러내는 일임을 명심하라.

개성을 드러낼 때는 몇 가지 주의해야 할 사항이 있다.

하나, 자기소개서 본래의 틀에서 벗어나서는 안 된다.
하나, 성장과정, 성격의 장단점, 인생관, 지원동기 및 포부 등의 기본 항목에 대한 기술을 충실하게 해야 한다.
하나, 상투적인 표현, 유행어, 비속어 등을 사용하지 말자.
하나, 비문법적인 문장 표현은 절대 금물이다.

어떤 경우는 사건을 드러내야 한다는 부담감 때문에 성장과정은 분량이 상대적으로 많은데 성격의 장단점, 인생관의 분량은 소략적으로 진술하곤 한다. 그래서는 안 된다. 사건을 기술할 때는 발단 전개 결말로 이어지는, 세 문장 정도로 약술해야 한다. 각 영역에 대한 분량은 최대한 비슷하게 서술되어야 한다.

균형 잡힌 시각을 유지하라

균형 잡힌 시각을 유지하기 위해서는 반드시 사실에 바탕을 두어야 한다. 장황하게 장점만을 길게 나열한다든지 반대로 단점만을 서술해서도 안 된다. 장점만 나열하면 완벽한 사람으로 인식되어 부담감을 줄 수 있으며, 단점만을 나열하게 되면 못난 사람으로 인식될 수 있다. 그러므로 적절한 장점과 보완을 하고 있고 개선되고 있는 단점만을 중심으로 서술해야 한다.

균형 잡힌 시각은 상대의 공감을 얻을 수 있다. 그러므로 자신에 대한 객관적인 서술, 진솔한 표현이 중요하다. 진심어린 진솔함은 사람을 감동시키는 한 요인이다.

지원하려는 기업이나 기관의 특성에 맞게 작성하라

지원하려는 기업, 직종과 관련한 내용을 미리 정리해서 작성하는 것이 바람직하다. 지원하려는 기업과 직종에 대한 정보를 미리 알고 있다는 점은 문제를 풀어낼 수 있는 공식을 알고 있는 일과 같다. 즉 자신의 전공이나 동아리 활동 등을 직종과 연결시켜 설명할 수 있고 지원하는 기업의 최근 동향을 통해 자신의 삶의 방식과 연결시켜 효과적으로 기술할 수 있다.

추상적인 표현은 피하고 일관성 있게 표현하라

자기소개서의 말미에 주로 나오는 문구가 있다. 그것은 "뽑아주시면 열심히 하겠습니다."라는 말이다. 이 표현은 상당히 추상적인 표현이며 전혀 긍정적인 영향을 주지 못하는 문구이다. 그럼에도 불구하고 많은 학생들이 자주 사용한다.

생각을 해보라. 삼성이나 LG, 또는 관공서에서 당신을 뽑아주었다. 그러면 당신은 그 회사나 관공서에서 열심히 일하지 않겠는가. 아마도 열심히 일을 할 것이다. 열심히 일을 하지 않을 사람은 아무도 없다. 그러므로 "뽑아주시면 열심히 하겠습니다."는 긍정적인 영향보다는 부정적인 영향을 줄 가능성도 있다. 뽑아주면 열심히 하는 것이 아니라 뽑아줄 수 있게끔 자신의 능력과 실력, 자질을 갖추어서 지원해야 한다. 능력이 안 되고 자질을 갖추지 못한 사람을 당신 같으면 뽑겠는가? 아마 아닐 것이다. 그러므로 이런 무의미한 표현보다는 어떤 영역에서 어떠한 방식으로 열심히 하겠다는 것을 구체적으로 서술해야 하며, 꼭 하고자 하는 영역을 중심으로 일관성 있게 서술해야 한다.

지원동기를 구체적으로 밝혀라

지원동기는 지원하는 대상과 직접적으로 연관이 있는 내용들로 서술을 해야 한다. 가령, 자신이 지원하는 기업과 직종이 어려서부터 자신의 꿈이었다면 지원동기는 분명해진다. 자신의 꿈을 이루기 위해 그 기업에 지원하는 것이 되기 때문이다. 그런데 대부분 우리는 현실적인 한계와 벽에 부딪혀서 나의 꿈을 바꾸는 경우가 많다. 또는 그 한계로 인해 나와 무관한 기업이나 직종에 지원하게 된다. 물론 사실이 그렇다하더라도 직접적으로 연관될 수 있는 내용들을 서술해야 한다. 앞서 우리는 자기소개서가 설득적인 글이라고 했다. 그렇다면 인사담당자를 설득할 수 있는 연결 고리를 찾아야 한다. 그래야만 이후의 목표의식, 성취욕 비전도 생겨날 수 있다.

지원동기가 불분명하면 목표의식, 성취욕, 비전 등이 부정적으로 인식될 수 있다. 확실한 지원동기를 통해 목표의식, 성취욕, 비전을 구체적으로 진술해야 한다.

(2) 세 가지 측면을 반드시 담아야 한다

자기소개서를 쓰는 목적은 자신의 인간적인 면, 업무 능력적인 면, 지원동기적인 면을 통해 인사담당자를 설득하려는 데 있다. 그러므로 이 세 가지 측면이 반드시 담겨 있어야 한다.

인간적인 면
가정환경 성장과정 인성 성격의 장단점 대인관계 인생관과 직업관

업무 능력적인 면
교육 과정과 교육과정상의 특이점 전공 및 해당 분야에 대한 업무 수행 능력 조직 사회에서의 적응 능력 외국어 능력 및 기타 자격 사항

지원동기적인 면
입사 동기와 장래 희망 학력과 경력사항 취미와 관심에 의한 지원동기 입사 후 목표 자기 개발과 인생 비전

2) 자기소개서의 예

최근의 자기소개서는 성장과정, 성격의 장단점, 인생관, 지원동기로 전형화되고 있는 추세이다. 따라서 자기소개서를 작성할 때 이 네 가지 항목에 자신의 인간적인 면, 업무 능력적인 면, 지원 동기적인 면을 담아낼 수 있어야 한다.

(1) 효과적인 자기소개서 사례

성장과정	**자고능용(慈故能勇)** 노자의 도덕경에 나오는 '자애롭기 때문에 용감할 수 있다(慈故能勇)'는 것은 어머니의 가르침이다. 항상 부모님은 왜 아무것도 해줄 게 없는 나에게 일방적으로 베푸실까 하는 생각을 하면서 자랐다. 세상에서 가장 용감한 사람은 가장 자애로운 사람이다. 사랑의 힘이 가장 위대하다고 믿는다. 부모님은 자식에 대한 사랑이 크기 때문에 용감하게 세상과 맞서 싸워서 이겨내셨다. 바라는 것 없이 베풀고 기뻐하는 부모님의 사랑이 정말 경이로웠고 나도 덩달아 가족을 사랑하는 마음으로 용기를 내어 공부를 열심히 하였다. 공부는 세상에 나아가고 싶고 소통하고 싶은 어린 마음에 유일한 통로이기도 했다. 가장 강한 사람은 힘이 있는 사람이 아니라 자애로운 사람이라는 노자의 도덕경 구절은 부모님의 가르침이자 내 유년시절의 가치관을 형성하는 데 큰 영향을 미쳤다.
성격의 장단점	**호이지기미오이지기악(好而知其惡惡而知其美)** 다른 사람의 좋은 면만을 보려고 한다. 그래서 사람을 대할 때 행복하다. 나는 늘 어떤 측면에서는 좋은 사람과 대하고 있기 때문이다. 하지만 이러한 성격은 도덕적으로 극단적 상대주의를 초래할 수 있다. 어떤 단점이 있으면 비난을 하여야 그 사람이 깨닫고 수정하여 발전할 수 있기 때문이다. 이해할 수는 있어도 다 받아들이면 도덕적 기준이 바로서지 못하여 혼란을 초래한다. 그래서 옳고 그름을 따지는 연습을 하고 있다. 사서의 하나의 '대학(大學)'에는 '호이지기악 오이지기미(好而知其惡 惡而知其美)'라는 구절이 있다. 좋아하면서도 그 나쁨을 알며, 미워하면서도 그의 아름다움을 아는 것을 군자의 덕목으로 제시하였다. 사람의 장단점을 객관적으로 알되 포용할 수 있는 사람이 되려고 노력하고 있다.

특이사항	**기소불욕물시어인(己所不欲勿施於人)** 아는 선배를 도와 학원을 운영해 보았다. 숙제하기 싫어하고 쉽게 지루해하는 아이들을 동기부여하는 일과 학부모 상담할 때 불안해하는 학부모의 마음에 신뢰를 주는 일이 가장 큰 어려움이었다. 그래서 고객이 의지할 수 있는 사람이 되기 위해 많은 고민을 하였다. 내가 하는 일상적인 일이 고객의 인생에서 얼마나 중요한 일인지를 늘 잊지 않으려고 노력하였다. 의사를 찾아오는 환자의 마음도 마찬가지라고 생각한다. 가령 아토피는 한 가정을 무너뜨린다. 주로 한의원을 오는 환자는 아토피와 같은 만성질환자인데 그들이 의사를 찾아올 때의 그 마음을 늘 생각하여야 한다는 것을 배울 수 있는 경험이었다. 논어에 '기소불욕물시어인(己所不欲勿施於人)'이라는 구절이 있다. 환자의 입장에서 원하는 것을 베풀어 줄 수 있는 의사가 되고 싶다.
인생관	**슬혜한혜혁혜훤혜(瑟兮僴兮赫兮喧兮)** '슬혜한혜 혁혜훤혜'는 '엄밀하고 굳세며 빛나고 점잖다'라는 뜻의 '대학'에 나오는 군자의 덕목이다. 자신의 일에 엄밀하고 마음이 굳세고 스스로를 잘 알아서 밝고 교만하지 않고 점잖은 사람이 되고 싶다. 아무리 마음에 환자를 이해하고 깊은 애정을 갖고 있더라도 학문에 엄밀하지 못하면 제대로 치료할 수 없다. 또 마음이 굳세지 못하면 쉽게 흔들려 버려서 오래가지 못한다. 교만하지 않게 낮은 자세로 늘 환자의 이야기를 담을 수 있는 여유공간을 지닌 사람이 되고 싶다. 규칙적인 생활을 하지 못해서 병에 걸렸다면 그 병만 고치는 것이 최선이 아니다. 왜 자신을 절제하지 못했는지 그 사람의 인생 이야기를 담아 그 생각과 의지의 작용을 통제할 수 있는 마음을 고치는 의사가 되고 싶다.
지원동기	**혈구지도(絜矩之道)** 어린시절 어머니께서 만성두통으로 고생하셨다. 처음에는 걱정이 되었으나 점점 늘 있는 일이니까 신경쓰지 않게 되었다. 그러다 고등학생이 되어 만성위염 등 아픈 일이 잦아졌다. 이제 어머니께서 얼마나 홀로 외로웠을지를 이해할 수 있게 되었다. 양방 병원에서는 죽을 병이나 수술환자가 아니면 거의 진통제만 처방한다. 하지만 진통제는 치료가 될 수 없고 한방적 치료는 오래걸리지만 근본적으로 건강해진다. 양방의학이 유병과 무병을 나눈다면 한방은 건강과 비건강으로 나눈다. 무병과 비건강이 겹치는 그 회색지대—즉 아프지만 양방에서는 진통제 이외에는 해줄 수 있는 것이 없는 비건강 상태를 나는 자주 경 험한다. 이러한 증상을 가지는 환자들의 고통과 외로움을 알기에 내가 해봐야겠다는 생각이 들었다. 물론 이 분야는 개척해야 할 영역이 많다는 것을 알지만 도전하기로 결심하고 지금 이 자리에 있다. 공자의 사랑(仁)의 조건인 나를 미루어 남을 이해하는 '혈구지도(絜矩之道)'의 마음으로 환자를 대하는 의사가 되고 싶다. 아픈 환자에게는 양한방의 구분이 무의미하다. 어떤 치료든 환자가 가장 부작용이 적고 빠르게 나을 수 있는 양한방 협진이 원활하게 이루어지는 이 병원에 지원하게 되었다.

(2) 자기소개서에서 호감을 주는 키워드

자기소개서를 작성할 때 우리는 자신의 독특한 경험과 일화를 통해 그것을 일반화, 보편화해서 그 의미를 제시한다. 이때 주로 사용되는 핵심어들 중 긍정적인 영향을 주는 단어가 있는가 하면 부정적인 영향을 주는 단어가 있다. '팀워크', '책임감', '성실성', '창의적', '적극성', '도전정신' 등은 호감을 주는 단어이다. 반면에 진부한 느낌을 주는 단어에는 '헌신적', '인간가치 존중', '고객지향', '도덕성' 등이 있다. 이들 단어들은 진부함을 넘어 부정적인 평가를 받는다.

호감을 주는 키워드(긍정적인 평가)	팀워크, 책임감, 성실성, 창의적, 적극성, 도전정신 등
진부한 느낌의 키워드(부정적인 평가)	헌신적, 인간가치 존중, 고객지향, 도덕성 등

기업체 인사담당자들은 구직자 자기소개서에 '팀워크'라는 단어가 포함돼 있을 때 가장 호감을 느끼는 것으로 조사됐다.

22일 취업포털 잡코리아가 국내외 기업 인사담당자 126명을 대상으로 설문한 결과에 따르면 '자기소개서에 적힌 단어 중 호감을 주는 키워드(단어)는 무엇인가'(복수응답)라는 질문에 42.9%가 '팀워크'라는 단어를 꼽았다.

이어 '책임감'(38.9%), '성실성'(36.5%), '창의적'(35.7%), '적극성'(33.3%), '도전정신'(28.6%) 등이 호감을 주는 키워드 상위를 차지했다.

반면 진부한 느낌을 주는 키워드로는 '헌신적'이라는 단어가 응답률 32.5%로 가장 높았고, '인간가치 존중'(23.0%), '고객지향'(21.4%), '도덕성'(20.6%) 등의 단어도 부정적인 평가를 받았다.

가장 선호하는 자기소개서 양식으로는 '소제목별로 정리한 자기소개서'라는 답변이 38.9%로 가장 많았다.

이 외에도 '인터뷰 기사와 같이 개성 있는 문체로 작성된 자기소개서'(27.0%)나 '회사 양식에 맞춰 정리된 자기소개서'(26.2%) 등을 선호한다는 답변도 많았다.

반대로 '최악의 자기소개서'를 묻는 질문에는 '너도나도 비슷하고 뻔한 내용의 자기소개서'(41.3%)라는 답변이 가장 많았다.

또 '맞춤법이 엉망인 성의 없는 자기소개서'(36.5%), '다른 회사 지원 때 작성한 것을 그대로 제출한 자기소개서'(29.4%), '성장배경을 구구절절 적은 지루한 자기소개서'(23.8%) 등이 인사담당자들이 싫어하는 자기소개서에 꼽혔다.

—「자기소개서에서 호감을 주는 키워드는 '팀워크'」, 『세계일보』 2011년 2월 23일.

기업 인사담당자들이 가장 선호하는 양식은 '소제목별로 정리한 자기소개서'이다. 그리고 '개성 있는 문체로 작성된 자기소개서'와 '회사 양식에 잘 맞춰 정리된 자기소개서'를 선호한다. 반면에 최악의 자기소개서는 '너도나도 비슷하고 번한 내용의 자기소개서'와 '맞춤법이 엉망이 성의 없는 자기소개서', '다른 회사 지원 대 작성한 것을 그대로 제출한 자기소개서'와 '성장배경을 구구절절 적은 지루한 자기소개서'를 꼽았다.

가장 선호하는 양식	소제목별로 정리한 자기소개서 개싱 있는 문체의 사기소개서 회사 양식에 맞춰 정리된 자기소개서
최악의 자기소개서	비슷하고 내용의 자기소개서 맞춤법이 엉망인 자기소개서 다른 회사에 제출했던 자기소개서 성장배경이 구구절절한 자기소개서

실습 및 강평

※ 효과적인 자기소개서 작성법을 상기하면서 자기소개서를 작성해 보자.

성장과정	
성격의 장단점	

특이사항	
인생관	
지원동기 및 포부	

제 8 장 창의적 글의 실제 1

- 1. 시
- 2. 수필

대개의 대학 강좌에서 8주차는 중간고사가 치러지는 시간이다. 이에 본 장은 특별한 이론적 내용보다는 관련된 감상자료 원문을 제시하기로 한다. 창의적 글쓰기의 전형적 형태는 문학작품이라고 할 수 있다. 그중 시와 수필의 전문을 소개한다. 강원대학교에서 글쓰기를 강의하면서 현역 작가로 활동 중인 분들의 작품도 포함되어 있다. 현 단계 우리나라 문학작품의 형태와 체제에 대해 일부 작가의 사례를 통해 감상하고 익히는 기회가 될 것이다.

1. 시

능소화 외 1편

성시하

파란 파라솔 처마 위로 분홍 토끼 귀 같은 봉오리를 조금씩 키워가는 능소화가 무심히 행인들의 발길을 잡아끄는 빨간 벽돌의 단층 건물 앞 전깃줄에 까마귀떼가 새로운 시대감각으로 무장한 나혜석처럼 까맣게 울어대고 있다

그러나 너무 빨리 태어나 끝내 좌절해간 그녀의 불행처럼 바로 옆 증축 건물 공사장에선 하늘을 쨍 갈라놓을 듯한 기계톱소리가 요란한 7월의 한낮

미처 닫지 못한 귀청 속으로 때마침 마른하늘 천둥소리에 놀란 플라타너스 잎들처럼 울컥 쏟아진 여름의 정념들이,

그러나 결코 순종할 줄 모른 채 저 심연까지 번져 가는 종소리가 그만, 황홀한 노을처럼 한 세상이 까무룩 저무는 중이다

가은역*

빈 기차역이 새로이 침묵을 깨고 한 점 덜컹거리는 심장소리를 다시 소환하고 있는 문경새재의 가은역

커피향과 사과향에 이끌려 들어간 오래된 역사 건물 속으로 석탄 실은 열차가 쉼 없이 오고가고

바로 어제인 듯 역장의 제복과 모자가 가지런히 걸려있고, 작은 창 너머로 오르내리는 열차를 지켜봤을 나무책상위엔 빨간 백일홍 화분과 책 몇 권이 놓여 있다

그러나 이젠 더 이상 기적 소리를 들을 수 없는 텅 빈 간이역 카페에서 특산품으로 만든 사과 밀크티와 사과 쿠키를 주문하는 사이

청춘 남녀가 두려울 것 없다는 듯 플랫폼에 서서 가장 멋진 생의 포즈를 취하며 깔깔거리고

끊어진 녹슨 철로 위로 멈춰서 더 자유로운 시간이 여섯 줄의 철로 위로 아이들이 음표처럼 리듬을 타며 콩콩 뛰어 오르고 있다

뜨거운 햇볕에 더 붉게 달궈진 철로 사이로 더 이상 어머니가 우산을 들고 마중 나올 일 없는 7월 한 낮

지금도 여전히 푸른 시간의 역사 기억하고 있는 뒷켠의 포플러나무 두 그루가 살짝 서로의 어깨를 스칠 듯 다정한 간격으로 서있고

달맞이를 기둥삼아 자유자재로 자라난 메꽃이 밤새 숨겨두었던 활짝 핀 연분홍 웃음의 풍경을 연출하고 있다

* 경북 문경시 가은읍에 있는 간이역.

—『동안』 2021년 가을호

친구 외 1편

이계열

우리는 한때 모두 눈이었을 것이다
울음을 하늘로 보내어
구름으로 떠돌다가
잎 다 떨어진 고요로
하염없이 나리는

우리는 한때 모두 잔설이었을 것이다
나그네에게 길을 내어주고
밟힌 그림자를 따라
큰 산이 받드는 적요로
한없이 녹아내리는

우리가 한때 눈이었을 때, 잔설이었을 때,
우리는 모두
하늘의 해와 달과 별이었을 것이다

—『이쪽이 저쪽을 아는 마음』, 2020

꿈 2

봄엔 꽃나무에게로 가자

여름엔 푸른 강물을 따르자

가을엔 단풍 든 영을 넘자

겨울엔 눈밭을 돌아 나오자

거기, 청량한 낮빛을 보자

—『그 자리에 놓아두자』, 2015

오래된 동굴 외 1편

정연수

산맥을 넘는 눈발의 속살에는 집념이 담겼습니다. 자식만 보고 살자고, 동점 구문소를 지나 철암의 쥐라기 막장에 닿았습니다. 하얀 눈을 밟고 들어가다 보면, 이억 오천만 년 된 동굴 어귀에선 까만 눈이 내립니다. 크고 밝은 태백의 이름 언저리에는 진폐증 무덤들이 별처럼 총총 빛났고요. 아버지의 마지막 도시락 속에서 가래 끓는 기침이 벌레처럼 스멀스멀 기어 나왔습니다. 탄차가 무덤 위로 쌩쌩 내달리는 동안에도, 무덤을 열고 나온 아이들은 제 발로 동굴을 찾아갔습니다. 광부를 대물림할 줄 알았다면, 아버지는 산맥을 넘지 않았겠지요. 어머니는 아들이 팽개치고 간 책가방을 열고 하얀 쌀밥을 지었습니다. 눈은 그치지 않을 작정이지만, 어머니의 눈자위는 벌써 시래기처럼 바싹 말랐습니다. 폐광의 그늘에 웅크리고 있던 아들이 기침을 시작했습니다. 동굴 속에선 동발 한 틀 우지끈 부러지고. 화들짝 놀란 눈, 이럴 순 없잖으냐며 마구 퍼붓고 있습니다.

—『다층』 2013년 여름호

공경의 숲

햇빛에 바랜 나무 의자에 앉아
산채비빔밥을 비비며
꼿꼿하던 나무의 푸른 생애를 읽는다

삐그덕, 나무 의자의 장단에 맞춰
덩실거리는 나무 식탁

맞은 편에 늘어선 장롱과 서랍장
결을 내주며 무성한 숲을 이뤘을 삼림의 노래

새와 벌레와 짐승들이 어울려 의자와 식탁 사이를
장롱과 서랍장 틈새를
즐겁게 뛰놀았을 숲의 내력

점심이 끝날 때까지 숲은 나를 받치고 있다
배가 부른 나는 공경의 숲을 향해 절을 한다.

—『아시아문예』 2021년 가을호

2. 수필

바람과 벗하여 걷다

김윤애

바람이 양떼구름을 살짝 밀어내자 산봉우리의 윤곽이 보이기 시작했다. 정상에 오르면 도시의 전경과 동해가 한눈에 들어와 모두가 좋아하는 산이다. 내가 살고 있는 아파트의 정겨운 풍경을 지나며 나는 계속 날고 있었다. 언제나처럼 푸르름을 간직한 눈부신 윤슬의 바다가 나를 유혹한다. 한때 아이들과 즐거운 여름 추억을 함께 했던 넓은 백사장을 한 바퀴 돌아 얼마만큼의 산과 강을 건넜을까 저 아래 붉은색 지붕이 보인다. 마당 텃밭엔 엄마가 심어 놓은 옥수수가 자라고 있고 마당 둘레를 금잔화가 예쁘게 피어 오렌지색 띠를 두르고 있다. 뒷마당 어귀 엄마가 풀을 뽑는 모습이 어렴풋이 보였다. "엄마 나 왔어." 하고 큰소리로 엄마를 불렀다. 엄마는 여전히 허리 숙여 일을 하고 계셨다. 나는 더 크게 엄마를 불렀지만, 소리는 내 목 안에 갇힌 채 입 밖으로 나오질 않았고 서운함에 눈물이 왈칵 쏟아졌다. "엄마" 나는 곧장 아래로 떨어지고 끝도 없이 추락하는 내 몸이 땅속으로 침잠해버릴 것만 같아 허우적대며 겨우 잠에서 깨어났다. 이렇게 하늘을 나는 꿈이 벌써 몇 번째인가?

2년째 코로나19로 인해 여행은 꿈도 꾸지 못하고 하늘 길마저 막혀 답답했던 마음을 떨치고 어디론가 날아가고픈 바람이 내 맘속에 내재되어 있을지도 모를 일이다. 그리운 엄마의 집, 아버지의 사업 실패로 집을 잃고 그 후 엄마의 교통사고를 대신해 겨우 지어진 집이다. 이제 엄마의 기억은 채 몇 시간도 저장되지 않는다. 엄마의 시공간에는 오로지 자식들에 대한 기억만 건재할 뿐이다. 지금은 텅 비어 있는 그 집에서 엄마가 추어탕을 끓여 놓고 우리를 기다리고 있던 옛 시간이 그리워서 인지도 모르겠다.

창밖에는 이른 봄바람이 기세 좋게 앞산과 도로를 휘저으며 지나고 있다. 요즘 봄바람은 뭐에 그리 기세등등한지 전국에 산불을 일으키고 두 해전에도 이웃 도시에서 일어난 산불이 우리 동네로 번져 와 멋진 캠핑장과 휴양 시설을 다 태우며 900억 가까이 손실을 내지 않았던가. 가끔은 원망스럽기도 한 봄바람이 자신의 존재를 과시하며 도로를 휩쓸고 간다. 객기라도 부려 바람에 항거하여 우뚝 서 있고 싶었다. 갈피를 잡지 못하고 흔들리는 작은 가지가 아니라 반평생 넘게 살아 관록 있는 나무처럼 심지 굳게 버텨내기 위해 길을 나섰다. 찬바람이 내 몸 구석까지 파고들었다. '바람은 작고 미미하지만, 산을 깎을 수도 나무들을 눕힐 수도 있다. 바람은 그저 달아나며 미끄러지듯 지날 뿐이지만 힘을 온전히 발휘한다. 바람의 힘은 제힘에 있지 않고 자신을 관통하며 그 힘을 소유하지 않고 그 힘에 소유 당하지도 않는다. 세상이 그 자리에서 작동하도록 내버려 두며 스스로를 지우기 때문이다' 바람을 가장 잘 이해하고 적절하게 묘사한 작가의 매력적인 문구가 마음에 와닿는다. 바람은 자신의 존재를 일깨우기 위함인지 끊임없이 비집고 들어와 나를 탐색한다.

운동장엔 마스크를 쓰고 산책하러 나온 사람들이 꽤 있었다. 입춘도 지나고 경칩마저 비껴간 날씨인데도 먼 산의 눈바람으로 인해 봄은 아직 겨울의 그늘을 벗어나지 못하고 있다. 춘래불사춘(春來不似春)이다. 한기가 뼛속까지 들어와 마음속 바람막이를 하나 덧입고 여느 사람들처럼 가로 20센티미터 세로 7센티미터의 보호막에 자신을 감춘다. 바이러스조차 이기지 못하여 마음 놓고 숨도 쉴 수 없는 인간이 얼마나 나약한 존재인지를 새삼 깨닫게 된다. 농구를 하며 젊음을 발산하고 땀의 의미를 알아가는 청년들, 두 손을 맞잡고 벤치에 평안하게 앉아있는 노부부, 그리 많이 남아 있지 않을 법한 시간을 음미하고 있는 듯하다. 강아지를 유모차에 태우고 산책을 하고 있는 아주머니. 충성스러운 개가 주인의 건강까지 염려해 운동을 시키고 있는 것 같아 기특함에 웃음이 나온다. 바람을 가르며 스피드를 즐기고 향유하고 있는 인라인 애호가들, 갓 몸에 익힌 자전거를 위태롭게 타고 있는 아이와 안쓰럽게 지켜보는 아빠, 저마다 삶의 이유와 목적을 가지고 살아가는 사람들이다. 나와 같이 삶의 의미를 상실하고 시간을 보내는 사람은 그저 뚜벅이처럼 앞으로 걸어갈 뿐이다. 사람은 태어나는 날부터 모두 죽음을 향해 걷고 있다고 철학자 세네카는 말한다. 죽음을 향해 내딛는 발걸음이지만 걷는다는 건 뭔가를 깨닫고 추구하기 위한 인간의 의지이다. 옛 철학자들은 걸어가면서 진리를 깨우치고 제자들과 토론하며 철학을 가르친다고 한다. 하늘의 뜻과 지상의 모든 만물을 찬찬히 관찰하면서 미처 보지 못했던 것들을 깨우치며 깨달음의 경지에 이르렀으리라.

"걷기는 균형 깨기를 전제로 한다. 땅에서 발을 뗄 때 추락이 시작되며 내디딜 때 추락이 모면되고 안정을 찾는다. 한 발을 앞으로 내디디려 할 때 우리는 의심하고 동요하게 되며 발이 땅에 닿을 때 안정과 확신을 갖게 된다"고 『걷기, 철학자의 생각법』에서 작가는 말한다. 추락과 균형 잡기를 반복함으로써 철학적 사유로 나아가게 되며 그것이 새로운 세상으로의 전진을 의미 한다면 내가 지금 걷고 있는 것은 단순한 물리적 중심 잡기가 아니라 조금이나마 사유를 진전시키는 인간의 발걸음이 되기를 내심 바란다.

한 시간쯤 걷다 보니 거센 바람에 익숙해져 볼에 와 닿는 바람이 신선하게 느껴진다. 바람은 시간의 흐름에 아랑곳 않고 제 갈 길을 가고 나도 바람과 벗하여 걷고 있는 것이다. 서서히 바람과 나는 한 몸이 되어간다. 너 다섯 살가량 되어 보이는 사내아이가 아빠와 함께 연을 날리기 위해 종종걸음을 친다. 아이의 아빠는 연을 하늘로 연신 띄워 보지만 거센 바람에 가오리연은 어이없이 추락하고 만다. 연을 날린다는 것은 바람의 방향을 읽고 얼레와 연을 45° 각도로 잘 조절하여 일정 궤도에 올려 바람과 일체화시키는 일이다.

연을 보는 순간 새벽에 하늘을 나는 꿈이 다시 생생하게 떠올랐다. 나도 연처럼 하늘을 훨훨 날고 싶었던 것이었을까. 시원하게 날고 싶으나 높이 날 수 없는 지금의 가오리연처럼 내 인생도 그렇게 연실처럼 꼬여 바람의 방향도 가늠하지 못한 채 자꾸 추락만 거듭하고 있는 것인가 하는 생각에 연이 애처로워 보였다. 사람들은 설날이나 정월 대보름날에 액운을 연에 담아 하늘 멀리 날려버리고 그 끈을 끊고 복을 부르기 위해 연을 날린다. 12월부터 날리기 시작하여 정월 대보름이 되면 액막이연이라고 하여 일제히 연날리기 행사를 하곤 했다. 정월 대보름이 지나서 연을 날리면 바보 취급을 당하기도 한다지만 지금처럼 코로나19가 극성을 부릴 때 모두들 연 하나씩 들고 붉은 태양 떠오르는 동해에서, 우뚝 솟은 한라산에서 연에 송액(送厄)이라 크게 쓰고 시원하게 날려 보내고 싶다. 가오리연, 방패연, 태극연, 독수리연, 각자 만든 색색의 연이 하늘 높이 휘날리는 모습을 상상만 해도 기운이 솟아난다. 아이들이 어릴 때 함께 연을 만들어 날려 보내며 즐거운 시간을 보낸 적도 있었는데 언제부터인가 연은 우리 시야에서 사라지고 정월 초하루 떠오르는 일출과 함께 커다란 풍등이 하늘 가득 떠 있는 모습에 익숙해져 있다. 3월에 연을 날리는 철모르는 부자처럼 나도 아이들이 집에 오면 다 같이 연을 만들어 동네에서 제일 높은 초록봉에 올라가 높이 날려보고 싶은 소망이 생겼다. 설령 철없는 엄마라고 놀린다 해도 소박한 삶의 목표가 하나 생긴 셈이다. 코로나19를 연에 실어 하늘 높이 우주로 날려 보낼 생각을 하니 발걸음에 힘이 실린다.

삼 십분 가량 지나도 아이는 결국 연을 하늘로 올려보내지 못한다. 적당한 때 실을 풀고 감기를 조절해야 하는데 아이는 얼레를 품에 안고만 있다. 연은 비상과 추락을 반복하고 아빠와 아이는 진보하고 있는 셈이다. 한걸음 철학적 사유로 나아가고 있다. 연을 띄운다는 건 인생을 살아가는 것과 같은 방법일 거라는 것을 아이가 훗날 알게 될까? 몇 번의 좌절을 거듭하다 바람과 한 몸이 되고 주어진 연실의 길이만큼 아주 높이 날기도 하고 전봇대나 나무에 걸릴 수도 있고 때론 실이 끊어져 추락할 수도 있다는 인생의 진리를 알기엔 아직 살아온 시간이 너무 짧은 것이다. 한 시진 가량 나의 머릿속 산발한 생각 속을 거닐다 보면 흩어진 생각들이 내 발걸음과 맞추어 하나로 결집이 되고 정돈되며 내 머리는 가벼워진다. 비록 다리는 점점 무거워지지만, 마음은 새의 깃털처럼 가벼워져 차마 날지 못했던 아이의 가오리연이 되어 바람에 이리저리 요동친다. 노을빛 붉게 물들여진 산등성이 너머로 가오리연이 훨훨 날아가고 있었다. 해거름 하늘 너머 날아가던 가오리연이 일몰에 녹아들고 하나, 둘 가로등의 불빛이 희망의 불씨가 되어 반짝거린다. 바람은 깃털처럼 가벼워진 나를 어디론가 이끌고 간다. 바람은 나를 걷게 하는 힘이요, 걷기는 내게 삶의 의미를 일깨워준다. 이제 신들메를 고쳐 매야 할 때이다.

—『동안』 2021년 가을호

제9장 일상에서의 창의적 글쓰기

1. 감상문

1) 감상문

감상문은 어떤 대상을 읽고, 듣고, 보고, 관찰한 후 자신에게 다가온 깨달음이나 느낌을 표현한 글이다. 따라서 그 대상은 문학작품이나 그 외 책을 비롯하여 음악, 미술, 영화, 공연 등 다양한 형식의 작품이나 저작을 대상으로 자신이 느낀 깨달음, 감정적 정서 등을 진솔하게 표현하는 글쓰기 활동이다. 그러나 여기서는 주로 독서감상문만을 다루고자 한다.

독서감상문은 책을 읽고 책을 통해 얻은 삶의 깨달음, 새로운 발견, 인식적 전환 등의 결과를 글로 쓰는 활동이다. 단순히 책을 읽고 난 후의 감동이나 느낌만을 서술하는 글이 아니라 자신의 삶에 미친 영향 요인, 가치형성의 요인들에 대한 서술해야 한다.

(1) 독서감상문의 형식

독서감상문은 일반적으로 3단 구성의 형식으로 구성되는 경우가 많다. 3단 구성의 대표적인 방식은 서론-본론-결론이지만 독서감상문은 '처음'-'중간'-'끝'의 형태를 갖추면 된다.

'처음'은 서두 격으로 책을 읽게 된 동기를 기술하는 것이 일반적이지만 이것은 큰 호소력이나 흥미를 불러일으키지를 못한다. 그러므로 화제를 제시해서 말하고자 하는 주제와 연결시킬 때 관심과 흥미를 유발할 수 있다.

책을 읽은 후 감상문을 쓰고자 한다면 독서를 하면서 깨달은 인식을 주제로 설정하면 된다. 그런데 그 주제는 반드시 책의 내용과 밀접하게 관련이 있어야 한다.

간혹 책을 읽었지만 전혀 엉뚱한 주제를 설정하여 글을 쓰는 학생도 있다. 반면에 책의 내용과는 별개로 사회적인 이슈에만 관심을 두고 쓴 경우이다. 이런 주제는 사실상 독서감상문이라 할 수 없다. 오히려 사회적인 문제에 대한 논술, 또는 시사 논평의 글이라 하는 것이 더 적절할 것이다. 그러므로 반드시 책의 내용과 연관된 주제를 화제로 제시해야 한다.

<table>
<tr><td rowspan="2">처음 단계</td><td>화제 제시</td></tr>
<tr><td>• 주제와 관련된 사회적 이슈나 사건
• 독서 과정에서 깨달은 새로운 발견
• 읽게 된 동기</td></tr>
</table>

'중간'은 책의 줄거리만을 쓰는 것으로 착각하는 경우가 많다. '중간'은 책을 읽으면서 얻은 주제적인 면을 책 속에서 찾아 글 속에 담는 과정이다. A4 한 장 정도의 독서감상문을 쓰고자 한다면 중간은 4~6개 정도의 단락을 구성할 수 있는 소주제를 구성해야 한다. 그 소주제는 소주제문으로 기술해야 하며, 소주제문은 명제로 드러나는 것이 좋다. 하나의 단락은 하나의 소주제문을 문두에 세워서 두괄식으로 구성하면 글을 쓰기가 조금은 더 수월하다. 이렇게 중심문장이 서술되면 그 중심문장에 대한 부연설명을 하게 된다. 부연설명은 명제로 제시한 중심문장에 대한 풀이와 해설의 과정이라고 할 수 있다. 그 풀이와 해설의 과정에서 책의 내용을 예시로 제시하면 된다.

<table>
<tr><td rowspan="2">중간 단계</td><td>중심문장(소주제문)</td></tr>
<tr><td>• 부연설명(풀이와 해설)
• 예시(책의 내용을 제시)
• 4~6 단락으로 구성</td></tr>
</table>

독서감상문에서 '끝' 단계는 사실상 요약과 정리만으로도 충분하다. 그런데 간혹 글의 전개가 나아갈 방향이나 대안을 제시하는 방향으로 흘러갈 수 있다. 그랬을 때에는 '중간' 단계에서 제시한 문제에 대해 나아갈 방향이나 대안을 제시해야 한다.

끝 단계	• 요약과 정리 • 나아갈 방향 진술 • 대안 제시

(2) 독서감상문의 개요

독서감상문의 개요는 문장식 개요로 작성하는 것이 적절하다. 전체적인 글의 흐름을 세워 각 단락별로 무엇을 쓰겠다는 식의 문장식 개요를 작성하는 것이 좋다. 목차식(항목식) 개요로 작성을 해 두면 글을 쓰는 실제 과정에서 무엇을 써야 할지를 몰라 막막한 경우도 생겨난다. 그러므로 문장식 개요를 만드는 작업이 더 바람직하다.

문장식 개요를 세울 때 6~8단락으로 구성하면 A4 한 장 분량의 구성이 만들어진다. 대개 처음에 2~3단락, 중간에 4~6단락, 끝에 2단락을 구성하면 된다.

문장식 개요	처음	1~3단락
	중간	4~6단락
	끝	1~2단락

다음 문장식 개요의 예를 한번 살펴보자.

문장식 개요의 예 1

에드거 앨런 포의『우울과 몽상』을 읽고

– 개요 –

1문단 (처음)
포의 작품들을 읽고 난 나의 느낌. 포의 작품들은 왜 이럴까?

2문단 (중간1)
두 작품이 지니는 공통적인 분위기: 음울하고 기분 나쁘다.

3문단 (중간2)
두 작품의 공통적인 분위기가 포의 생애와 관련이 있는지 알아보기 위해, 그의 생애를 조사한 후 그의 생애를 다룬다.

4문단 (중간3)
2문단과 3문단을 나란히 놓고 읽어보는 것만으로도 작품들의 분위기가 포의 불우한 생애에 영향을 받았음을 알 수 있도록 제시한다.

5문단 (중간4)
특히 어셔가의 비극은 작가가 처한 상황에 대해 어셔가의 생각과 나의 생각을 비교해서 서술한다.

6문단 (결론)
작가가 속해 있는 환경은 그의 작품에 지대한 영향을 끼친다.

위의 개요가 독서감상문의 개요로 적절하다면 어떤 면에서 적절한지, 그렇지 않다면 어떤 면에서 그렇지 않은가를 평가해 보자.

또 하나의 문장식 개요를 살펴보자.

문장식 개요의 예 2

하이젠베르크의 『부분과 전체』를 읽고

— 개요 —

1문단 (처음)
저자는 책 내용을 모두 대화로 대신했으며, 또한 자신이 과학자임에도 불구하고 그 대화들은 과학적인 것에만 국한되어 있지 않다. 그렇다면 그에게 대화란?

2문단 (중간1)
어느 한 '부분'은 여러 분야에 걸쳐 '전체'적으로 관련이 있다.

3문단 (중간2)
2문단에서 제시한 주장이 사실인지 저자의 책을 통해서 확인한다.

4문단 (중간3)
인간, 철학, 정치, 사회, 윤리 등 인간의 모든 활동은 대화를 통해 이루어진다.

5문단 (중간4)
저자에게 과학은 '전체'와 관계하여 생각되어야 할 '부분'이며, 둘 사이의 관계는 대화를 통해 가능하다.

6문단 (결론)
저자가 자신의 책 내용을 모두 대화로 대신한 이유는 대화는 곧 사고이며 자신의 수많은 사고 활동들이었기 때문이다.

위의 개요가 독서감상문의 개요로 적절하다면 어떤 면에서 적절한지, 그렇지 않다면 어떤 면에서 그렇지 않은가를 평가해 보자.

....

....

....

....

....

....

....

....

(3) 독서감상문의 예

제목: 대화를 통한 사고

하이젠베르크는 물리학 부분에서 노벨상을 받은 저명한 과학자이다. 『부분과 전체』라는 책은 바로 그가 쓴 자서전이다. 책 전체를 통틀어 알아듣기 힘든 과학적 지식들로 가득하리라 생각했지만, 막상 책을 펼쳐보니 그 보다는 온갖 종류의 주제들에 대한 대화들로 꽉 차 있었다. 그에게 대화란 무엇일까? 도대체 어떤 의미를 지니기에 자신의 일생을 담아 둔 책의 내용을 대화로 대신한 것일까? 나로서는, 자신의 삶에서 토론과 대화만을 보여주는 위인의 의도에 대해 궁금증을 가질 수밖에 없었다.

그가 참여한 토론과 대화에는 참으로 다양한 것들이 담겨 있었다. 하나의 과학적인 문제를 다루는 데도 여러 분야의 것들이 언급되어 있었다. 그가 이러한 대화들을 통해 자신을 나타내고자 함은 어느 한 '부분'은 여러 분야에 걸쳐 '전체'적으로 관련이 있다고 생각하기 때문이다. 이 책의 제목이 시사하는 바를 고려해 본다면, 적어도 이 책을 집필한 의도만큼은 그러하다.

그가 닐스 보어와 나눈 대화를 예로 들어 보자. 그들의 대화는 폴 디랙의 주장에 대한 토론으로 시작하였고, 언어가 불확실한 면을 갖고 있음에도 표현의 수단을 위해 우리들이 그것을 사용할 수밖에 없는, 즉 언어의 사회성을 언급하고 있었다. 또한 포커놀이와 실증주의자들에 대한 사례에서 비롯한 대화는 언어의 의미에 대한 철학적인 사색을 담고 있었다. 그리고 알프스 영양의 무리 앞에서 나눈 대화는 인간과 동물의 발달과정에서의 차이와 관계있었다. 과학적 지식을 위한 토론은 언어에 대한 고찰을 낳게 되었고, 언어에 대한 고찰 과정에서 사회적인 면, 철학적인 면, 그리고 인간의 발달과정이라는 면에서의 다양한 관점을 시도한 것이었다.

대화를 통해 이뤄진다. 그래서 인간의 모든 활동은 대화를 통해 이뤄지는 것이고, 이는 사회를 형성하는 근본이 된다. 사회라는 단위의 집합체가 여럿 모여 나라를 형성하기 때문에, 그 나라를 이끄는 것, 즉 정치조차도 국민의 의견을 받아들이고 그것을 대신 표현하기 위해서 대화가 필요하다. 나라와 나라 사이의 협상도 결국 그 일을 행하는 인간과 인간간의 대화에 의해 이루어지는 것이다. 어디 그 뿐이겠는가. 철학도 예외일 수는 없다. 나 자신의 깊은 고뇌와 참된 성찰은 스스로가 질문을 던지고 스스로가 그에 대한 답을 구하는 과정에서 생기는 것들이다. 윤리라는 것도 개개인의 생각이 모여 결국엔 사람들에게 이로운 암묵적인 규율이 되는 것이기 때문에, 그 형성 과정에는 필히 대화가 요구된다.

하이젠베르크는 책을 통해서, 과학은 '전체'와 관계하여 생각되어야 할 '부분'이며, 둘 사이의 관계는 대화라는 의사소통을 통해 가능하다고 말하고 있다. 의사소통을 하기 위해선 그에 따르는 사고가 필요하게 되고, 그런 의사소통을 통해 얻어낸 결과는 다시 원래의 사고의 대상이었던 '부분'에 대한 밑바탕을 형성한다. 이러한 일련의 과정을 거쳐 '부분'을 위한 사고가 진행되는 것이다.

대화는 사고의 수단이다. 따라서 대화는 반드시 사고를 수반한다. 많은 대화와 토론은 그 만큼의 사고를 필요로 하며, 그 만큼의 다양한 관점을 갖게 된다. 그리고 우리들은 그 만큼 대화의 주제에 대한 결론에 가까워진다. 이것이 그에게 있어서 대화가 지니는 의미, 즉 대화는 사고인 것이다. 그는 지금까지 살아오면서 모든 일을 대화를 통해 결론을 이끌어 냈기 때문에, 그가 우리들에게 보여줄 수 있는 삶은 그가 참여한 대화와 토론들이 전부인 것이다.

—학생의 글

실습 및 강평

※ 단락별로 문장식 개요를 구성하여 독서감상문을 써 보자.

제목:		
단락별 문장식 개요	처음	
	중간	
	끝	

2. 리뷰

디지털 시대에 접어들면서 다양한 분야에서 리뷰라는 말이 등장했다. 더욱이 우리는 여러 리뷰의 글을 접하기도 하고 리뷰를 써 보기도 한다. 그렇다면 과연 우리는 리뷰라는 글의 양식을 알고 쓰는 것인지 모르면서 그냥 말을 갖다가 붙여서 쓰고 있는 것인지 곰곰이 생각해 봐야 한다.

먼저 리뷰의 정의부터 살펴보자.

1) 리뷰의 개념

(1) 사전적 정의

❶ 국어사전적 의미: 리뷰(review) [명사]

전체를 대강 살펴보거나 중요한 내용이나 줄거리를 대강 추려 냄

|용례|

① 본사가 서강대 경영 대학원과 함께 공동으로 제작 발행하는 “서강 하버드 비즈니스”는 경영학의 메카로 불리는 하버드 대학교 경영 대학원에서 발간하는 “하버드 비즈니스 리뷰”의 한국어판이다.

—『한국경제』, 1997년 1월 6일

② 도서명·저자·출판사·가격 등의 기본 정보와 함께 도서목록과 관련 전문가의 책 소개, 독자 리뷰, 미디어 리뷰 등의 풍부한 정보를 얻을 수 있다.

—『중앙일보』, 2003년 2월 12일

❷ 영어사전적 의미: review

〈비평·평론〉 review, 〈평론잡지〉 a review
re·view

① 평론·비평·논평, 평론 잡지
② 재조사, 재검토, 재고, 관찰
③ 《미》 복습, 연습(《영》 revision), 《비》 연습 문제
④ 사찰·시찰, 열병·사열·관병식(觀兵式)·관함식(觀艦式)
⑤ 회고, 반성

비평·평론·서평(書評) 등을 전문가가 전문적인 지식과 정보를 바탕으로 일반인의 이해를 돕기 위해 평론 잡지에 실은 글

❸ 백과사전적 의미: '리뷰'의 발생론적 기원

춤·노래·촌극으로 구성된 무대연예

프랑스어로 검열·논평·풍자희극 등의 뜻을 가진 'revue'가 영어화하여 리뷰(review)가 되었다. 원류는 프랑스 중세의 소극(笑劇)을 모체로 하여 19세기 말에 파리의 카바레 등에서 많이 상연되었던 풍자적인 쇼에 있다고 한다. 그러나 같은 때에 영국에서도 뮤직홀이나 소극장에서 비슷한 것이 상연되었다. 또한 1907년 F. 지그펠드가 내놓은『지그펠드 폴리즈』의 성공에 따라 미국식 스타일의 리뷰가 확립, G.거슈윈, I.바링 등 작곡가의 활동과 더불어 1920년대에는 황금기를 맞았다. 한편, 1930년대 이후 유성영화 초기에는 리뷰영화의 제작도 성행하였다.

❹ 최근의 문화적 의미

review는 re(=again)+view(look)로 '다시보다(look again)'라는 의미에서 '보고 또 보다' 또는 '자세히 보고 평가하다'라는 의미로 발전한다.

최근 일반적으로 사용되고 있는 '리뷰'라는 용어는 '다시보기'라는 의미와 '자세히 보고 평가·검토하다'라는 의미로 사용된다. 예를 들어 이미 발매된(또는 상영된, 또는 출시된) 작품·영화·상품 등을 아직 보지 못한 사람이나 사용해보지 못한 사람들을 위해 그 작품(또는 상품)에 대하여 일반적인 지침·감상평·상품후기 등을 알려주는 비전문적이면서도 일반적인 지도서라고 할 수 있다. 또는 작품을 보았거나 상품을 사용해 보고, 그 작품과 상품에 대하여 정확한 이해가 부족한 사람들을 위해 필요한 정보와 특징을 재해석해 주는 것을 말한다. 주로 영화·잡지·도서·TV프로그램·유행하는 상품 등에 대하여 평가하는 경우가 많다.

'리뷰'의 반대 개념으로는 '프리뷰'가 있다. '프리뷰(preview)'는 '미리보기'이다. 프리뷰는 아직 개봉되지 않았거나 공개되지 않는 작품 또는 상품에 대하여 미리 일부분을 공개하는 것을 가리킨다. 가령 기업은 신제품을 출시하기 전 체험단을 모집하여 신제품에 대한 평가를 받는다. 이때 체험단의 일원으로 출시 이전에 신제품을 미리 사용해 보고 그 기능에 대한 개인적인 느낌이나 우수한 점, 불편한 점, 아쉬운 점을 쓴 글을 말한다.

(2) 리뷰와 웹

'리뷰로그'란 책, 영화, 음악, 쇼핑 등에 대하여 그 후기를 별점과 함께 평가하여 논평하고 기록하는 공간이며 리뷰로그에 쓰인 글을 가리키는 말이기도 하다.

여기서 반드시 유념해 둘 것은 리뷰로그가 책·영화·음악·쇼핑 등을 경험한 이후 후기에서 글을 마칠 때 덧붙여 기록하는 글을 뜻한다는 점이다. 다시 말해서 자신의 경험을 주관적 입장에서 주관적 견해를 바탕으로 짧고 간결하면서도 간단한 표현으로 느낌이나 장단점을 기록하는 것을 말한다.

예를 들어, 막 상영하게 된 영화나 새로 출판 된 책에 관하여 자신이 본 느낌이나 읽어낸 독특한 해석을 주관적 견해로 간략히 그 특성·이미지 등의 순서에 따라 순차적으로 나열하는 글이다.

리뷰로그에는 영화나 책 이외에도 쇼핑을 통해 구입한 상품에 대한 리뷰로그가 상당수 차지한다. 실례로 핸드폰을 추천한 것도, 또는 책을 추천한 것도 모두 리뷰로그에 등록되게 된다. 이렇게 등록된 리뷰로그는 소비자나 독자가 그 상품 혹은 작품에 대하여 어느 정도의 지식과 정보를 가지고 있어야 한다. 그리고 지식과 정보를 바탕으로 상품 혹은 작품에 대하여 나름의 선택을 할 수 있는 여지를 부여한다는 데 그 유효성이 있다.

(3) 리뷰와 영화

시놉시스(synopsis)는 간단한 줄거리 또는 드라마의 개요를 이르는 말이다. 즉, 작가가 생각하는 주제를 다른 사람에게 알리기 위해 알기 쉽게 간단히 적은 것을 말한다. 흔히 줄거리 또는 개요·일람이라고도 한다.

시놉시스는 작품의 의도가 무엇이고, 작가의 주관은 어떤 것이며, 전달하고자 하는 메시지는 무엇인지 분명하고도 확실한 내용을 전달할 수 있도록 명료하게 작성해야 한다. 시놉시스에는 주제, 기획 및 집필의도, 등장인물, 전체 줄거리의 4가지 기본요소가 구체적으로 포함되어야 한다.

최근 시놉시스라는 말은 단순히 영화, 드라마, 다큐멘터리 등의 영상물에만 사용되고 있는 것이 아니라 UCC, 브이로그, 유튜브 영상 등의 영상 공모전을 넘어 기획 공모전 등에서도 시놉시스를 요구하는 경향이 점점 많아지고 있다.

반면에 '리뷰'는 일반인의 이해를 돕기 위해 쓰인 글인 만큼 그 작품에 대한 개략적인 개요를 바탕으로 자신의 경험이 녹아 있어야 한다는 점에서 '시놉시스'와는 다른 점이라 하겠다.

- 시놉시스: 작가가 의도한 주제, 작가의 기획과 집필 의도, 줄거리, 개요, 일람 등의 청사진
- 리뷰: 책, 영화, 음악, 쇼핑 등을 자신의 감상이나 사용 경험을 바탕으로 주관적으로 평가

2) 리뷰의 절차와 요건

리뷰의 절차와 요건이 하나의 이론으로 정립된 것은 아니다. 그렇지만 일반적으로 포함되는 요건들이 있다. 대표적 리뷰 형태로서 상품 리뷰와 영화 리뷰의 경우를 예시하면 다음과 같다.

상품 리뷰의 경우

① 배경: 출시배경, 접하게 된 배경
② 소개: 제품에 대한 간략한 소개
③ 특징: 제품의 대략적인 특징
④ 제품의 장점
⑤ 제품의 단점
⑥ 개인적인 경험담
⑦ 평가

영화 리뷰의 경우

① 배경: 출품배경, 접하게 된 배경
② 소개: 간략한 줄거리
③ 특징: 작품의 대략적인 특징
④ 감독, 배우, 등장인물에 대한 설명
⑤ 흥미 있는 장면
⑥ 개인적인 감상평
⑦ 평가

실습 및 강평

1. 상품 리뷰의 절차와 요건에 따라 내가 사용하고 있는 스마트폰의 리뷰를 작성해 보자.

2. 영화 리뷰의 절차와 요건에 따라 내가 최근 본 영화나 드라마의 리뷰를 작성해 보자.

3. 칼럼

칼럼이란 라틴어 Columna에서 유래한 말이다. 라틴어 Columna는 기둥, 원주, 원주 모양의 것을 의미했던 것으로 알려져 있다. 고대 사회에 원주 모양의 기둥이 있는 사원, 의사당 등의 공공 장소에서 자신의 개인적 의견을 피력했던 것에서 유래한 것이 지금의 칼럼(column)이다.

칼럼(column)은 신문·잡지 등에 시사 문제를 비롯해 사회 풍속 등을 짧게 평하는 특별 기고, 또는 그 기고란의 글을 일컫는다. 대개 신문의 고정란, 특별기사, 상시 특별기고 기사, 연재성 단평란 등이 주된 칼럼이다. 그런데 이뿐만 아니라 신문·잡지 등에 정해진 기고로서 고정란을 두고 글을 싣기도 한다. 가령, 신문·잡지 등에 보면 '만물상', '분수대', '횡설수설' 등의 기고란이 대표적인 사례다. 기고란에 실리는 글은 신문·잡지 등의 주간, 또는 편집진에 의해 개인적 책임 하에서 집필하는 경우 주문된 시사적 문제를 의식해서 글을 쓰는 경우가 있는가 하면, 특별한 주문 없이 독자가 투고한 글을 싣는 경우가 있다.

칼럼은 논설과 다른 측면을 가지고 있다. 논설이 논리적이 고답적인 분위기의 딱딱한 사설이라면 칼럼은 글쓴이의 개성이 두드러지게 나타난다. 그래서 글쓴이에 따라 비유적인 표현, 속담, 격언, 클리셰 등 다양한 문체를 보이면서 자신의 주장을 펼치는 경향이 있다. 또 글쓴이의 성향에 따라 개인적인 일화를 소개한다든가 유사한 사안에 대해 인용한다든가 관련 사안에 대해 분석·평가함으로써 자신의 의견이나 주장에 대한 설득을 높이기도 한다.

보통 사설이 사실에 대한 객관적, 분석적 주장을 전개하는 반면에 칼럼은 필자의 주관적 성향이 깊이 있게 내재되어 개성적인 글로 전개되는 경향이 많다. 그로 인해 개인적인 일화나 인용에 의해 독자의 관심을 이끌내는 글로 전개되는 경우가 많다.

칼럼을 쓰기 위해서는 다음의 몇 가지 조건을 갖추어야 한다. 첫째, 교양과 경험이 풍부해야 한다. 다양한 사안에 대해 자신의 견해와 주장을 펼치는 만큼 관련 사안에 대한 풍부한 지식이 있어야 하며, 자신의 경험을 통해 사안의 중요성과 해결안을 제시할 때 설득을 높일 수 있다. 둘째, 문제에 대한 예리한 시각과 대상에 대한 날카로운 감각으로 사건의 전모를 밝히고 소개함으로써 비판의 효과를 높일 수 있다. 셋째, 문제나 사안을 감정에 호소하여 독자가 감동과 감명을 받게 해야 한다.

그리고 에세이(essay)란 자기의 느낌이나 의견 따위를 자유로운 형식으로 적은 산문으로 대개 수필를 지칭하는 경우가 많다. 그러나 최근 에세이는 특수한 주제에 관한 시론(試論) 또는 소론(小論)도 에세이로 규정하고 있다. 더 나아가 아티클(article)도 에세이도 보는 경향이 있다. 아티클(article)은 이전에 신문·잡지 등의 기사만을 한정하던 것에서 최근에는 기사뿐만 아니라 전문적인 소논문도 아티클의 범주에 포함하고 있다. 이런 다양한 장르적 범주를 볼 때 가장 넓은 일반적 개념이 에세이(essay)다. 에세이는 칼럼을 비롯해 아티클도 포함하는 폭넓은 글의 양식이다.

우리가 칼럼과 에세이를 구분하고 있지만 사실상 범주를 구분하는 것은 무의미하다고 할 수 있다. 따라서 칼럼을 통해 에세이의 기본적 양식을 이해하도록 하자.

칼럼이나 에세이가 무엇인지 이해하기 위해서는 다른 사람의 글을 주의 깊게 읽어보는 것이 가장 좋은 방법일 수 있다. 다음 글을 읽고 그 내용과 구성 형태를 분석해보기로 하자.

우여곡절 끝에 『언장직필』이 힘겨운 첫걸음을 내디뎠다. 강원대학교 삼척캠퍼스의 역사는 강원 지역 근대사의 역동적 전개와 긴밀히 연동될 것이다. 1939년 5월 27일, 광산과와 토목과 설치를 내용으로 한 3년제 삼척공립직업학교의 인가는 그 출발이었다. 학교 설립은 일본 제국주의가 식민지 개발과 태평양전쟁 준비를 위한 수탈 정책의 일환으로 기획했을 가능성이 높다. 그 후 다난한 역사적 변천을 겪으며 오늘에 이르고 있는 삼척캠퍼스는 강원 영동권 거점 국립대로서 관련 지역과 더불어 공존하는 교육 공동체로 거듭나기 위해 혼신의 노력을 경주하는 중이다. 이 과정에서 어려운 산고를 거쳐 『언장직필』은 우리 곁으로 왔다.

우리나라에서 근대적 대학의 역사는 한 세기를 훌쩍 넘어서고 있다. 중등 수준의 종교계 사립학교 배재학당, 이화학당, 숭실학당 등이 19세기 후반에, 비종교계 사립학교 보성전문학교는 20세기 초에 설립되었다. 거국적 민립대학 설치운동에 대한 일종의 반작용으로 1923년 설립된 관립 경성제국대학 이래 한국 대학은 많은 변모를 거쳐 왔다. 그 속에서 교수는 고등교육의 핵심 역할을 담당하는 동시에 우리 사회의 지적 담론을 이끌며 많은 역할을 수행해 왔다. 이른바 교수회보라는 매체는 해당 공동체의 교수들 간 공론장을 형성하는 주요 기제였다.

현 단계 교수 사회의 정론장 역할을 상징하는 매체 중 하나로 『교수신문』을 들 수 있다. 이 주간지는 전국사립대학교 교수협의회연합회, 국공립대학교 교수협의회, 민주화를 위한 전국교수협의회 등의 단체가 협의하여 1992년 4월 15일 창간되었다. 학문의 자유와 대학의 민주화, 학술정보 제공과 대학문화 창달, 교권 옹호와 전문적 권위의 향상을 사시(社是)로 하여 창간 이후 다양한 활동을 펼치고 있다. 기타 대학 단위의 교수회보들은 이른바 기관지의 범주를 재생산하고 있는 것이 사실이다. 물론 그 자체로 소중한 활동이며, 한국 교수회의 역사에 기록되어야 할 성과들일 것이다.

강원대학교 삼척교수회보는 타 대학의 교수회들이 운영하는 관보 형식을 탈피하고, 작지만 내실 있는 정론지를 지향하고자 한다. 그 내용성과 지속성을 담보하기 위해 교수회 임원진과는 독립된 편집위원회를 운영하는 것은 조직적 선택일 수밖에 없다. 『언장직필』은 향후 우리가 속한 교수 공동체의 올바른 가치를 견지하고, 소통할 수 있는 보편적 담론장을 위해 노력하게 될 것이다.

격월간이라는 주기는 기존 교수회보 단위로는 파격적일 것이나, 규모나 내실에 있어서는 턱없는 수준인 것을 부정하기 어렵다. 어떤 지표를 들더라도 부족한 실정일 수밖에 없다. 그렇게 우리는 불모지와 같은 토대 위에서 새로운 도전을 시도하려고 한다. 역사가 이를 의욕적인 도전으로 기록해 주리라 믿는다. 같은 이유로 이러한 시도는 무모한 모험에 그칠 가능성 또한 농후하다. 학령인구 급감과 통합 대학의 재구조화는『언장직필』의 미래를 시한부로 한정하는 물리적 조건일 수도 있다.

삼척교수회보가 받아들일 운명은 어떤 것일까? 명약관화한 물리적 조건 앞에서 서툰 모험임을 예단하는 것은 현실적인 감각일 수 있겠다. 그럼에도 불구하고 구성원 각자의 애정으로 잠재태를 현실화할 가능성 또한 분명히 존재하리라 본다. 일개 편집위원이나 발행인의 재량으로는 요령부득한 논점일 수밖에 없다. 그 위태로운 길항이 이제 시작되었다.

—남기택,「시도 혹은 모험」,『언장직필』 1호, 강원대삼척교수회, 2018. 9. 1.

윗글은 강원대학교 삼척캠퍼스의 교수회보인『언장직필』에 수록된 사설류의 원고이다. 강원대학교 교수회가 설립된 이후, 삼척캠퍼스 교수회는 2018년 기관지로『언장직필』을 창간하였다. 거기에 실린 글 중의 한 편인 윗글은 교수회보를 발간하게 된 배경, 앞으로의 기대와 우려를 담고 있다.

글의 내용을 보면, 먼저 글의 도입부이자 서론격으로 강원대학교 삼척캠퍼스의 역사를 짧게 소개하면서 글이 시작된다. 일제강점기로부터 시작된 강원 영동권 거점 국립대로서의 위상을 강조하고 있다.

- 주제 선정: 사적-공적인 문제, 사회적인 풍속이나 세태, 대중적인 문화적 이슈 등의 문제적 사안

본론으로 들어가서 우리나라 대학의 전개 과정, '교수회보'로 통칭되는 관련 매체의 양상과 의미를 거론하였다. 이어서『언장직필』의 체제와 한계에 대한 입장을 제시하고 있다.

- 본론: 사안의 원인, 현상, 문제 등을 전개

결론격인 마지막 부분에서는 교수회보로서의 가능성과 한계를 전망하며 글을 마무리하는 형태이다.

• 결론: 문제의 대안 제시 및 가능성과 한계를 전망

그렇다면 윗글의 내용에는 설명과 논증이라는 기술양식이 어떻게 적용되어 있을까? 앞 장에서 정리한 바와 같이 설명은 이해를 목적으로 자세하게 풀어서 기술하는 양식을 가리킨다. 설명에 있어서는 객관적 사실을 바탕으로 써야 한다는 점이 핵심 관건이라 할 수 있다. 그러한 내용을 독자가 이해하기 쉽도록 풀어서 기술하는 것이 곧 설명인 것이다. 윗글에 제시된 강원대학교 삼척캠퍼스의 역사, 우리나라에서 대학이라는 학제가 전개되어 온 과정, 『교수신문』이라는 매체가 지닌 배경 등은 객관적 사실에 해당된다. 이러한 객관적 사실을 필자의 관점으로 풀어서 기술하고 있으니 이것이 곧 설명의 과정에 비견될 것이다.

한편 윗글은 삼척교수회보 『언장직필』이 의의와 문제점, 가능성과 한계점을 동시에 지니고 있음을 주장하였다. 이러한 판단은 누구나 그렇게 생각하는 객관적 사실이라고 보기 어렵다. 그보다는 필자 개인의 입장이요 주관적 판단에 가깝다. 동일한 사안에 대해서 논자에 따라서는 의의가 많다고 주장할 수도 있고, 무용론을 주장할 수도 있을 것이다. 논증에는 이른바 정답이 없다. 어떤 입장이든 객관적 사실을 바탕으로 한 논리적 판단 및 가치 평가가 중요하고, 그렇게 도출된 자신의 입장을 최대한 논리적으로 기술하는 과정이 곧 논증이라 할 수 있다. 논증의 결과인 주장에 대해서 옳고 그름을 판단하는 것은 독자의 몫이다. 따라서 논증을 위해서는 다양한 자료를 바탕으로 판단의 근거를 확보해야 하고, 그러한 논거들을 중심으로 자신의 주관적 입장을 가장 객관적인 태도로 기술하는 과정이 중요함을 인식해야 한다.

실습 및 강평

1. 본문의 예시문(「시도 혹은 모험」)을 읽고 중심 내용을 세 개의 문장으로 각각 정리해 보자.

❶

❷

❸

2. 윗글의 전체 내용을 압축할 수 있는 하나의 문장(주제문)을 적어 보자.

- 주제문:

이제 내 스스로 생각한 주제를 가지고 칼럼 혹은 에세이를 작성해 보기로 한다. 최근 자신이 관심 있게 생각하는 화제, 자신이 가장 잘 알고 있는 주제를 생각해 보자. 특별한 소재가 생각나지 않는다면 자신이 가장 흥미롭게 봤던 영화, 좋아하는 음악이나 게임 등을 생각해도 좋을 것이다. A4 1매 정도의 짧은 칼럼 혹은 에세이를 쓴다는 전제 아래 스스로 주제를 설정해 보자.

어떤 학생이 '바람직한 대학생활'이라는 주제를 설정하였다고 가정해 보자. 그에 따라 작성된 짧은 칼럼을 예시하면 다음과 같다.

공부와 인간관계의 균형

홍길동

대학은 현존하는 학제 중 최고 학부이다. 대학은 그 자체로 지식의 전당을 상징한다. 하지만 오늘날의 대학이 과연 상아탑이라는 본문에 충실하고 있는지는 의문이다. 대학을 졸업해도 취직하지 못하는 현실이 엄연히 존재하며, 마음만 먹으면 누구든 갈 수 있는 곳이 대학이라는 사실도 부정하기 어렵다.

바람직한 대학생활 역시 상대적인 것이다. 따라서 주관에 따라 다양한 방향 설정이 가능하다. 그럼에도 불구하고 가장 중요한 것은 대학의 본령인 학문의 자세일 것이다. 시대와 환경이 변했다 하더라도 대학의 존재 이유인 학문 탐구를 게을리해서는 곤란하다. 바람직한 대학생활의 근본적 척도 역시 자신이 선택한 전공 분야의 학문 탐구에 있다.

한편 현실을 직시하고, 그에 따른 구체적 목표를 설정하는 태도 역시 중요하다. 바람직한 대학생활 역시 상대적인 것이며, 주관에 따라 다양한 방향 설정이 가능하다. 따라서 무엇보다도 중요한 것은 현실을 직시하고, 그에 따른 구체적 목표를 설정하는 자세이다.

바람직한 대학생활 역시 상대적인 것이며, 주관에 따라 다양한 방향 설정이 가능하다. 따라서 무엇보다도 중요한 것은 현실을 직시하고, 그에 따른 구체적 목표를 설정하는 자세이다. 바람직한 대학생활 역시 상대적인 것이며, 주관에 따라 다양한 방향 설정이 가능하다. 따라서 무엇보다도 중요한 것은 현실을 직시하고, 그에 따른 구체적 목표를 설정하는 자세이다.

윗글은 '공부와 인간관계의 균형'이라는 제목이 설정되었다. '주제'와 '제목'은 다르다. 주제는 말 그대로 "대화나 연구 따위에서 중심이 되는 문제"를 가리키고, 제목은 "작품이나 강연, 보고 따위에서, 그것을 대표하거나 내용을 보이기 위하여 붙이는 이름"이라고 정의되어 있다. 일반적으로 제목은 전체 내용을 압축된 어휘로 상징하고 있고, 글쓴이의 개성, 취향, 문체가 반영되기도 한다. 물론 주제를 그대로 제목으로 선정할 수도 있다. 그것이 '틀렸다'라고는 말할 수 없다. 하지만 우리는 보다 나은 글을 고민하고 있으며, 하나의 문장이라도 진지하게 쓰려는 노력을 하고 있는 중이다. 제목이라는 것이 글 전체를 상징하는 동시에 나만의 개성적 감각을 반영하기도 한다면 몇 개의 단어라 하더라도 신중히 고려될 필요가 있다. 모든 사람의 얼굴 구조는 동일하지만 모든 개인의 얼굴에는 차이가 존재하며 저마다 절대적인 고유의 가치를 지닌다. 제목도 마찬가지이다. 나만의 사유와 고민과 감각이 담긴 제목이 설정될 수 있도록 의식적 노력이 필요하다.

윗글은 전체 4개의 단락으로 구성되어 있다. 분량이 길든 짧든 한 편의 글은 하나의 유기체이다. 분량을 떠나서 한 편의 글은 최소한 처음, 중간, 끝의 단계로 구분된다. 그렇다면 윗글은 첫 번째 단락이 글의 처음 부분, 두 번째와 세 번째 단락이 글의 중간 부분, 마지막 네 번째 단락이 글의 마지막 부분이라고 할 수 있다.

처음 부분의 내용은 대학이 지닌 의미와 현재의 세태를 강조한다. 상아탑으로 비유되는 대학은 학문의 전당이라는 의미를 지니지만 현재에는 그 의미가 퇴색되고 있음을 기술하며 자연스럽게 화제를 전개시키고 있다.

이러한 도입부에 이어서 중간 부분은 바람직한 대학생활에 대한 글쓴이의 중심 생각을 기술한다. 세태가 변했다고 하더라도 전공을 중심으로 한 학문 탐구가 대학생활에 있어서 중요할 수밖에 없다는 것을 중간 부분의 첫 단락에서 말하고 있다. 이어지는 중간 부분의 두 번째 단락은 현실을 반영한 목표 설정을 강조한다. 자신만의 목표를 설정하되 현실을 반영한 목표여야 한다는 것이 글쓴이의 중심 생각임을 엿볼 수 있다.

바람직한 대학생활이 무엇인가에 대해서는 그 밖에도 얼마든 다양한 의견이 제시될 수 있다. 중요한 것은 자신의 관점이다. 윗글의 글쓴이는 무수히 많은 대학생활의 의의 중에서 전공 중심의 학문 탐구와 현실적 목표 설정을 대학생활의 핵심으로 판단하고 있다. 이에 대해서 그 설득력 여부를 판단하는 것은 독자의 몫이다. 여러분들의 생각은 어떤가? 여러분들은 바람직한 대학생활에 대해서 어떻게 생각하는가? 독자들은 자신의 가치관과 판단에 의거하여 윗글의 논리적 설득력 여부를 판단할 수 있다.

윗글의 끝 부분은 마지막 단락이다. 지금까지 논의된 내용을 자신의 방식대로 요약하고 정리하는 내용이다. 이처럼 어떤 종류의 글이든 마지막 부분은 대개 글 전체를 정리하고, 필요한 경우 관련 내용을 제언하거나 강조하는 형식으로 마무리된다. 이때 주의해야 될 점은 앞서 기술되었던 문장을 그대로 반복해서는 곤란하다는 사실이다. 반드시 자신만의 어휘로, 문장이나 표현에 변화를 주면서 전체 내용이 요약 및 정리되어야 함을 주의해야 한다. 처음과 중간 부분에 나왔던 문장을 그대로 반복하면서 요약하는 것은 글의 흐름을 단조롭게 하는 가장 초보적인 방식이다. 다시 강조하건대 우리는 하나의 문장이라도 나의 판단과 고민이 담긴 문장이 되도록 노력할 필요가 있다. 하나의 문장이라도 생각하면서 글을 쓰는 습관이 중요함을 잊지 말아야 한다. 이와 관련된 읽기 자료를 소개하면 다음과 같다.

매일 10분이라도 글 써야 생각을 하게 돼

지난 20년간 하버드 글쓰기 프로그램을 이끌어온 낸시 소머스 하버드대 교육대학원 교수는 지난 3일 본지와 전화 인터뷰에서 "대학 지식인은 글쓰기로 완성된다"며 한국 대학에서 글쓰기 교육을 강화해야 한다고 말했다. 그는 "강의 듣고 시험 잘 쳐서 대학 졸업할 수도 있지만 그런 사람은 평생 '학생' '관찰자' 위치를 벗어날 수 없다"면서 "졸업 후 자기 분야에서 진정한 프로가 되려면 글쓰기 능력을 길러야 한다"고 말했다.

소머스 교수는 하버드 학생 422명을 대상으로 글쓰기 교육이 대학교 공부에 미치는 영향을 추적 조사한 연구로 유명하다. 그의 연구에 따르면 글쓰기 교육을 받은 신입생 73%가 "수업에서 내 생각을 잘 표현할 수 있게 됐다"고 했고, 66%는 "전공과목에 관심을 갖게 됐다"고 답했다. 실제 하버드에서는 1977년 이후 사회에 진출한 40대 졸업생 1600명을 대상으로 '현재 직장에서 가장 중요한 능력은 무엇인가'라고 물었는데, 90% 이상이 '글쓰기'라고 답변했다. 소머스 교수는 "시험만 잘 보는 학생은 '정해진 답'을 찾는 데 급급하지만 글을 잘 써야 '새로운 문제'를 찾아낼 수 있다"고 말했다.

그는 "공대생이든, 사회대생이든 글로 논리적인 주장을 펼 줄 알아야 논문도 쓰고 연구 결과를 인정받을 수 있다"면서 "하버드뿐 아니라 대학 교육의 근간은 글쓰기가 돼야 한다"고 말했다. 모든 대학 교육은 기본적으로 글을 통해 아이디어를 주고받는 방식으로 이뤄지며, 이를 장려하기 위해 하버드는 전공과 관계없이 글쓰기 교육을 강조한다는 것이다. 그는 "처음엔 고교생 수준이었던 1학년의 글쓰기 실력이 리포트를 평균 12～16편 내면서 학기 말쯤엔 '학술인' 수준으로 향상된다"고 했다.

글쓰기 프로그램은 미국 대부분 대학에 도입돼 있다. 매사추세츠공대(MIT)는 과학자, 소설가 등 다양한 분야 인물들이 진행하는 글쓰기 수업을 운영한다. 예일, 컬럼비아대 역시 학부생에게 1대1 글쓰기 교습을 해준다. 반면 국내 대학가에선 이제서야 겨우 글쓰기 중요성을 감지하는 분위기다. 서울대는 올해 처음 치른 글쓰기 평가 결과가 좋지 않자 하버드대처럼 글쓰기를 집중적으로 가르치는 '글쓰기 지원센터' 설립을 추진하기로 했다.

소머스 교수는 학생들끼리 서로 글을 읽고 첨삭해주는 '동료 평가(peer edit)'가 글쓰기 실력 향상에 중요하다고 했다. "10여년 전 한국 방문 당시 고등학생들과 만날 기회가 있었어요. 학생끼리 서로의 글을 읽고 고쳐주라고 했는데 '한 번도 해본적 없다'고 해서 놀랐지요. 동료의 글을 최대한 많이 읽어보고 자기 글에 대한 평가를 받아봐야 비로소 내 글의 단점이 무엇인지, 어떻게 개선할지를 알 수 있습니다."
그가 제시한 글쓰기 비법 가운데 한 가지는 "짧은 글이라도 매일 써보라"는 것이다. "하루 10분이라도 매일 글을 써야 비로소 '생각'을 하게 되지요. 어릴 때부터 짧게라도 꾸준한 읽기와 쓰기를 해온 학생이 대학에서도 글을 잘 쓰더군요."

—『조선일보』 2017년 6월 5일

실습 및 강평

1. 자신만의 주제를 선택한 후 주제문과 제목을 설정해 보자.

- 주제:

- 주제문:

- 제목:

2. 위에서 선정된 주제를 가지고, 본문에 예시된 학생 실습문의 구조와 동일하게 전체 4단락의 칼럼을 작성해 보자.

제10장 토론과 토의의 이해

1. 발표의 이해와 언어 예절

발표는 연구, 조사, 실험 등의 결과를 세상에 널리 드러내어 청중에게 알리는 말하기이다. 좀 더 단적으로 '발표'를 정의하자면 특정한 목적을 가진 말하기라고 할 수 있다. 청중에게 자신이 생각하고 연구한 결과를 잘 이해시키는 것이 발표의 목적이다. 현대 사회에서는 대중에게 시도하는 의사소통인 발표가 더 중요해지고 있다. 발표의 한 종류인 프리젠테이션은 말할 것도 없고, 유튜브 등의 1인 방송 시대가 크게 인기를 끌고 있기 때문이다. 특히 1인 방송에서는 청중과의 소통이 더욱 중요해지고 있다.

대중과 소통할 수 있는 발표를 하기 위해서는 발표의 큰 방향을 일단 정리하는 것이 중요하다. 청중을 설득할지, 정보 전달을 중시할지 등의 발표 목적을 정할 수도 있다. 또한 단순한 자료 나열이 되지 않도록 발표자의 관점이 명확하게 드러나도록 발표 목적을 정해야 한다. 그러나 동일한 주제를 다른 팀들과 경쟁적으로 발표하는 경우도 존재한다. 그러한 경우에는 자신만의 관점과 방법으로 주제에 다가가는 것이 좋다.

그러한 과정 중에서 발표를 들을 청중의 특성을 고려하여 발표 계획을 자연스럽게 작성할 수 있다. 청중의 성별, 연령, 지식수준 등을 파악하려고 노력하고 그 결과를 발표에 반영하는 것이다. 가령 중·고등학교에서 특강을 할 기회가 생겼다고 가정하자. 이때 아주 어려운 전공 지식을 학생들에게 발표한다면, 청중인 학생들은 전혀 이해를 하지 못할 것이다. 이런 경우에는 중고등학생들이 관심을 가질 주제나 어려운 개념을 쉽게 설명하여 학생들의 이해를 돕도록 해야 한다. 반대로 교수 앞에서 팀 과제를 발표한다면, 전문적이고 학술적인 지식을 전달할 수 있도록 노력하는 것이 좋다. 아울러 청중 분석에서 그 규모도 고려해야 한다. 소수의 인원에게 발표를 할 경우 청중의 지식수준·취향 등을 고려하여 발표하기 쉽다. 또 발표를 듣는 청중과 소통하거나 교감을 나누기 쉽다. 그러나 반대로 청중의 규모가 크다면, 소통과 교감을 나누는 것은 매우 어렵다. 이 경우에는 대중이 관심 있을만한 주제를 선정하는 것이 매우 중요하다. 그리고 대규모의 청중들 중 평균적인 지점에 지식수준, 관심사 등을 설정하면 발표 준비를 하기에 수월하다.

발표 목적과 청중 분석이 완료되면 구체적인 발표 방법을 결정한다. 주제를 선정하고 주제문을 작성한다. 발표의 목적을 정해보는 것도 좋다. 설득하는 발표인지, 정보 전달을 위한 발표인지를 결정해야 한다. 그래야 어떤 자료를 찾아야 하는지, 어떻게 발표 내용을 표현할지가 정해지기 때문이다. 만약 설득하는 발표라면 청중의 가치관, 생각, 태도 등을 변화시켜야 하기 때문에 논리성은 물론 인격적 신뢰성과 대중의 감정을 격동시킬 수 있는 방법 역시 고려해야 한다. 아리스토텔레스는『수사학』에서 이를 각각 로고스(logos), 에토스(ethos), 파토스(pathos)라고 정리한다. 그는 로고스는 논리적이기는 하나 생각을 바꾸게 하거나 행동으로 이어지기는 어렵고, 에토스는 생각을 바꿀 수는 있으나 행동으로 잘 이어지지 않으며, 파토스는 가장 어려운 청중 설득 방법이기는 하나 행동으로 직결되는 발표 기술이라고 설명하고 있다. 정보 전달을 위한 발표라면 주제를 정한 뒤, 충실하고도 치밀한 자료 조사가 필요하다. 그리고 청중을 이해시킬 수 있는 표현 방법이나 비유를 고민하고, 시각 자료나 시청각 자료가 있는지도 찾아보는 것이 좋다. 또한 청중에게 발표문을 제공하거나, 슬라이드 자료를 통해 청중의 이해도를 향상시키려는 노력을 해야 한다.

발표를 할 때 언어 예절 역시 중요하다. 비속어나 타인을 비방하는 말을 사용해서는 안된다. 특히 최근에는 사회적으로 물의를 일으키는 언어를 사용하면 민 · 형사상 책임을 엄격하게 묻고 있기 때문에 더욱 조심할 필요가 있다. 한 집단을 비하한다든지, 특정 인물을 공격한다든지, 이성을 혐오하거나 비하하는 발언을 하는 것은 금물이다. 또한 공공 영역에서 성적인 발언을 하는 것은 특히 주의해야 한다. 현대 사회의 발표에서 언어 예절은 그 인물의 인격을 평가하는 잣대가 되기 때문에, 조심하고 또 조심할 필요가 있다.

언어 예절을 지키기 위해서는 대화의 원리에 대한 이해가 필요하다. 일단 공손성의 원리이다. 청자에게 공손하지 않은 표현은 최소화하고 예의바른 표현을 최대화하라는 원리가 있다. 일반적으로 공손성의 원리에는 총 5개의 원칙이 포함된다(H. P. Grice, “Logic and Conversation”).

요령의 원칙	상대에게 부담이 되는 표현은 줄이고 이익이 되는 표현은 늘린다.
관용의 원칙	자신에게 이익이 되는 표현은 줄이고 부담이 되는 표현은 늘린다.
찬동의 원칙	상대를 비난하는 표현은 줄이고 칭찬하는 표현은 늘린다.
겸양의 원칙	자신을 칭찬하는 표현은 줄이고 겸손하게 표현한다.
동의의 원칙	자신과 상대방의 의견에서 다른 점은 줄이고 공통점은 늘린다.

언어 예절을 지키는 다른 원리는 협력의 원리이다. 담화에 참여하는 화자·청자는 담화의 목적에 맞게 상호 협력하여 대화해야 한다는 원리이다. 일반적으로 협력의 원리에는 4개의 원칙이 포함된다.

양의 원칙	대화에 필요한 정보를 제공한다. 너무 많아도 너무 적어도 안 된다.
질의 원칙	대화에서 제시되는 정보의 질이 좋아야 한다. 진실을 전달해야 한다.
관련성의 원칙	대화 상황과 맥락에 맞는 정보를 제공해야 한다.
태도의 원칙	대화에 임할 때 명확한 표현을 사용한다.

마지막으로 언어 예절을 지키는 원리는 순서 교대의 원리이다. 대화 상황에서 한 사람이 말을 독점하지 말아야 한다는 원칙이다. 마치 손뼉이 서로 짝을 이루어야 소리가 나는 것과 같은 이치이다. 순서 교대의 원리를 지키기 위해서는 대화의 흐름에 유의해야 하는데, 그래야 자신이 말해야 할 때를 놓치지 않기 때문이다. 또한 상대방이 말을 하는 도중에 끼어들어 상대방의 말을 잘라내는 일도 예의가 아니다. 그렇다고 해서 대화에 참여하지 않고 아무 말을 하지 않는 것 역시 순서 교대의 원리를 준수하는 것이 아니다.

실습 및 강평

※ 최근 친구와의 논쟁 상황에 대해 생각해 보고, 공손성 원리에 부합하는 태도는 어떤 것이 있을지 아래 빈 칸에 기술해 보자.

- 논쟁 상황 사례:

요령의 원칙	
관용의 원칙	
찬동의 원칙	
겸양의 원칙	
동의의 원칙	

2. 토론과 토의의 이론

토론이란 대화의 상대방과 특정한 논제에 대해 옳고 그름을 따지는 행위를 뜻한다. 이때 특정한 논제를 찬성 측과 반대 측으로 나누고 타당성 있는 논거를 제시하여 자신 측의 정당함을 내세우고, 상대방의 주장과 논거가 타당하지 않고 비논리적임을 설득하는 대화이다. 이러한 과정을 논증해가면서 주장과 논거에 대해 찬/반 양측 심도깊은 이해를 나누게 되며, 이를 통해 우리 사회의 문제들은 해결의 실마리를 찾게 되는 것이다. 토의가 대화 참여자들 사이에서 상호 협력하고 타협하는 과정인 반면, 토론은 대화 참여자들 사이에 경쟁적으로 논증하는 대화방식이다.

1) 토론의 의의

앞서 말한 것처럼 토론은 사회 문제에 대한 심도 깊은 대화를 통해 그 문제의 해결을 도모하는 말하기이다. 즉, 다양한 사람들의 의견을 모아 사회적 문제를 해결한다. 그래서 토론의 논제는 공공성이 있는 것으로 선정해야 한다. 그리고 논의할 만한 가치가 있는 논제인지 역시 고민해야 한다. 이 과정에서 합리성을 갖춘 근거를 통해 상대편을 경쟁적으로 논증하고 설득이 이루어진다.

합리적인 논증을 위해서는 3가지 성격이 중요하다. 신뢰성, 타당성, 공정성이 그것이다. 신뢰성은 제시된 정보나 자료가 믿을만한 것인지에 관련된 것이다. 즉, 정보나 자료가 믿을만한 출처인지를 따져보아야 한다. 타당성은 토론 참여자의 주장과 근거가 이치에 맞고 합리적인지에 관한 문제이다. 이 과정에서 정보나 자료를 자의적으로 해석하지는 않는지를 고려해야 한다. 마지막으로 공정성은 토론 참여자의 주장이 공평하여 특정 편에 치우치지 않는지를 검토하는 것이다. 간혹 토론 참여자들은 맹목적으로 자신의 주장을 고수하는 경우가 있는데, 이러한 토론의 태도는 공정성을 상실한 태도이다. 이러한 3가지 성격을 고려한 합리적인 논증은 상대방을 이기는 대화가 아니라 서로를 이해하는 대화로 이어지게 된다. 자신의 주장을 포기하는 것은 아니지만 그 견해가 다른 방향에서 이해될 수도 있다는 점을 인정하여, 자신의 주장과 근거가 절대적으로 정당하지 않을 수도 있다는 가능성을 열어 놓게 되는 것이다.

2) 토론의 규약

앞서 합리적인 논증이 토론에 임하는 올바른 자세라는 것을 설명하였다. 이 과정에서 언어 예절을 지켜야 함은 물론, 타당하고 논리적인 추론으로 상대방 주장의 논리적 허점을 제시하여야 한다. 토론을 할 때 주의해야 할 규약은 아래와 같다.

우선 사실에 대하여 왜곡하거나 자료를 변조해서는 안되며 누구나 수긍할 수 있는 합리적이고 타당한 분석을 한다. 그러해야만 상대방 측도 우리 측의 논리에 수긍할 수 있기 때문이다. 그리고 자료나 정보를 준비할 때에는 관련 분야에서 널리 알려진 해석이거나 권위자의 의견과도 일치하는 것을 조사한다. 해당 분야의 비전공자나 소수의 해석은 설득력을 갖기 어렵다. 상대방의 의견 중에서 이해가 안되거나 잘 듣지 못한 발언은 사회자에게 요청하여 정리를 요청한다. 그래야 서로 간의 불필요한 논쟁을 줄일 수 있기 때문이다.

그리고 토론 과정에서 상대방의 주장이나 근거를 다양하게 고려해보고, 논리적 허점을 지적한다. 그런 과정에서 상대방에게 우리 측의 주장을 동의하게 하고, 명확한 단정적 어조를 사용하여 자신감 있는 태도를 보여야 한다.

3) 토론의 교육적 효과

토론은 고등 교육 과정에서 여러 가지 교육적 효과를 지니는 것으로 확인되고 있다. 자신의 주장을 강화하기 위하여 다양한 정보와 자료를 조사하는 과정에서 학습 효과와 함께 통합적 사고력을 함양할 수 있다. 그리고 토론하는 중 상대방의 말을 경청하여 듣기 능력을 향상시킬 수 있다. 자신의 의견이 절대적으로 옳은 것이 아님을 알게 되어, 상대방의 의견을 존중하는 열린 민주 시민의 태도를 가지게 된다. 또 자신의 주장과 근거를 효율적으로 제시하기 위해 말하기 능력을 고민하게 되며, 말하기 능력을 기를 수 있다. 또 앞서 말한 것과 같이 사회의 가장 시급한 문제를 함께 고민하여 사회를 보는 관점을 심화시킬 수 있다.

4) 토론과 토의의 차이

토론과 토의의 차이점은 다음과 같다. 토의는 대화 참여자들이 서로 협력하고 타협하는 양보의 과정이라면, 토론은 경쟁적으로 대립하는 말하기이다. 그래서 토론에 참여하는 사람들은 각자의 해답을 가지고 말하기에 임하지만, 토의는 새로운 해답을 만들어가는 과정이다. 토의에서 핵심적인 사항은 '협력'이라는 점이다. 이 협력의 말하기를 통해 대화 참여자들은 생각의 확장을 이루어가게 된다. 하지만 토론은 대립의 말하기를 통해 논제에 대한 시급성과 이해도를 깊게 한다. 그러나 토론은 대립이 지나쳐 상호 감정 대립으로 이어질 수 있으므로 엄격한 규칙과 사회자의 중재를 통해 이루어진다. 토의는 원칙과 제약이 없고 누구나 자유로운 마음가짐으로 대화에 임할 수 있다. 결정적으로 토론은 모든 과정을 마친 뒤에 청중이나 심판의 판정으로 승/패가 결정되지만, 토의는 서로의 합의로 마무리 짓기 때문에 승자와 패자가 없다.

3. 토론과 토의의 방법

1) 토론의 절차

토론을 하기 위해 가장 먼저 해야 할 일은 준비하기이다. 준비하기 단계에서는 논제를 설정하고 논제를 분석해야 한다. 논제란 토론의 주제로, 문제의 해결을 위해 논하고자 하는 것의 제목이나 주장을 의미한다. 논제는 아직 해결되지 않은 사회적 문제를 결정하는 것이 좋다. 이른바 시의성이 있는 소재를 결정해야 하는 것이다. 논제의 종류에는 어떤 사실이 참인지 거짓인지를 밝히는 '사실 논제', 어떤 가치가 좋고 나쁨, 옳고 그름을 밝히는 '가치 논제', 그리고 사회적으로 행동의 변화를 추구하는 목적의 '정책 논제'가 있다.

다음은 논제를 분석하여야 한다. 자신의 찬/반 입장에 따라 논제를 분석할 때 관련된 용어나 개념 등에 대한 이해가 필요하다. 그 과정 중에 논제의 쟁점을 명확하게 인지하게 되는 부수적인 효과가 있다. 그런 다음에는 논거로 사용할 자료와 정보를 조사한다. 도서관, 인터넷, 학습 자료 등을 통해 찬성과 반대의 논거를 조사하고 그것을 분류·정리해야 한다.

그 다음에는 토론 개요서를 작성한다. 토론 개요서란 논제에 대한 주요 논점과 논거가 무엇인지 포괄적으로 기록한 설계도이자 청사진을 말한다. 즉, 토론 논제에 대한 수집한 자료를 단순히 나열하는 것이 아니라 일정한 논리 아래 재구성한 문서를 말한다. 여기에는 논제에 알맞은 논점들이 모두 포함되어 있고 체계화된 구성을 갖추어야 한다.

이후에는 입론 제시가 필요하다. 즉, 논제에 대한 우리 측의 주장이 타당하고 논리적이라는 점을 입증하는 단계이다. 입론의 제시 부분은 토론의 성/패를 결정할 정도로 중요하다. 자신의 정당성을 청중과 심판, 그리고 상대 측에게 강하게 호소하는 첫 부분이기 때문이다.

입론 이후 반대 신문, 반론으로 구분되어 토론이 진행된다. 반대 신문식 토론(세다식 토론, CEDA, Cross Examination Debate Association Format)의 토론의 경우 토론의 단계는 입론, 반대 신문, 반론으로 구분된다. 찬성과 반대의 양측 토론자는 이 세 단계를 각각 한 번씩 거치게 된다. 입론이란 찬성 측과 반대 측이 자신의 주장을 세우는 일이다. 반대 신문은 상대 논증의 문제점을 부각하여 공격할 틈새를 발견하여 자신의 주장을 강화하는 과정이다. 반론은 이미 상대의 입론과 반대 신문에서 제기한 주장을 반박하며 자신의 입론과 교차 신문에서 나타난 주장을 강화하는 것이다. 반론은 세부 쟁점에 초점을 맞추어 상대의 주장보다 자신의 주장이 더 타당하다고 설득하는 과정이다.

<table>
<tr><td>팀명</td><td colspan="2"></td><td>팀원</td><td></td><td></td></tr>
<tr><td>논제</td><td colspan="5">대형마트 의무 휴업, 폐지하여야 한다.</td></tr>
<tr><td>용어 정의</td><td colspan="5">대형마트 의무 휴업: 현재 재래시장 상권을 보호하기 위해 시행되고 있으며, 격주 일요일마다 대형마트를 강제로 휴무케 하게 하는 제도</td></tr>
<tr><td>쟁점</td><td colspan="5">① 대형마트 의무 휴업은 자본주의 사회에서 공정한 경쟁인가?
② 기업의 영업을 공적 기관에서 금지하는 것이 가능한가?
③ 대형마트 의무 휴업은 정말 재래시장 상권을 보호하는가?</td></tr>
<tr><td></td><td></td><td colspan="2">찬성 측</td><td colspan="2">반대 측</td></tr>
<tr><td rowspan="3">쟁점 ①</td><td>주장</td><td colspan="2">대형마트 의무 휴업은 재래시장의 보호는 달리 과도한 정부의 시장 개입이다.</td><td colspan="2">대형마트 의무 휴업은 자영업자들의 생존권을 수호하기 위한 것이다.</td></tr>
<tr><td rowspan="2">근거</td><td colspan="2">대형 마트 의무 휴업은 공정성을 상실한 과도한 정부의 개입이다.</td><td colspan="2">대기업의 과도한 시장 독점으로 소상공인들의 생계가 어려워지고, 재래시장이 사라지고 있다.</td></tr>
<tr><td colspan="2">실제로 이 제도 도입 후 많은 대형 마트가 폐업하였으며, 많은 노동자들이 일자리를 잃게 되었다.</td><td colspan="2">대형마트 의무 휴업은 소상공인의 생존권 보호라는 점에서 오히려 공정성을 가지고 있다.</td></tr>
<tr><td rowspan="3">쟁점 ②</td><td>주장</td><td colspan="2">대형마트 의무 휴업으로 소상공인들의 매출이 높아졌다는 증거는 없다.</td><td colspan="2">대형마트 의무 휴업은 사회적 부의 재분배의 기능을 가지고 있다.</td></tr>
<tr><td rowspan="2">근거</td><td colspan="2">대형마트 의무 휴업은 소상공인을 위한 것이라고 하는데, 대형마트에 입주해 생계를 유지하는 소상공인들도 있다.</td><td colspan="2">대기업이 독점하고 있는 이익을 일반 시민들에게 재분배하여 국가와 사회의 경제적 이익에 기여할 수 있다.</td></tr>
<tr><td colspan="2">무작정 의무 휴업을 강제하기보다는 대형마트와 소상공인이 서로 공존하는 수익 모델 창출이나 제도 개선이 더 시급하다.</td><td colspan="2">재래시장의 활성화로 지방 소도시의 인구 감소를 억제 및 방지하는 부수적 효과를 기대할 수 있다.</td></tr>
</table>

〈토론 개요서의 예〉

이러한 일련의 과정에 대해 토론을 '성을 공격하고 방어하는 전투'에 비유하여, '입론'을 튼튼한 방어용 성벽을 쌓는 '아성 쌓기'로, '반대 신문'을 '치열한 공방전'으로, '반박'을 논쟁의 마지막 단계에서 상대 팀을 향해 보내는 '최후의 폭격'으로 표현하기도 한다(이창덕 외, 『화법 교육론』).

2) 토론의 유형

토론은 크게 '토의형 토론'과 '논쟁형 토론'으로 구분할 수 있다. '토의형 토론'은 설득과 합의를 통해 보다 나은 논의를 이끌어내는 방향으로 전개되는 반면에 '논쟁형 토론'은 어떤 사안에 대한 찬성과 반대 의견을 기저에 깔고 전개된다. 특정한 상황에 맞게 토론의 유형을 잘 구별하여야 한다. 세부적인 토론의 형태를 굳이 '토의형 토론'과 '논쟁형 토론'으로 구분하면 다음과 같다.

토의형 토론	논쟁형 토론
피라미드 토론 모둠 토론 원탁 토론	찬반 토론 세다식 토론 링컨 더글라스 토론

위 토론의 유형 중 링컨-더글러스 토론은 이들의 논쟁(Lincoln-Douglas debates)에서 유래되었다고 한다. 〈위키백과〉의 설명에 따르면 1858년에 에이브러햄 링컨과 스티븐 더글러스 사이에 7차에 걸쳐 진행된 토론회로 열띤 논쟁을 주고받았다. 링컨은 일리노이주 미국 상원 의원 공화당 후보이며, 더글러스는 현직 상원 의원으로 민주당에서 재선을 하기 위해 출마했다. 링컨과 더글러스는 일리노이 의회를 각 당이 지배할 것도 요구했다. 이 논쟁은 링컨이 1860년 미국 대통령 선거에서 당선된 후 직면하게 될 문제를 부각시키고 있었다. 7번의 토론에서 논의된 주요 논점은 노예 제도였다는 것이다.

토의형 토론으로 구분할 수 있는 피라미드 토론, 모둠 토론, 원탁 토론은 상황에 따라 논쟁형 토론으로 변모할 수 있는 여지가 충분히 있다. 하지만 찬반 토론, 세다식 토론, 링컨 더글라스 토론 등은 철저하게 찬반 의견에 기초한 논쟁형 토론으로서의 성격이 강하다.

실습 및 강평

1. 최근 자신이 관심을 지니고 있는 시사 문제를 생각해 보고 하나의 논제로 도출해 보자.

- 내가 설정한 논제:

2. 위의 논제를 가지고 아래에 주어진 토론 개요서를 작성해 보자.

<table>
<tr><td>팀명</td><td></td><td>팀원</td><td></td><td></td><td></td></tr>
<tr><td>논제</td><td colspan="5"></td></tr>
<tr><td>용어
정의</td><td colspan="5"></td></tr>
<tr><td>쟁점</td><td colspan="5"></td></tr>
<tr><td></td><td></td><td colspan="2">찬성 측</td><td colspan="2">반대 측</td></tr>
<tr><td rowspan="3">쟁점
①</td><td>주장</td><td colspan="2"></td><td colspan="2"></td></tr>
<tr><td rowspan="2">근거</td><td colspan="2"></td><td colspan="2"></td></tr>
<tr><td colspan="2"></td><td colspan="2"></td></tr>
<tr><td rowspan="3">쟁점
②</td><td>주장</td><td colspan="2"></td><td colspan="2"></td></tr>
<tr><td rowspan="2">근거</td><td colspan="2"></td><td colspan="2"></td></tr>
<tr><td colspan="2"></td><td colspan="2"></td></tr>
</table>

제11장 소통과 참여로서의 창의적 글쓰기 1

- 1. 비판적 분석의 이해
- 2. 자료 활용의 방법
- 3. 분석과 자료 활용의 에세이

1. 비판적 분석의 이해

인간은 누구나 다른 사람과 사회생활을 하며 삶을 보낸다. 그 과정 속에서 우리는 타인과 끊임없이 갈등을 겪는다. 이러한 갈등을 해결하는 것이 바로 의사소통이다. 갈등을 잘 해결하기 위해서는 비판적 사고와 분석이 필수적이다. 많은 사람이 비판을 단순하게 누군가를 공격하는 사고로만 생각한다. 비판(批判)은 판단을 분석하는 그리스어 크리티코스(kritikos)와 기준(표준)을 의미하는 크리테리온(krithvrion)이 그 어원이다. 이를 생각하면 비판이라는 단어는 하나의 준거(틀)를 세우고 그것을 통해 판단을 분석한다는 뜻이다. 한자 비판(批判)에서 뒷글자 판(判)의 부수자도 칼을 의미하는 도(刀)이다. 즉 모든 것을 정확하게 칼로 나누는 의미라는 것이다. 비판에는 기본적으로 사물을 분석하는 행위가 포함된다.

이처럼 비판적 사고는 생각을 평가·분석하여 의사소통을 시도하는 것이다. 일단 비판적 사고에는 목적이 있다. 그리고 비판적 사고를 하려면 사물이나 현상을 바라보는 관점이 필요하다. 이 관점은 개개인의 가치관과 긴밀하게 연결되어 있다. 때문에 그 가치관을 보완해 줄 수 있는 다양한 정보를 조사해야 한다. 아울러 그 이후에는 전제가 필요하다. 다른 말로 가정이라고도 하는 전제는 명시적일 수도, 숨겨져 있을 수도 있다. 심지어 생략될 수도 있다. 드러난 것을 전제, 숨겨진 것을 가정(혹은 암묵적 전제)이라고 한다. 비판적 사고 역시 '생각'인 만큼 결론을 필수적으로 이끌어내어야 한다. 결론은 사고의 결과, 추론의 결과물을 의미한다. 결론은 특정한 상황에서 어떤 문제나 쟁점에 대해 자신이 생각하는 것을 표현하는 행위나 주장이다. 그리고 결론을 도출하게 되면 자신이 그러한 결론을 도출하게 된 맥락을 고려하는 것이 좋다. 아무리 올바른 가치관과 정보를 가지고 있다고 해도 맥락에 따라 추론이 매우 많이 달라지기 때문이다.

결국 비판적 분석을 위한 사고는 나를 벗어나 이 세상과 현상을 성찰하는 것이다. 비판적 분석은 '나'에서 시작하여 '세계'로 확장되어야 한다. 이러한 성찰은 객관적 인식을 근간으로 한다. 인간이 자기중심적으로 생각하는 것은 당연하다. 그러나 단순한 자기중심적 사고관에서 벗어나 세계와 나를 조화롭게 일치시켜야 한다. 그래야 정당하고 공정한 비판적 사고가 비롯할 수 있다. 결국 비판적 분석이라는 것은 타자와 나를 일치시키는 방법이다. 그래서 나를 제 3자의 입장에서 볼 수 있는 객관화가 필요하다. 앞서 이야기한 것처럼 '비판'이라는 단어의 어원에는 동서양 공통으로 '나누는' 행위가 포함된다. 여기서 나눈다는 것은 '나'의 중심성을 벗어난다는 데에 중요한 의미가 있다.

나에 대해서 말할 때 주의해야 하는 것은 자신의 처지와 입장을 헤아릴 줄 아는 지혜가 필요하다는 사실이다. 이것은 현실 속의 나를 제대로 인식하느냐의 문제와 관련된다. '내'가 이 사회, 이 세계 속에서 어떠한 사회적 위치에 있으며, 어떠한 책임을 가지고 생활하고 있는지 살펴봐야 한다는 것이다. 우리는 현재 한 사람의 학자로서, 또는 경제인으로서, 아니면 학생으로서 각자 자신의 위치에서 해야 할 직분과 의무가 무엇인지 아는 것이 필요하다. 현실을 직시하지 않고 성찰하는 것은 매우 위험한 일 중의 하나이다. 따라서 자아의 성찰에는 거시적인 안목을 통해 세계 속의 '나'를 바라볼 수 있는 시선이 전제되어야 한다고 할 수 있다.

세계에 대한 생각, 입장, 태도 등은 개개인의 문제가 아니다. '나'는 세계와 관계하면서 형성된다. 우리는 모두 살아가면서 능력과 가치관을 형성하게 된다. 이 의미는 우리의 사유 체계 속에는 사회의 이데올로기나 민족성, 문화 등이 강하게 개입한다는 것이다. 이러한 맥락에서 벗어나 진지하게 자신을 성찰하는 행위가 바로 비판적 분석과 사고인 것이다.

2. 자료 활용의 방법

창의적 글쓰기를 시작할 때에는 자신이 쓰고자 하는 글감이 요구하는 정보를 생각해야 한다. 즉 자료에 대한 조사가 필요하다. 글을 잘 쓰기 위한 삼다(三多)의 방법이 있다. 다독(多讀), 다작(多作), 다상량(多想量) 중에서 다독(多讀)은 바로 자료의 중요성을 지적하는 말이기도 하다. 학생들이 글을 쓰다가 막히는 많은 경우는 바로 쓰다가 글의 재료가 없어지는 경우가 많아서이다. 이 경우 많은 사람들은 글쓰기를 그 지점에서 포기하게 된다. 예컨대 많은 학생들은 자기소개서를 쓸 때에도 쓸 것이 없어서 막히게 된다. 이것은 '나' 스스로도 나에 대해 모르고 있다는 의미이다. 사실 우리는 우리 자신에 대해 많은 부분을 알고 있다. 다만 그 자료가 정리되고 정제되지 않아 활용을 할 수 없는 것이다. 많은 사람들의 두뇌 속에 저장된 자료들은 체계적으로 되어 있기보다는 어지럽게 흩어져 있는 상태이다. 그래서 글을 잘 쓰기 위해서는 자료를 체계적으로 정리할 필요가 있다.

가장 먼저 글감에 대해 알고 있는 것의 목록과 모르는 것의 목록을 만든다. 특히 '모르고 있는 것들의 목록'은 매우 중요하다. 아래의 예시를 보자. 내가 쓰려고 하는 글의 의도를 '영화 〈다크나이트〉 같은 웰메이드 한류 영화를 만들어 보자'라고 가정하면 다음과 같은 목록표가 가능하다.

조사 전

* **내가 모르는 것:**

- 미국 흥행 최종 성적
- 미국 외 흥행 최종 성적
- 주연 배우에 대한 연기력 평가(헐리우드/한국)
- 미국 평론가들이 영화에 대해 평가한 것
- 미국 외 평론가들이 영화에 대해 평가한 것
- 한국 수출 영화의 현실
- 한국 영화 제작의 현실
- 헐리우드 영화 제작의 현실 등

* **내가 아는 것:**

- 〈다크나이트〉의 감독 필모그래피
- 〈다크나이트〉의 스토리
- 배트맨 영화임

조사 후

⋆ **내가 모르는 것:**

- 미국 흥행 최종 성적: 박스오피스 모조(Box Office Mojo) 조사
- 미국 외 흥행 최종 성적: 박스오피스 모조 조사
- 주연 배우에 대한 연기력 평가: 헐리우드/한국, 네이버/다음 영화게시판 댓글, IMDB(Internet Movie Database) 조사
- 미국 평론가들이 영화에 대해 평가한 것: IMDB, Megacritics 조사
- 미국 외 평론가들이 영화에 대해 평가한 것: 〈까이에 뒤 시네마〉, 〈키네마준보〉 조사
- 한국 수출 영화의 현실: 한국영화진흥원 사이트 조사
- 한국 영화 제작의 현실
- 헐리우드 영화 제작의 현실 등

⋆ **내가 아는 것:**

- 〈다크나이트〉의 감독 필모그래피: 전작과의 스토리적 연관성을 통해 감독의 스토리텔링 특성 파악 가능, 〈인셉션〉 〈메멘토〉 〈인썸니아〉 등을 볼 때 개인의 정체성에 대하여 무한한 관심 있음, 그러므로 정체성에 대한 얘기는 미국사람들에게 잘 받아들여질 수 있음
- 〈다크나이트〉의 스토리: 투페이스의 문제는 정체성에 대한 얘기이자 다크나이트라는 점
- 배트맨 영화임: 미국인이 대중적으로 알 수 있음

중요한 것은 우선 알고 있는 것부터 적는 것이다. 모르고 있는 정보는 이미 알고 있는 것들의 목록을 주의 깊게 읽다 보면 발견되는 경우가 많다. 또한 목록은 되도록 많이, 자세하게 적는다. 모르는 것에 대한 자료를 조사하다 보면 글쓰기에 많은 도움을 준다. 정직하고 열심히 자신이 모르는 것을 적는다. 다른 사람을 보여줄 것도 아니므로, 모르는 것을 꼼꼼히 적는다.

자료는 인터넷에서 찾는 경우가 대부분이다. 그때에도 방법이 있다.

➡ 인터넷 검색의 TIP

❶ 검색 엔진에서 "혹은" "제외하고" "그리고"로 검색하라. 모르면 검색엔진 사용법을 참고하라.

❷ 되도록 유명하고 신뢰성 있는 사이트를 찾아라. 생각보다 공공으로 얻을 수

있는 통계, 수치, 데이터가 너무 많다. 예를 들면, 대한민국 정부의 통계청이라든지 각 기관의 『백서』 등을 활용한다.

자료를 활용할 때에는 엄격한 윤리적 관점이 전제되어 있어야 한다. 영국의 작가 대니얼 디포(Daniel Defoe, 1660~1731)가 1719년에 발표한 장편 소설 『로빈슨 크루소』를 패러디한 『방드르디, 태평양의 끝』이라는 소설이 있다. 무인도에 표류했지만 역경을 딛고 자신만의 사회를 만들어가던 원작과 달리 이 소설의 로빈슨은 점점 비인간화 되어가는 모습으로 그려지고 있다. 결국 무인도에서의 구출을 점점 포기해 가던 로빈슨은 다음과 같은 자포자기적인 행동을 하기도 한다.

> 그는 먹을 것을 얻기 위한 노력은 아무것도 하지 않았다. 조개, 쇠비름 잎사귀, 고사리 뿌리, 코코아 씨, 양배추, 야자 순 등 손에 들어오는 것이면 아무 때만 먹었다. (중략) 그는 흘러가는 날수를 헤아리는 일을 게을리 했다. '버지니아호'가 침몰한 이후 얼마가 지났는지는 그를 구해 줄 사람들의 입을 통해서 직접 알 수 있을 테니까 말이다. 이렇게 하여 그는 며칠, 몇 주일 혹은 몇 달 동안 아무 일도 하지 않았다.
>
> —미셸 투르니에, 『방드르디, 태평양의 끝』 부분

밥을 먹기 위해 노력하고, 시간의 흐름을 헤아리는 일은 사회화된 인간으로서는 당연한 일이라 하겠다. 하지만 이 소설에서처럼 다른 사람이라곤 아무도 없는 무인도에서는 먹기 위한 노력이나 시간을 헤아리는 일과 같은 인간적이고 사회적인 행위를 지키는 일이 다 부질없는 일이 될 수도 있다. 무인도에서는 사실 인간적인 규범이나 규칙을 굳이 따를 필요가 없기 때문이다.

우리는 인간이 따라야할 규범이나 규칙을 우리는 윤리(倫理)라고 부른다. 동양에서 윤리라는 말은 일찍이 『예기』 「악기편(樂記篇)」에 나오는 말로 이는 인간이 서로 의존해 지켜야 할 질서를 뜻했다. 서양에서 윤리(ethics)란 말은 그리스에서부터 사용되어 왔다. 서양에서 윤리란 '올바른 존재 방식의 추구'를 뜻했는데, 바람직한 품성을 일컫는 말이었다. 따라서 윤리란 인간이 공동체를 이루기 위해 지켜야 할 질서 혹은 바람직한 성품 등을 의미한다 하겠다. 그렇다면 글쓰기에서도 윤리라는 것이 있을까?

'글쓰기에서의 윤리'란 무엇일까 생각해 보자. 간단히 말하자면 글쓰기에서의 윤리란 글을 쓰는 인간 공동체에서 지켜야 할 질서 혹은 바람직한 품성 정도가 아닐까 한다. 우리는 글을 통해 자신의 생각이나 감정을 '표현'한다. 그러나 자신의 생각이나 감정을 무인도에 사는 사람처럼 아무런 규칙을 따르지 않고 글로 표현한다면 글쓰기를 통한 의사소통의 공동체는 성립될 수 없을 것이다. 특히 대학에서의 글쓰기는 전문적인 지식의 영역에서 이루어지며, 다른 사람의 지식을 배우거나 인용하면서 이루어지는 일이라 더욱 글쓰기의 윤리가 필요하다.

대학에서 글쓰기는 자신의 생각만으로 이루어지지 않는다. 대학에서 우리는 전문 분야의 지식을 배우고 습득하는데, 이는 모두 해당 분야에서 오랫동안 축적되어 온 지식이다. 우리는 대학에서 과거에 축적된 지식을 배우고, 이를 바탕으로 새로운 지식을 만들어낸다. 따라서 대학에서의 글쓰기는 과거에 축적된 지식들에 자신의 생각이나 견해를 보태는 일이라 할 수 있다. 그러므로 대학에서의 글쓰기의 윤리란 자신의 글쓰기에서 과거에 축적된 지식에서 빌려온 내용과 자신의 보탠 새로운 내용을 잘 구분해 낼 수 있는 자세에서 비롯된다고 할 수 있다.

이렇듯 대학에서의 글쓰기를 통한 어떤 연구 결과이든 언제나 앞선 연구에 빚지고 있기 마련이다. 대학에서 연구의 결과를 타당성을 제대로 드러내려면 기존의 연구 결과들을 꼼꼼히 조사하고 정확히 분석하는 일이 선행되어야 한다. 그리고 보고서나 논문을 쓰면서 다른 사람의 생각이나 글을 참고하여 빌려 쓰는 경우 연구자는 적절한 대목에서 인용한 타인의 글이나 생각의 출처를 주석이나 참고문헌을 통해 철저하게 밝혀야 한다. 출판된 것이든 아니든, 글로 쓰여진 것이든 말로 된 것이든 반드시 인용표시나 저자 표시를 해야 한다. 또, 타인이 쓴 단어나 어구를 인용할 때, 타인의 생각, 의견 혹은 이론을 자신의 용어로 완전히 바꿔 썼다고 하더라도 반드시 출처를 밝혀야 한다. 통계자료나 예시자료를 빌려올 때에도 그 출처를 밝히는 것이 원칙이다. 이러한 윤리적 입장은 창의적 글쓰기의 경우에도 마찬가지로 엄격히 적용되어야 한다.

대학 글쓰기의 윤리에서 가장 부정적인 행위가 표절과 자료의 변조와 위조이다. '표절(plagiarism)'은 통상 라틴어 'plagiarius'에서 유래한 것으로 알려져 있는데, 이 말은 '노예도둑' 혹은 '아이들을 유괴하는 해적들'을 뜻했다. 농경 사회에서 노동력을 부를 결정하는 중요한 요인이었고, 개인의 사유 재산을 확대하는 데 필요한 노동력을 확충하기 위해 도입된 제도가 노예 제도였다. 따라서 노예 도둑이라는 의미가 담겨 있는 표절이라는 행위는 당시에 매우 큰 범죄로 간주되었음을 짐작할 수 있다.

6장에서 강조한 바와 같이 글쓰기에서 표절이란 타인의 아이디어나 글을 허락 없이 가져다 쓰는 행위이다. 다른 사람의 글에서 특별한 표현이나 아이디어를 출처를 밝히지 않은 채 무단으로 사용하면 표절에 해당한다. 최근에는 자료 조작 문제가 글쓰기의 윤리에서 많이 언급되고 있다. 자료의 조작에는 데이터의 위조와 변조가 있다. 위조는 의도적으로 속일 것을 전제로 없는 사실을 실제로 있는 것처럼 꾸미는 행위를 말하며, 변조는 실제 내용을 바꾸어 제시하거나 사실을 다르게 서술하는 것을 가리킨다. 글쓰기를 할 때 표절이나 자료 조작 등의 비윤리적인 행위를 하지 않도록 경계해야 윤리적인 학문 공동체를 지속시켜 나갈 수 있다.

실습 및 강평

※ 검색 엔진을 활용해 한 편의 글을 쓰기에 충분할 정도의 폭력 관련 자료를 수집해 보자.

3. 분석과 자료 활용의 에세이

우리는 어떤 대상에 대한 정보나 그에 관한 비판적 분석, 혹은 다양한 자료를 활용하여 나만의 글을 작성할 수 있다. 글쓰기라는 것은 무에서 유를 창조하는 것이지만, 사실은 기존의 자료를 나만의 방식으로 전유하거나 비판적으로 해석함으로써 자신만의 독창성을 형성하는 경우가 많다. 본 절에서는 간단한 예시자료를 감상해 보고, 그와 같은 형식으로 자신만의 짧은 에세이를 써 보는 시간을 갖기로 한다.

아프리카의 어느 부족은 너무 웃자라 불편하거나 쓸모없게 된 나무가 있을 경우 톱이나 칼로 잘라 버리는 게 아니라 온 부락민들이 모여 그 나무를 향해 크게 소리지른다고 한다. 예컨대 "너는 살 가치가 없어!", "나는 널 사랑하지 않아!", "너는 왜 그렇게 사니?", "차라리 죽어 버려" 등 이렇게 나무가 들어서 가슴 아파할 말을 계속하면 정말 나무가 시들시들 말라 죽어 버린다는 것이다.

나의 변변찮은 과학 지식으로도 문자 그대로 믿기에는 좀 뭣한 이야기지만, 말 한마디가 생명을 좌우할 만큼 폭력적일 수 있고, 그만큼 깊은 상처를 줄 수도 있다는 말일 게다. 신체적인 상처는 세월이 가면 어느덧 딱지가 앉고 아물지만, 마음의 상처는 10년, 아니 20년이 지나 아물었는가 싶으면 다시 도지고 덧이 나 피를 줄줄 흘리기 때문이다.

그런 줄 알면서도 우리는 살아가면서 자주 남의 마음을 아프게 한다. 어떤 때는 무심히 내뱉은 말이 비수가 되어 상대방의 가슴에 꽂히기도 하고, 또 어떤 때는 일부러 남에게 못할 말을 하고 나서 두고두고 후회하기도 한다. 그런데 어떤 사람들은 고의적으로 그런 가해자가 되고도 후회는커녕 오히려 상대방이 아파하는 것을 은근히 즐기는 듯하다.

우리 집 근처에서 구멍가게를 하는 김씨 부부에게는 열서너 살 정도 된 외아들이 있다. 이름이 재형이인 그 아이는 정박아여서 대여섯 살 정도 어린애의 지능밖에 갖고 있지 않다. 그래서 걸핏하면 동네 꼬마들의 놀림감이 되거나, 어른들도 돌아서면 손가락질하고 재미거리로 말하기 일쑤이다.

그걸 아는지 모르는지 재형 엄마는 어디를 가나 '우리 재형이가'로 말 문을 열고 재형이가 하는 일이면 무슨 일이든 대견해 하고 기특해 한다. 어쩌다 가게에 들어가면 내 직업을 아는 재형 엄마는 꼭 대학에 관한 질문을 한다.

"지금 퇴근하세요? 대학 보내려면 돈 많이 들지요"라든가 "어떻게 영어를 가르치는 게 좋은가요?" 등등 내가 보기에도 가당찮은 질문을 천연덕스럽게 하곤 한다. 그런 그녀가 처음엔 좀 귀찮고 이상하게 여겨졌지만, 그것이 그녀가 갖고 있는 비현실적인 '꿈'이 아니라 언젠가는 반드시 실현시키고야 말 실제적인 '계획'이라는 것을 알게 된 이후로는 나름대로 성의껏 대답해 준다.

그녀는 언젠가는 재형이가 마치 잠에서 깨어나듯 머리가 깨어 일반 고등학교에도 가고 대학교에도 갈 수 있으리라는 것을 전혀 믿어 의심치 않는 듯, 교육 보험에도 들고 영어 카세트나 문학 전집 같은 것도 들여 놓는다.

오늘 오후, 나는 음료수를 사기 위해 '재형슈퍼' 앞에 차를 세우는 중이었다. 중년 남자 셋이 가게 밖의 간이용 탁자에 앉아 술을 마시고 있었다. 그들은 재형이를 앞에 세워 놓고 무슨 말인가를 하고 있었다. 부동자세로 꼿꼿이 서 있는 재형이의 표정이 너무 굳어 있어 나는 차 안에서 그들의 대화를 엿들었다.

—장영희, 「개 바보지요?」 부분

이 글의 서두에 등장한 아프리카 부족은 독특한 방식으로 나무를 제거한다. 이러한 신선한 자료를 찾기 위해서는 치밀하고도 꾸준한 자료 조사를 해야 한다. 그리고 그 관점 역시 다양하게 볼 필요가 있다. 식물도 인간의 말을 알아듣는다는 것을 보여줄 수도 있고, 말의 힘이 가지는 폭력성을 의미할 수도 있다. 필자는 '말의 폭력성'에 초점을 맞추어 바라본다.

이와 같이 조사한 자료를 글에 활용하기 위해서는 자신만의 관점을 통해 자료에 접근하는 방식이 필요하다. 그러나 너무 새로운 자료에 집착할 필요는 없다. 널리 알려진 내용이더라도 그것을 어떤 관점에서 접근하느냐에 따라 그 의미가 변화하기 때문이다. 결국 자료 활용에서도 객관화를 통한 비판적 분석이 요구된다.

그렇다면 우리도 스스로 자료를 찾고, 이를 활용하여 간단한 에세이를 작성해 보자. 먼저 2절에서 예시된 양식에 따라 자유롭게 선택한 주제에 대한 '모르고 있는 것들의 목록'을 작성하고 비판적 분석 또는 자료 활용의 결과지를 만들어 보자.

조사 전

* **내가 모르는 것:**

•

•

•

•

•

•

•

•

* **내가 아는 것:**

•

•

•

조사 후

* **내가 모르는 것:**

•

•

•

•

•

•

•

•

* **내가 아는 것:**

•

•

•

에세이나 칼럼은 우리가 일상생활 속에서 볼 수 있는 전형적인 글의 유형에 해당된다. 일상생활 속에서 볼 수 있다는 의미는 우리 주변에서 쉽게 접할 수 있다는 말과 같다. 어느 신문 매체를 보더라도 칼럼 혹은 에세이 형태의 글이 수록되고 있다. 서점이나 도서관에서 접하게 되는 수많은 단행본, 즉 책의 형태 중에는 에세이 성격을 지닌 것들이 무수히 많다. 그런 만큼 우리들의 삶과 밀접한 형태의 글에 해당될 것이다.

표준국어대사전에 따르면 칼럼(column)이란 "신문, 잡지 따위의 특별 기고. 또는 그 기고란. 주로 시사, 사회, 풍속 따위에 관하여 짧게 평을 한다."고 정의된다. 예문으로 "권두 칼럼", "그는 지방 신문에 칼럼 같은 걸 기고하고 있었는데 나는 그의 글을 몇 안 읽고도 쉽사리 그에게 반하고 말았다.(『박완서, 부끄러움을 가르칩니다』)" 등이 있다.

에세이(essay)는 "일정한 형식을 따르지 않고 인생이나 자연 또는 일상생활에서의 느낌이나 체험을 생각나는 대로 쓴 산문 형식의 글. 보통 경수필과 중수필로 나뉘는데, 작가의 개성이나 인간성이 두드러지게 나타나며 유머, 위트, 기지가 들어 있다."고 정의되어 있다. 수필의 다른 말이기도 하다. 수필 개념이 들어간 예문으로는 "왜 그러냐 하면 그의 소설에 있어 매력 있는 모든 것은 이미 이 짧은 에세이들 가운데 움트고 있기 때문이다."(『이양하, 이양하 수필선』) 등이 있다. 에세이의 또 다른 의미로는 "주로 무거운 내용을 담고 있는 논리적이고 객관적인 수필. 비개성적인 것으로, 비평적 수필·과학적 수필 따위가 있다."는 정의도 볼 수 있다. 이는 중수필의 다른 말에 해당된다.

위와 같은 사전적 정의를 참조하자면 에세이는 칼럼을 포함하는 보다 광의의 개념으로 볼 수도 있다. 필자의 생각을 특별한 형식적 강제 없이 자유롭게 쓴 글을 통상 에세이라고 부르고, 그것을 신문이나 잡지와 같은 매체의 기고란에 게재하는 형식을 칼럼으로 부르는 것으로 볼 수 있기 때문이다. 칼럼이나 에세이는 공통적으로 필자의 생각을 객관적인 줄글 형태로 재현한다는 공통점으로 지닌다.

우리는 컴퓨터나 휴대폰 등을 활용해 지금 이 시간에도 생산되고 있는 다양한 칼럼과 에세이 종류의 글을 확인할 수 있다.

13일 폐막된 글래스고 유엔 기후회의가 실패라는 평가를 받았다. 중국·러시아·인도·브라질 등 거대 배출국의 2030년 감축 목표를 강화시키는 것이 핵심이었는데 거의 외면당했다. 1년 뒤 이집트 회의를 다시 기약하기로 했다. 매년 기후회의의 가장 중요한 성과는 다음 해 일정 잡기라는 말이 있다. 비슷하게 됐다. 알록 샤르마 기후회의 의장은 폐막 때 "일이 이런 식으로 된 걸 사과한다"고 했는데, 영상을 보면 고개를 숙이면서 울컥하는 장면이 나온다.

그렇더라도 유엔 기후회의는 정말 귀중한 제도 자산이라는 생각이 든다. 세계 120국 정상이 모였고, 197국 대표들이 2주간 지구 기후를 살려내기 위해 머리를 맞댔다. 모든 참가국의 입장을 사전 조율하고, 차이를 좁히고, 설득해가면서 80여 개 항목 하나하나의 문안을 완성해가는 작업이다. 매년 해왔고 올해 26번째다. 이런 기회 아니면 태평양, 히말라야, 아프리카 소국들이 자기 주장을 세계에 알리는 것이 가당키나 했겠나. 기후 위기의 주목도 역시 크게 높여놨다. 기후회의와 별도로 유엔 기후과학기구(IPCC)는 수천 쪽 보고서를 5~7년 간격으로 내놓고 있다. 세계 3000

명 넘는 전문가들이 자원봉사로 참여한다. 위기 현황, 미래 전망, 해결책 등에 관한 과학적 식견을 주기적으로 갱신하고 있다. 기후회의가 그 보고서를 토대로 논의를 진행한다. 30년 전 선각자들이 설계한 '연례 기후회의+주기적 기후 보고서'라는 제도 인프라 덕분에 세계가 그래도 한 발짝씩 내딛고 있다.

—「[한삼희의 환경칼럼] 세계가 한 배 탔지만 나라마다 선실은 다르다」 부분, 『조선일보』 2021년 11월 17일

2022년 대학수학능력시험 생명과학II 문항 덕분에 '하디–바인베르크 평형 원리'가 온 세상을 시끄럽게 했다. 이상적인 조건하에 생명체 집단의 유전적 특성의 분포가 세대를 거치면서 변하지 않는다는 원리이다. 19세기 중반에 이루어진 멘델의 실험이 이론의 시작점이다. 그는 다량의 녹색 완두콩과 황색 완두콩을 같은 비율로 교배했을 때 차세대 콩이 전부 황색임을 관찰한 뒤 그들끼리 또 임의로 번식시키면 그 다음 세대에 다시 녹색 콩이 나타나는 것을 알아냈다. 그런데 3:1 비율로 황색 콩이 여전히 더 많고, 그 뒤로도 세대마다 집단의 크기가 커지든 작아지든 3:1 비율이 계속 유지된다. 이런 비율의 불변성이 여기서 말하는 '평형'의 의미이다.

이 현상에 대한 설명은 많은 생물의 유전자가 쌍으로 작용한다는 데서 찾을 수 있다. 부모로부터 하나씩 물려받은 유전자의 쌍이 황-황, 황-녹, 녹-황일 경우에는 겉으로 황색으로 표현되고 녹-녹 쌍만 녹색으로 나타나기 때문에 비율은 3:1이 된다. 두 '대립 유전자' 중에 황색이 '우성'이라는 개념이 여기서 나타난다. 조금만 더 복잡한 계산을 하면 이 비율이 그 뒤로도 변하지 않음을 확인할 수 있다. 하디-바인베르크의 계산은 현대적 의미의 유전자 개념이 명확하게 확립되기 전 시대에 멘델의 발견과 다윈의 진화론을 융합하는 과정에서 결정적인 역할을 했다.

—「[김민형의 여담] 하디–바인베르크 평형의 문화적 배경」 부분, 『한겨레』 2022년 1월 12일

윗글은 우리나라의 대표적인 일간지에 수록된 칼럼의 사례이다. 인용된 부분은 각 칼럼이 시작되는 두 개의 단락이다. 내용을 보면, 공통적으로 당대 시사적인 이슈나 사회적 사건을 소재로 하여 관련된 사실을 소개하며 시작된다. 단지 사실을 요약하여 나열하는 것이 아니라 그와 관련된 집필자의 의견을 전개해 나갈 것이 예측되고 있다. 이처럼 칼럼이나 에세이는 많은 사람들이 관심을 지닐 법한 소재나 그 밖에 집필자가 잘 알고 있는 내용을 소재로 하여, 그와 관련된 사실을 소개하고 나아가 그것에 대한 글쓴이의 입장을 전개하는 식의 구조를 대개 지니게 된다.

대학생으로서 칼럼과 에세이를 비롯하여 창의적인 글을 쓰는 과정을 이해하

는 것은 매우 중요한 소양이다. 대학생이라면 전공을 불문하고 자신의 생각과 지식을 객관적인 글의 형태로 재현할 수 있어야 한다. 이를 위해서는 우선 칼럼과 에세이 등에 대해서 자기 스스로 이해하고 그 감각을 익혀야 한다. 글쓰기라는 것은 어떤 이론을 암기하여 풀 수 있는, 정답이 정해진 문제가 아니다. 따라서 무엇보다도 칼럼과 에세이에 대해서 정서적으로 공감할 수 있어야 한다. 이를 '감각적 체현'의 과정이라고도 부를 수 있겠다. 칼럼이나 에세이가 무엇인지 몸으로 느낄 수 있기 위해서는 다른 사람의 글을 반복해서 읽어 보는 것이 매우 중요하다. 다양한 주제에 대한 칼럼과 에세이를 읽어 보고, 나아가 자신의 생각을 바탕으로 관련 종류의 글을 써 보는 연습을 수행해 보자.

실습 및 강평

※ 본문의 실습 활동으로부터 얻어진 결과물을 바탕으로 A4 1쪽 분량의 에세이를 작성해 보기로 한다. 주의할 것은 자신이 검색한 자료를 그대로 인용하지 말고 자신만의 방식으로 활용하도록 노력해야 한다는 점이다. 기존의 정보가 나의 입장에서 어떻게 비판적으로 재해석될 수 있는지, 내가 찾은 정보를 통해 나는 무엇을 추가로 이야기할 수 있는지 등에 주의하며 한 편의 짧은 에세이가 될 수 있도록 작성해 본다.

- 제목:
- 성명:
- 본문:

제 12 장 주제별 발표와 토론 1: 발표의 유의 사항

- 1. 발표 요소와 유형
- 2. 발표 준비
- 3. 발표 방식과 유의 사항

1. 발표 요소와 유형

본 장은 학생들이 발표를 준비하는 과정에서 주의해야 될 점을 소개하기로 한다. 이론적, 실무적 참조점이 될 것이다. 발표와 토론을 준비하는 과정에서 참고하면서 실제 발표와 토론을 진행해 보는 것이 중요하다. 14장에 제시될 프레젠테이션의 이해와 더불어 발표에 있어서 주의해야 할 점은 무엇인지 이해하도록 하자.

발표란 다수의 청자에게 화자가 정보나 의견 전달을 목적으로 하는 공식적인 말하기이다. 과거에는 발표라 하면 으레 연설을 떠올렸지만, 지금은 다양한 형태와 포괄적 의미를 지닌다. 웅변처럼 단순히 말 잘하기를 목적으로 하지 않는다. 타자와의 상호 작용에 초점을 둔다. 이는 화자가 메시지를 청자에게 일방적으로 전달하는 것이 아니라, 상호 작용이 이루어지도록 효과적인 방법을 구사해야 한다는 의미이다.

현대 사회에서 소통은 사회 구성원이라면 누구나 겸비해야 할 덕목이다. 정치인이나 기업가, 일반 조직의 리더뿐 아니라 21세기를 사는 우리에게 소통은 생존을 위한 가장 중요한 화두이다. 소통이 강조되는 것은 우리 사회가 다원화, 전문화됨에 따라 더 많은 차이가 발생하고, 사회 구성원이 서로의 손익에 따라 이합집산하며 갈등을 유발하기 때문이다.

이상적인 의사소통은 화자와 청자가 상호 교섭할 때 실현된다. 이것은 잘 듣고 말할 때 가능하다. 듣지 않고 말하기만 한다면, 우리는 상호 이익에 따라 서로에게 명령과 복종을 강요하며 갈등의 악순환을 반복할 것이다. 잘 듣고 화자와 청자가 의미를 공유하고, 차이의 인정과 갈등 해소를 통해 협력적 이해관계를 만들어 가는 것이 이상적 의사소통의 지향점이다.

의사소통 측면에서 발표는 다분히 말하기의 기술적인 측면을 강조하는 것으로 보인다. 물론 앞서 언급했듯, 발표의 목적은 달변이 아니다. 우리에게는 자기 분야에서 성공한 사람이나 이색 경력의 소유자의 말을 신뢰하고 들으려는 경향이 있다. 자신의 분야에서 최고가 된 사람에게는 남다른 노력의 과정, 이야기가 있기 마련이다. 우리가 그들에게 귀를 기울이는 것은 그들이 체득한 유익한 정보와 깨달음, 그 이야기를 공유하고자 하기 때문이다. 그래서 훌륭한 화자는 청자에게 울림을 주어 공감과 질문을 유발한다. 발표는 화자 밖으로 나간 메시지가 청자를 경유해 다시 화자에게 되돌아올 때 비로소 완성된다.

방송에서 서구권의 강의실이나 시민 인터뷰를 본 적이 있을 것이다. 조용한 우리나라의 강의실과는 달리, 그들은 자신의 의견을 논리적으로 침착하게 말한다. 왜 이러한 대조적인 현상이 발생할까? 가부장제 전통과 군사 정권은 우리에게 '침묵은 금이다'를 미덕으로 가르쳤다. 입시 위주의 교육은 발표 수업의 경험을 일천하게 만들었다. 타인의 시선이 두려워서 하고 싶은 말이 있어도 자기 검열로 침묵하거나 획일화된 의견을 제시한다. 이런 환경에서 침묵은 어느새 우리에게 내면화되었다. 우리가 발표를 어려워하는 것은 개인의 능력보다는 사회문화적인 요인이 더 큰 셈이다.

인간의 인지 능력은 보고 듣고 생각하고 말하게 프로그램되어 있다. 사회적 동물로서 타인과 관계를 형성하며 살아가기 위해서는 잘 듣고 말하는 능력이 매우 중요하다. 태어날 때부터 말을 잘하는 사람은 없다. 침묵하는 환경에서 살아왔을지라도 꾸준히 연습한다면, 잠재된 인지 능력이 깨어나 누구나 많은 사람 앞에서 발표를 잘할 수 있다.

1) 발표 요소

발표의 중요 요소로는 화자·청자·내용·상황이 있다.

아리스토텔레스는 화자가 청자를 설득하기 위해 갖추어야 할 세 요건으로 에토스(Ethos), 파토스(Pathos), 로고스(Logos)를 들었다. 에토스는 인격, 파토스는 감정, 로고스는 이성에의 호소를 의미한다. 다시 말해, 에토스는 화자에 대한 청자의 신뢰감, 파토스는 청자를 감성적으로 설득하는 방식, 로고스는 화자가 자신의 의견을 증명하는 논리력이다. 아리스토텔레스에 따르면 '좋은 말하기'란 인격적으로 신뢰할 수 있는 화자가 상황에 맞는 감성의 틈을 비집고 들어가 자신의 의견을 청자에게 논리적으로 전달하는 것이다.

2) 발표 유형

일상적 말하기는 상황·관계·장소를 고려해 목적에 따라 설득, 정보 전달, 친교로 구분된다. 발표도 이와 유사하게 설득적, 정보 전달적, 의례적 발표로 나뉜다.

설득적 발표는 청중의 생각과 행동의 변화를 유도하기 위한 것으로 연설, 판매, 투자 유치 등이 있다. 정보 전달적 발표는 청중에게 지식을 전달해 어떤 대상이나 사실의 이해를 돕는 데 목적이 있다. 강연, 시연, 브리핑 등이 이에 해당한다. 의례적 발표는 행사나 모임에서 친목을 다지고 공감대를 형성하기 위한 것으로 축사, 조사, 격려사, 소감 등이 있다. 의례적 발표는 주로 행사장에서 하므로 내용과 형식이 유형화되어 있다.

일상적인 말하기와 마찬가지로, 모든 발표를 이상의 세 유형으로 명확히 구분할 수 있는 것은 아니다. 판매를 위한 설득적 발표에 상품에 대한 정보 전달이 가미될 수 있고, 창사 기념식의 축사에 회사의 새로운 비전과 변화를 촉구하는 설득적 요소가 포함될 수도 있다. 세 유형은 정도의 문제로서 상호보완적으로 사용된다는 것을 기억하자.

2. 발표 준비

1) 주제와 목적 설정

'무엇을 왜 발표하는가?' 주제와 목적에 대한 분석은 좋은 발표를 위한 초석이다.

발표 대상에 해당하는 주제는 화자와 청중의 능력, 상황을 고려해서 선정하되, 범위를 최대한 한정해야 한다. 글쓰기와 마찬가지로 포괄적인 주제를 선택하면, 구체성이 떨어져 전달 내용이 불투명해지고, 식상한 이야기가 되기 쉽다. 한정된 주제만이 발표에 구체성과 특성을 부여한다.

발표의 목적은 청자로부터 일정한 반응을 얻는 것이다. 정보 전달은 청자로부터 지적 반응을, 유대감·감동·유희는 정서적 반응을, 설득은 지적, 정서적 반응을 기대할 수 있다. 이상은 발표 성격을 규정하는 개괄적 목적이다. 개괄적 목적을 주제와 연관해서 문장으로 기술한 것을 구체적 목적이라 한다.

주제 선정 뒤에는 그에 부합하는 목적을 설정하고, 중심 생각을 하나의 문장으로 완성해서 주제문을 만든다. 글쓰기와 마찬가지로 주제는 화자가 의도하는 무엇으로서 명사구 형태로, 주제문은 화자의 관점과 의견이 명확히 드러나도록 명제 형식의 문장으로 작성해야 한다.

학교에서 발표는 대개 과제로 주어진다. 발표가 수업 안에 포함되어 있으므로 앞서 언급한 목적과 성격을 달리한다. 학습자의 생각을 전달하고 이해하는 능력을 기르는 데 목적이 있다. 거창한 주제를 선택해야 한다는 부담감 대신, 자신이 소화할 수 있는 작은 주제를 찾아서 연습하는 마음으로 임하는 것이 좋다.

예시 1

주제	수강 신청
개괄적 목적	정보 전달
구체적 목적	신입생에게 수강 신청 과정을 이해시킨다.
주제문	성공적인 대학 생활은 자신에게 필요한 강의 분석과 수강 신청에서 시작된다.

예시 2

주제	대학의 군대 문화
개괄적 목적	설득
구체적 목적	대학에 스며든 군대 문화의 폭력성과 복종 강요를 학우들에게 이해시키고, 자유와 평등을 바탕으로 한 대안 문화의 필요성을 인식시킨다.
주제문	상명하복의 군대 문화는 대학의 자유로운 이성적 사유를 억압하고 폭력과 복종을 강요하기 때문에 배격해야 한다.

예시 3

주제	영화 〈1987〉의 이한열 열사 추모
개괄적 목적	공감
구체적 목적	고(故) 이한열 열사의 죽음과 시대적 상황을 학우들과 되새긴다.
주제문	시대의 아픔과 사회 문제에 침묵하지 않고 온몸으로 말한 이한열 열사의 정신은 현재는 물론 미래에도 이어져야 할 청년 정신이다.

2) 청중과 상황 분석

잘 듣는 청중이 있어야 좋은 발표가 되는 법이다. 경청 유도는 청중 분석에서부터 시작한다. 청중의 특성에 따라 자료 선별과 내용 구성이 달라지기 때문이다. 성별과 연령대, 교육 수준과 직업, 정치적 성향과 종교 등을 충분히 고려해야 발표를 원활히 할 수 있다.

상황은 분위기, 기자재, 날씨, 시간, 장소와 같이 폭넓은 발표장 환경을 말한다. 부수적으로 보이지만, 화자와 청자와 내용을 감싸는 외피로서 그 중요성을 간과해서는 안 된다. 발표 전에 반드시 상황을 점검해야 돌발 상황을 줄일 수 있다.

강연처럼 발표 의뢰가 있는 경우에는 의뢰처에 청중과 상황을 문의하면 된다. 학교에서의 발표는 선생님과 학우를 대상으로 하는 것이니, 강의 특성과 강의실을 파악해서 준비하면 된다.

3) 자료 수집

내용이 충실한 발표인지 아닌지는 자료 수집에 달려 있다. 자료 수집은 어떤 자료를, 어디에서 구해, 어떻게 정리하느냐의 과정이다.

청중에게 어떤 반응을 기대하는가에 따라 자료 선택은 달라진다. 정보 제공을 목적으로 할 때는 새로운 정보를 줄 수 있는 최신 자료를, 공감과 유희가 목적일 때는 감정에 울림을 줄 수 있는 자료를, 설득이 목적일 때는 주장을 뒷받침할 수 있는 타당한 근거를 확보해야 한다. 발표 목적에 따라 다음과 같은 자료가 주로 쓰인다.

목적	자료
정보 전달	사실, 해설, 학설, 수치, 통계, 연구 결과
공감, 유희	경험, 명언, 전기(傳記), 예술, 주인공 사진
설득	사실, 학설, 수치, 통계, 연구 결과, 경험, 명언, 전기

이상의 자료는 편의상 분류한 것이다. 발표 유형과 마찬가지로 정도의 문제로서 각 자료는 목적에 따라 상호보완적으로 사용된다.

일반적인 자료 수집 경로는 책과 인터넷이다. 발표자의 경험과 가치관, 신념이나 지식도 자료의 일부이다. 현장 조사, 방송 자료, 인터뷰도 가치가 있다.

많은 학생이 인터넷의 지식인이나 블로그에서 자료를 수집한다. 책을 보는 것보다 이 방법이 편하겠지만, 실력이 없는, 신뢰할 수 없는 사람이 되는 지름길이다. 학생 수준에서는 인터넷 자료의 신빙성을 검증하는 능력이 부족하다. 공신력 있는 기관의 사이트가 아니라면, 책에서 자료를 찾는 것이 바람직한 학습법이다. 공부는 어려운 과정에서 이뤄진다는 것을 기억하자. 도서관에는 오늘도 수많은 책이 독자를 기다린다.

다음은 발표를 위한 작업 준비 일지인데, 자료 수집에 많은 도움이 된다.

작업 준비 일지

⋆ **발표 주제:**

⋆ **발표 제목:**

⋆ **발표 목적:**

⋆ **발표 상황 분석**

- 예상 참가자 수:
- 날짜 및 시간:
- 원고 마감일:
- 원고 형식: 논문식, 화제식
- 유인물 형식:
- 담당자: 전화 번호, 이메일 주소, 팩스 번호
- 발표 장소:
- 발표 장소 분위기: 공식적, 비공식적
- 시청각 기자재: 마이크, 모니터, OHP, 빔프로젝터, 스피커, 컴퓨터

⋆ **청중 특기 사항**

- 연령대:
- 직업군:
- 교육 정도:
- 관심 영역:
- 기타 유의 사항:

—임칠성 외, 『말꽝에서 말짱되기』 부분

4) 개요 작성

자료 선정 뒤에는 주제와 목적 설정을 바탕으로 개요를 짠다. 개요 작성에서 가장 중요한 것은 각 부분이 유기적으로 연결되어 전체를 구성해야 한다는 점이다. 글쓰기 개요 작성과 유사하다. 일반적으로 도입·전개·결론으로 나뉘는데, 각 부분의 구성 요소들은 하나의 주제로 수렴되어야 한다. 도입에서는 청자의 관심을 유도하며 주제를 소개하는 데 초점을 둔다. 전개에서는 주제를 뒷받침하는 요점을 두세 개 정도 나열하고 근거를 제시한다. 결론에서는 핵심 내용을 요약하거

나 청중에 대한 기대를 드러내며 실천적인 행동을 촉구한다. 이와 같은 흐름을 간략하게 정리하면 개요가 되고, 문장으로 서술하면 발표문이 된다. 이상을 요약하면 다음과 같다.

개요 작성법

1. 주제, 개괄적 목적, 구체적 목적, 주제문 작성
2. 주제를 부각시키는 핵심 요점(주장) 2~3개 선정
3. 핵심 요점을 뒷받침하는 근거 마련
4. 2와 3을 도입과 결론 사이에 포함관계, 혹은 인과관계에 따라 배치
5. 참고 문헌

발표는 한정된 시간 속에서 진행된다. 아무리 자료와 할 말이 많더라도 제한된 시간 속에서는 대부분 버려야 할 것들이다. 개요는 자료에 대한 과욕을 막아주며 적절한 시간 안배를 가능케 한다. 주제와 목적에 가장 적합한 자료와 내용을 고르고 나머지는 과감히 버리는 것도 발표에서는 미덕임을 잊지 말자.

발표 내용을 조직하는 방법은 아래와 같이 크게 여섯 가지로 나뉘는데, 역시 배타적 관계가 아니라 상보적 관계임을 기억하자.

내용 조직 방법

구분	내용
시간적 방법	발생 순서에 따라 배열 경위 설명에 적합
공간적 방법	사물 구조 설명에 적합
논리적 방법	원인과 결과를 따지며 배열 주장을 논리적으로 전개하는 데 적합
난이도별 방법	쉬운 것에서 어려운 것 순으로 배열 복잡한 원리를 설명하는 데 적합
점층식 방법	불명료한 것에서 명료한 것으로, 덜 중요한 것에서 더 중요한 것으로 배열 청자의 긴장을 고조시키는 데 적합
문제 해결식 방법	문제 제기를 하고, 해결책이나 대안을 제시하는 구성 논리적인 설득으로 문제를 해결하는 데 적합

다음은 지금까지 설명한 것을 바탕으로 짜 본 설득적 발표의 개요이다.

문장식 개요

- 주제: 통학 버스 이용 문제
- 개괄적 목적: 설득
- 구체적 목적: 통학 버스 이용 문제를 학우들에게 알리고 개선 필요성을 인식시킨다.
- 주제문: 현재 통학 버스 운행의 문제점을 공론화해서 학생 중심의 운행 체제로 바꿔야 한다.

I. **도입**

현재 통학 버스 운행은 학생 중심이 아니라 버스 회사 중심이다.

II. **전개**

① 현행 통학 버스 운행은 우리에게 많은 불편을 안긴다.

a. 등교 시, 1교시보다 한 시간 이상 일찍 학교에 온다.
b. 버스 안에 음악이나 방송을 틀어 놓는다.
c. 하교 시, 출발 시간이 지켜지지 않거나, 탑승할 때 밖에서 오랫동안 기다려야 한다.
e. 불친절하다(반말, 무응대, 말하지 않으면 무정차).
f. 즐거워야 할 통학 시간이 피곤과 불쾌로 얼룩져 수업 시간에 졸기 일쑤이다.

② 즐거운 통학 환경이 되도록 다양한 방법을 모색해야 한다.

a. 학생회는 공청회를 열어 학우들의 관심을 유도하고 의견을 수렴한다.
b. 학생회는 개선안을 학교와 버스 회사에 요구한다.
c. 학우 개개인이 관심을 두고 불편한 사항이 있으면 언제든지 버스 기사에게 요구한다.

III. **결론**

피곤하고 불쾌한 통학 환경은 학습 능력을 저하시키므로, 즐거운 통학 환경이 되도록 학우들의 의견을 결집해 학교와 버스 회사에 문제점을 알리고 개선을 요구해야 한다.

도입은 통학 버스가 학생이 아니라 회사 중심으로 운행된다는 주장(문제 제기)이다. 전개 ①에서는 도입의 주장을 뒷받침하는 사례(근거, 문제점)를 들고 있고, ②에서는 대안을 제시한다. 결론은 내용 요약과 행동 촉구로 구성되어 있다.

5) 발표문 작성

도입은 발표 인상을 결정하는 단계로서 네 가지 목적을 수행해야 한다. 청중의 관심 유발, 주제 드러내기, 내용 개괄, 주제의 중요성과 청자와의 관련성 강조이다. 특히 중요한 것은 주제를 명확히 하고, 내용을 개괄해 주는 것이다. 이것은 청중에게 목적지를 알려 주고 그곳에 가는 지도를 주는 것과 같다. 발표자와 청자의 공감대 형성, 주제와 관련된 유머와 일화는 청중의 관심을 유발하는 데 도움이 된다. 도입은 전체 발표의 10~20% 정도가 좋다.

전개는 본격적으로 내용을 진술하는 부분으로서 핵심 요점과 근거로 이루어진다. 요점은 발표자의 주장이나 설명인데, 도입에서 개략적으로 제시한 주요 내용을 구체화한 것이다. 근거는 뒷받침 자료로서 요점에 타당성을 부여해 설득력을 강화한다. 내용은 앞서 살펴본 6가지 조직 방법 중에서 주제와 목적에 적합한 것을 선택해 구성한다. 분량은 전체 발표의 70~80% 정도로 한다.

결론은 발표의 성공과 실패에 큰 영향을 미친다. 청중의 행동과 의식에 변화를 가져오고, 발표 내용을 기억하게 하는 것은 대개 결론에서 좌우되기 때문이다. 청중이 마지막까지 집중할 수 있도록 강렬한 인상을 주며 마무리해야 한다. 내용 요약정리, 호소나 촉구, 미래에 대한 전망, 감동적인 일화 제시는 좋은 인상을 남기는 데 도움이 된다.

발표문은 '읽기' 위한 글이 아니라 청중에게 '들려주기' 위한 글이다. 생동감 있는 구어체를 사용해서 간결하면서도 명료한 문장으로 작성하는 것이 좋다. 더불어 각 요소 간의 관계를 명확히 해서 내용에 일관성을 부여하고, 진행 과정을 알려 주는 연결사를 적절히 사용하면 청중이 내용을 이해하는 데 도움이 된다.

연결사 종류

- 화제의 시작과 전환: 지금부터, 지금까지, 이제는, 또 다른 부분은, 나아가

  예) 지금까지는 안락사의 종류에 관해 이야기했고, 이제부터는 안락사 합법화의 부작용에 대해 말씀드리겠습니다.

- 순서 나열: 첫째·둘째·셋째……, 다음에는, 이어서
- 주요 개념 강조: 가장 우선적으로, 가장 중요한 것은, 무엇보다도
- 부연: 부연하자면, 즉, 곧, 예를 들면, 달리 말해
- 내용 요약: 짧게 정리해 보면, 지금까지의 말씀을 요약하자면, 결론적으로

불필요한 표현

★ **바이 바이 접속사**: "'그런데' '따라서' '그리고'는 '그러니까' '또한' 필요 없습니다."

글을 쓸 때 우리는 접속사를 남발한다. 논리적으로 내용을 전개하는 데 자신이 없기 때문이다. 발표문 또한 글이기 때문에 자기도 모르는 사이에 접속사를 남용하기 쉽다. 발표문이건 일반적인 글이건, 작성한 뒤에 접속사를 모두 삭제해 보자. 내용 연결에 이상이 없다면 불필요한 것이다. 내용 전개가 이상하다면, 대개 접속사 문제가 아니라 무관한 내용을 서로 연결했거나 부연이 필요한 부분이다. 접속사 남용은 비논리로 가는 지름길임을 명심하자.

★ **나를 신뢰하지 마세요**: "'다른 이야기이지만', '어쨌든'이 '아무튼'보다 좋은 것 '같습니다'."

우리는 위와 같은 표현으로 곧잘 주제에서 벗어나거나 논거가 없는 이야기를 하곤 한다. 이것은 내용의 일관성과 통일성을 해쳐 역시 비논리로 가는 지름길이다. '같다, 생각하다, 느끼다'도 마찬가지이다. 자신의 생각과 느낌을 '같다'로 추측해서 표현하는 것은, 자기 생각을 모른다는 것이다. 예컨대, "그 영화 재미있는 것 같아요"가 아니라 "그 영화 재미있어요"라고 표현해야 한다. 생각과 느낌을 표현하면서 '생각한다, 느낀다'로 서술하는 것은, 마치 노래를 하며 "지금 우리는 노래하고 있습니다"라고 말하는 것과 같다. 청자에게는 자칫 객관성이 결여된 주관적 견해로도 비칠 수 있다. '-이다'로 끝나는 명확한 명제 형식의 문장을 쓰도록 하자.

3. 발표 방식과 유의 사항

1) 발표 방식

발표 방식은 주제와 청중, 행사의 성격에 맞춰 선택한다. 원고 사용법에 따라 즉흥적인 방법, 원고를 간략히 메모해서 하는 방법, 전문을 읽으면서 하는 방법, 모든 내용을 외워서 하는 방법으로 나뉜다. 메모 방식이 일반적이다. 전문 원고를 사용하면 암기도 어렵고, 내용을 잊어버리거나, 발표가 자칫 낭독이 될 수 있다. 메모 활용은 전체 흐름을 숙지하고 청중의 반응에 유연히 대응하는 장점이 있다. 실제 발표를 위한 메모를 '실행 개요서'라 한다. 실행 개요서는 인덱스 카드에 읽기 쉽도록 핵심어 중심으로 작성하고, 발표 진행에 도움이 되는 사항을 표기해 두면 좋다.

다음은 앞에서 보았던 문장식 개요를 실행 개요로 바꿔 본 것이다.

실행 개요서

I. **도입**: (학교의 불편 사항 질문) 회사 중심의 통학 버스 운행

II. **전개**

① 불편한 통학 버스(불편 사항 질문)

a. 등교 시, 이른 배차 시간

b. 소음(음악, 방송)

c. 하교 시, 출발 시간 미준수, 밖에서 오래 기다림, 새치기

d. 불친절(반말, 무응대, 무정차)

e. 피곤하고 불쾌한 통학 시간(수업 시간 졸음)

② 즐거운 통학 환경을 위한 방법 모색

a. 학생회 공청회(학우 관심 유도, 의견 수렴)

b. 학교와 버스 회사에 개선 요구

c. 학우 개개인의 관심 촉구

III. **결론**

피곤하고 불쾌한 통학 환경은 학습 능력을 저하시키므로, 즐거운 통학 환경이 되도록 학우들의 의견을 결집해 학교와 버스 회사에 문제점을 알리고 개선을 요구해야 한다.

2) 연습

발표 불안감을 극복하는 방법은 연습이다. 첫째, 발표문을 강약, 쉼, 속도, 성량, 발음 등에 유의하면서 실제처럼 소리 내서 읽는다. 둘째, 청중을 가정하고 거울 앞에서 전달 내용에 알맞은 시선, 표정, 몸짓을 구사하면서 연습한다. 셋째, 연습을 녹음이나 녹화해서 앞서 언급한 것들을 교정한다. 마지막은 실제 발표 장소에서의 연습이다. 조언자를 구해 연습을 평가 받는 것도 좋다.

3) 유의 사항

발표는 시작이 중요하다. 일상 대화처럼 긴장하지 말고 자연스러운 표정으로 청중과 눈빛을 교환하며 인사로 시작한다. 발표문을 읽는 것은 지양해야 하는데, 불가피하게 그래야 한다면 속도, 쉼, 몸짓, 눈빛 등의 보조 수단을 적극 활용해야 한다. '죄송합니다', '잘 모르지만', '말을 잘 못해서', '준비가 미흡하지만'과 같은

말로 시작해서는 안 된다. 겸양적인 태도에서 이런 말을 하지만, 오히려 역효과를 불러온다. 발표장의 주도권을 청중에게 빼앗기게 되고, 발표자에 대한 신뢰도를 떨어뜨린다.

전개에서는 군더더기 없이 바로 핵심으로 들어간다. 요점과 요점 사이에 짬을 두어 내용 정리 시간을 청중에게 주는 것도 중요하다. 한꺼번에 너무 많은 정보와 자료를 제시하면 청중이 지친다는 점도 기억하자.

결론은 청중에게 주제를 각인시키는 절정이다. 더욱 호소력 짙은 목소리로 청중과 전체적으로 시선을 교환하며 마무리하는 것이 좋다.

목소리

- 웅변보다는 대화식으로 진행한다.
- 의도적으로 말을 끝까지 이어간다.
- 내용을 완벽하게 숙지한다.
- 자신감을 가지고 발표를 진행한다.
- 자신의 목소리를 녹음해서 들어 본다.

시작에 좋은 인상을 주는 행동

- 단정한 자세로 앉아서 차분히 기다린다.
- 이름이 불리면, 너무 성급하게 일어나지 않는다.
- 자신감 있고, 당당하게 연단으로 나간다.
- 얼굴에는 가벼운 미소를 머금고 바른 자세를 취한다.
- 청중과 눈을 맞추며 말을 시작한다.

바른 자세

- 다리를 어깨 너비로 자연스럽게 벌린다.
- 허리를 곧게 펴고 안정된 자세를 취한다.
- 다리를 떨거나 비스듬하고 꾸부정한 자세는 피한다.

눈빛 교환

- 곁눈으로 보지 말고 고개를 돌려 정면으로 본다.
- 충분한 시간을 주고 대다수 청중과 눈빛을 교환한다.
- 질문자가 아니면 한 사람을 오래 보지 않는다.
- 청중의 시선을 회피하거나 스크린만 주시하면 안 된다.

불필요한 손동작

- 팔짱을 끼거나 주머니에 손 넣기
- 말과 불일치하는 손동작
- 머리 만지기
- 손 흔들기나 양손 비비기

내용 전달에는 언어 외에도 비언어적인 요소가 큰 역할을 한다. 어조, 표정, 몸짓과 같은 비언어적인 요소는 내용이 청중에게 전달되는 통로이다. 비언어적인 요소를 어떻게 활용하느냐에 따라 내용이 누수되거나 빠르고 강하게 전달될 수도 있다. 위와 같은 유의 사항은 실천을 통해서만 우리에게 체화되는 비언어적인 요소이다.

실습 및 강평

1. 다음은 3분 발표문이다. 읽은 후 주제와 목적을 추출해 보자.

발표 장소: 소년원

지금부터 '새로운 시작'에 대해 말씀드리겠습니다.

세상에 태어날 때부터 성공자나 실패자, 행복한 인생과 불행한 인생이 정해진 것은 아닙니다. 어떻게 사느냐에 따라서 성공자와 실패자, 행복과 불행이 좌우됩니다.

일본에서 선풍적인 인기를 끌었던 책이 있습니다. 『그러니까 당신도 살아』라는 책인데 발매 열흘 만에 20만 부가 넘게 팔렸다고 합니다. 이 책의 저자는 1965년에 태어나 그야말로 파란만장한 삶을 살아온 여인, 오히라 미쓰요입니다.

그녀는 중학교 3학년 때 왕따를 견디다 못해 자살을 기도했습니다. 다행히 목숨은 건졌지만 학교를 그만두고 폭주족과 어울리는 문제아가 되었습니다. 열여섯 살의 어린 나이에 야쿠자 두목과 결혼을 했지만, 남편의 부하들로부터 따돌림을 당하게 됩니다. 그녀는 따돌림을 견디기 위해 등에 문신을 새기며 조직원이 되려고 노력했지만, 결국 실패를 하고 6년 만에 이혼을 합니다. 그 뒤 오사카 술집에서 접대부 생활을 하다, 우연히 아버지의 친구를 만나 호된 꾸짖음을 받고 술집 생활을 청산합니다. 그리고 새로운 삶을 시작하기 위해 직장을 구하러 다녔지만, 학력이 중학교 중퇴인 그녀는 어디서도 환영을 받지 못했습니다.

그래도 미쓰요는 절망하지 않았습니다. 사회가 요구하는 자격증을 따기 위해 이를 악물고 공부해 택지건물취급사 자격증을 땄습니다. 이에 자신을 얻은 그녀는 검정고시를 통해 방송통신대학에 입학했고 마침내 사법시험에 도전하기로 결심합니다. 이때 아버지가 암으로 쓰러졌습니다. 그녀는 아버지가 살아 계실 때, 사법시험에 꼭 합격하자고 약속하고 그 약속대로 지난 1994년 사법시험에 합격했습니다.

새로운 인생을 시작한 오히라 미쓰요는 1997년 오사카에서 변호사 개업을 해 주로 청소년들의 변론을 맡았고, 현재 류코쿠 대학교 객원교수로 일하고 있습니다. 그녀는 자서전을 통해 다음과 같이 역설합니다.

"누구도 과거는 지울 수 없다. 그러나 인생은 새로 시작할 수 있다."

여러분! 그렇습니다. 과거는 바꿀 수 없지만 현재와 미래는 얼마든지 바꿀 수 있습니다. 중학교 중퇴의 술집 접대부가 새로운 삶을 위해 멋진 삶을 다시 시작했듯 우리도 못할 이유가 없습니다. 우리 모두 삶의 좌표를 수정해 보다 멋진 인생, 행복한 삶을 살도록 노력합시다.

지금까지 '새로운 시작'에 대해 말씀드렸습니다.

—김양호, 『그 말이 정답』 부분

주제	
개괄적 목적	
구체적 목적	
주제문	

2. 자신의 학교나 고향 지역과 관련해서 발표 주제와 목적을 설정해 보자.

주제	
개괄적 목적	
구체적 목적	
주제문	

제13장 소통과 참여로서의 창의적 글쓰기 2

- 1. 설득적 스토리텔링의 이해
- 2. 논거 활용의 방법
- 3. 설득적 분석과 논거를 활용한 에세이

1. 설득적 스토리텔링의 이해

최인호의 장편소설 『상도』는 조선 시대 무역왕이자 대상(大商)으로 성공한 임상옥이라는 인물을 통해 당시 사람들이 천하게 여기던 상업에도 도(道)가 있음을 실증한 소설이다. 소설의 주인공 임상옥은 '재상평여수(財上平如水) 인중직사형(人中直似衡)'이라는 말을 유언으로 남겼다. 이 말은 곧, '재물은 평등하기가 물과 같고, 사람은 바르기가 저울과 같다'라는 뜻이다. 재산이 아무리 많아도 목이 마를 때 한 모금의 물과 같이 필요한 만큼만 있으면 된다. 아무리 많은 재산이 있다고 할지라도 그 누구도 죽을 때 가져갈 수 없다. 그렇기에 사람은 여기에도 치우치지 말아야 하고 저기에도 치우치지 말아야 한다. 한쪽에 쏠리지 않고 균형을 잃지 않는 삶이 중요함을 일깨우는 말이다.

소설 속 임상옥은 또 하나의 명언을 남긴다. "장사란 이윤을 남기는 것이 아니라 사람을 남기는 것이다." 우리는 언뜻 장사란 최소의 투자를 통해 최대의 이윤을 남기는 것으로 생각한다. 틀린 말은 아니다. 하지만 모든 기업도, 장사를 하는 사람도 기회가 좋아 이윤을 남기는 때가 있는가 하면 위기에 직면하여 생존의 위협을 받을 때도 있다. 좋을 때야 문제가 되지 않겠지만 생존의 위협을 느낄 때, 어려울 때 도움의 손길을 줄 수 있는 사람이야말로 임상옥이 말하는 실상의 이윤인 셈이다.

소설에서 작가 최인호가 장사란 이윤을 남기는 것이 아니라 사람을 남기는 것이라고 말했을 때 그가 말하고자 하는 바는 '인간관계'다. '인간관계'는 성공을 위한 중요한 요소 중 하나다. 대학생활에서는 학우와의 관계, 교수님과의 관계, 직장에서는 고객과의 관계, 직장 동료와의 관계, 거래처 직원과의 관계, 심지어 경쟁사 직원과의 관계 등, 모든 일은 인간관계에서 이루어진다고 해도 과언이 아니다. 당신이 재미있고 설득력 있는 '스토리텔러'라면 인간관계에서 굉장히 유리한 위치에 설 수 있다. 그리고 대학생활이나 직장에서 인정받아 성공할 확률도 높다. 직장에서 설득력 있는 스토리텔러는 프레젠테이션이나 업무회의에서 자신의 능력을 충분히 발휘하는 경우가 많고, 고객을 만날 때나 거래처와의 협상에서도 큰 성과를 내며 빠르게 승진하는 기회 요소가 될 수 있다.

소설『상도』는 이야기일 뿐이다. 그런데 최인호는 실재했던 거상의 실화를『상도』라는 소설을 통해 몇 가지 중요한 경영의 도, 바른 상행위와 삶의 원칙을 이야기했다. 이 이야기가 스토리텔링 없이 사실 그대로 전달되었다면 별로 흥미를 느끼지 못할 수도 있다. 누군가를 설득할 때 가장 손쉬운 방법 중 하나가 스토리텔링을 통한 설득이다.

'스토리텔링'이란 사전적으로는 단어, 이미지, 소리 등을 통해서 이야기를 전달하는 것을 뜻한다. 축적된 정보를 주제와 본래의 목적에 맞게 다양한 매체를 이용하여 하나의 사건을 가진 이야기로 만드는 것이다. 스토리텔링에는 줄거리, 캐릭터, 그리고 시점이 포함되어야 한다(국립국어원, 〈우리말샘〉).

몇 해 전『EBS』에서는 '이야기의 힘, 스토리텔링의 힘'의 중요성을 전하고자 몇 가지 시험을 시도한 아래 사례를 방송에 내보냈다. 그 실험이 스토리텔링된 이야기가 얼마나 큰 힘으로 작동하는가를 보여주었다.

실험 중 하나는 서울 명동의 번화가에서 두 사람이 사과를 파는 미션을 수행하는 것이었다. 한 사람은 '달고 맛있는 꿀사과'를 낱개로 팔고, 다른 한 사람은 두 개의 사과를 하나로 묶어 '사랑의 사과'를 팔았다. 꿀사과를 파는 사람은 큰 목소리로 소리치며 "달고 맛있는 꿀사과, 꿀사과 사세요!"를 외쳤다. 반면 사랑의 사과를 파는 다른 한 사람은 "여기 올해 최초로 나온 사랑의 사과가 있습니다. 이 사과를 먹으면 여자 친구가 없는 사람은 여자 친구가 생기고 남자 친구가 없는 사람은 남자 친구가 생깁니다. 거기 연인 분들 이 사과를 먹으면 결혼해서 두 분이 평생 사랑하며 사는 사랑의 사과입니다. 사랑의 사과를 먹고 평생 연인이 되세요!"라고 하며 외쳤다. 두 사람의 각기 다른 방식의 사과 판매는 놀라운 결과를 보였다. 꿀사과를 팔았던 사람은 열 개 남짓 판매를 했던 반면에 사랑의 사과를 팔았던 사람은 전량을 매진하는 기염을 토했다.

우리는 이 실험에서 각각의 사람이 무엇을 팔았는가를 분석해 볼 필요가 있다. 언뜻 사과를 팔았다고 생각할 수 있다. 그러나 그렇지 않다. 꿀사과를 판 사람은 '달고 맛있다'는 정보를 팔았고, 사랑의 사과를 판 사람은 '남자 친구가 생기고 여자 친구가 생기며, 연인의 사랑을 더 돈독하게 한다'라는 이야기를 팔았다. 간단히 말해 꿀사과를 판 사람은 정보를 팔았던 반면, 사랑의 사과를 판 사람은 이야기를 팔았다. 그런데 그 결과는 엄청난 판매 결과로 나타났다. 이것은 어쩌면 당연한 결과일 수 있다. 꿀사과를 판 사람은 동네 어딘가에 있는 과일가게에서 판매하는 사과, 또는 대형마트 어디에서도 흔히 살 수 있는 사과를 판 것이다. 하지만 사랑의 사과를 산 사람들은 오직 사랑의 사과를 판매하는 이 사람에게서만 살 수 있는 사과를 산 것이다. 그 사과가 달고 맛이 있든 없든 상관이 없다. 사랑의 사과를 산 사람은 '사랑'이라는 이야기를 샀기에 맛이 없어도 그들의 사랑이 이루어질 수 있으면 된다. 물론 사랑의 사과는 희망이요 소망이다. 사랑의 사과를 사서 먹었다고 하여 진짜 사랑이 이루어지는 것은 아니다. 그런데 우리는 그 희망과 소망을 품고 살아간다. 이렇게 이야기는 희망과 소망을 담는다.

이 시점에서 우리는 하나의 의문을 가져볼 수 있다. "이제 이야기하는 것, 스토리텔링이 왜 필요한지를 알겠지만 내가 하는 일, 하고자 하는 일에도 스토리텔링이 필요할까!" 이런 의문은 어쩌면 당연할 수 있다. 자신이 속해 있는 집단이나 조직 안에서 대개의 사람들이 변화를 원하지 않는다. 그런데 어떤 변화를 일으키고자 한다면 당신은 다른 사람에게 영향을 줄 수 있어야 한다.

사람들에게 영향을 끼치는 방법은 다양할 수 있다. 말로 구슬릴 수도 있고 아부할 수도 있으며 때때로 위협을 가하거나 협박을 할 수도 있다. 그러나 가장 효과적인 방법은 일의 결과에 대한 장밋빛 비전을 제시하는 것이다. 다시 말하자면 일의 결과에 대해 희망과 소망을 심어주는 일이다. 오랜 세월 이야기는 사람들에게 영향을 끼치는 수단으로 사용됐다. 이야기가 성공하려면 희망과 소망이라는 가능성을 내포해야 한다.

스토리텔링은 이야기의 시작과 함께 사람들을 전혀 다른 장소로 데리고 간다. 누군가 "내가 이야기 하나 해도 될까요?", "정말 재미있는 이야기가 있는데 들어보실래요?"라고 말하면 백이면 백 모두가 그 이야기를 듣고자 한다. 우리는 글의 서두에서 그 흥미 속으로 사람들을 유인해야 한다. 그리고 그들에게 상상의 방으로 인도하는 글이 되도록 글을 써나가야 한다. 그런데 그 상상의 방은 허무맹랑한 상상이 아니라 반드시 논리적이고 설득력을 갖춘 논거에 의한 방이 되어야 한다.

2. 논거 활용의 방법

글쓰기는 응용 능력과 활용 능력을 학습하는 과정이다. 새로운 지식을 배워 알고, 경험을 쌓고, 교양적 소양을 풍부하게 갖추어서 글을 쓴다면 그보다 좋을 수는 없다. 하지만 우리의 현실은 그렇지 못하다. 새로운 지식을 배워가는 과정, 경험을 쌓아가는 과정, 교양적 소양을 만들어 가는 과정에서 끊임없이 글쓰기를 실천해 나가야 한다. 이럴 때 우리에게 필요한 것은 지금까지 알고 있던 것을 응용하고 활용하는 것이다. 지금까지 나의 지식과 경험, 기본적으로 지닌 소양을 스토리텔링 기법을 활용한 논거를 제시하면서 전공과 연결-접속하는 응용과 활용이 매우 중요하다. 그런데 그 과정에서 단순히 전공 지식만을 전달하려고 하면 대중적 관심으로부터 멀어진다. 그러므로 누구나 공감할 수 있는 공감대를 형성할 수 있는 글이 되게 해야 한다. 그러기 위해서 필요한 것이 누구나 알고 있는 사실을 통해 전공의 지식을 함께 전달하는 스토리텔링의 과정이 필요하다. 스토리텔링을 통해 대학에서 학습한 전공 지식, 전문 지식을 누구나 알고 있고 경험한 보편적 사실이라는 논거를 통해 제시할 때 공감대는 배가 될 수 있다.

우리가 전공 계열의 특성을 이해하고 전공 기초 교과를 배우는 과정 속에서 기존의 지식, 경험, 소양을 응용하고, 또 차근차근 얻어가는 전공 지식과 교양 교과에서 협소하게 얻는 지식, 인식의 미세한 부분들을 응용하고 활용하여 엮어 나가는 경계 허물기의 글쓰기가 되어야 하며, 이것과 저것을 넘나드는 넘나듦의 글쓰기가 되어야 한다. 더욱이 오늘의 시대적 흐름이 지식의 통합과 융합을 강조하는 만큼 선험적 지식과 전공 지식, 학문적 정체성, 상상력 등을 한데 엮는 창조적인 사고를 통해 스토리텔링화한 융합의 힘을 발휘할 수 있어야 한다.

다음은 스토리텔링화된 글쓰기의 한 사례다. 누구나 알고 있는 보편적인 사실을 논거로 활용했으며, 이것을 스토리텔링으로 엮어 융합적인 글쓰기로 가져갔다. 우리에게 필요한 또 하나의 글쓰기 기술 방법이다.

개미들도 우정이 있다.	주장	제목: 인문 계열-자연 계열
관포지교(管鮑之交)의 우정은 요즘 같은 불신의 시대에서 살고 있는 우리에게 무한한 감동을 준다. 후에 관중이 명제상이 되었을 때, 그는 모든 것을 친구인 포숙아의 공으로 돌렸다. ……	전제	우정(관포지교) → **인문 계열** 일반화
이러한 우정을 개미에서도 볼 수 있다. …… 먹이를 발견한 개미들은 페르몬으로 주위의 개미들에게 먹이가 있다는 것을 알린다. …… 제공자 개미가 근육을 움직여 모이주머니에 있는 액체 상태의 모이를 통한 후 상대방의 입에 넣어 준다. …… 맛있는 음식을 자신의 위로 보내지 않고 어떻게 남을 위해 임시 저장소에 저장시킬 수 있을까. 그야말로 이타적, 헌신적인 동료애다. 개미학자들은 개미의 이러한 불가사의한 행동에 대하여 많은 연구를 하고 있지만 아직도 정확한 기작(機作)에 대하여는 잘 알려지지 않고 있다.	근거 (1)	개미의 생태 (생존을 위한 우정) → **자연 계열(이공 계열)**
…… 우리는 지금 불신의 시대에 살고 있다. 박경리의 소설 「불신 시대」에서 주인공 진영은 전쟁에서 남편을, 의사의 무책임으로 아들을 차례로 잃고도 살려고 발버둥치지만 가는 곳마다 배신감은 진영을 절망으로 이끌고 간다. 이 주인공은 바로 우리의 이웃인 것이다.	근거 (2)	박경리의 소설 「불신시대」 (현대사회는 불신의 시대) → **인문사회 계열**
개미들이 인간의 이러한 이전투구의 삶을 본다면 어떤 생각을 할까. 나보다 동료를 먼저 생각하는 개미의 진정한 우정이 부럽다.	결론	우정(온정, 신뢰회복) → **인문+사회+이공 계열** 일반화, 보편화

—김병진, 「개미들도 우정이 있다」, 『중앙일보』 2005년 4월 22일

이 예문은 계열적 글쓰기의 과학적 이해 관점에서 제시되기도 한다(심영덕, 「대학생을 위한 올바른 글쓰기 전략」). 글쓴이 김병진은 생물학자이다. 이공 계열의 전문적인 영역인 개미의 생태를 통해 인문사회 계열(관포지교, 불신시대)의 지식과 스토리텔링으로 연결-접속해서 인간 사회의 우정과 온정, 신뢰 회복의 필요성을 효과적으로 전달한 글이다. 이 글의 제목은 "개미들도 우정이 있다"이지만 이 글의 필자가 말하고자 하는 바는 개미들의 우정과 인간 사회의 우정(온정, 신뢰회복)을 동일화하여 우리 사회가 불신과 이전투구로 살아가는 것이 아니라 나보다 동료를 먼저 생각하는 우정 곧, 신뢰를 회복하는 사회를 만들자는 것이다. 이러한 주장을 펼침에 있어 글의 논리 전개 방식은 이공 계열의 실증, 실험 결과의 정합성을 바탕으로 하고 있으며 추론 방식은 유비 추론을 통한 논거, 곧 관포지교의 이야기를 설명의 한 과정으로 제시하고 있다. 이처럼 글의 전개 방식은 단순히 개미의 생태만을 제시하고 있는 것이 아니라 개미의 생태와 인간 사회의 생태가 다르지 않음을 제시하고 있다. 곧 자신의 전공 분야인 자연 계열과 인간 사회의 사회 계열, 인간 삶의 문제를 다루는 인문 계열을 스토리텔링으로 연결-접속시켜서 개미와 인간이 동일한 삶의 형태와 생태를 살아가고 있음을 보여주고 있다. 그리고 주장을 뒷받침하는 전제로 인문 계열의 관포지교를 화제로 제시하고 있으며, 오늘의 시대를 불신의 시대로 진단하는 상황인식을 보여준다. 그리고 이런 상황(문제)으로부터 우정(온정, 신뢰) 회복이라는 목표를 설정하고 있다. 목표를 실천하는 행위로는 '나보다 동료를 먼저 생각하고 타인을 먼저 배려할 때 진정한 우정과 신뢰는 회복될 수 있다.'를 설득적 논거로 제시하고 있다.

화제	관포지교
상황(문제)	오늘의 시대를 불신의 시대로 진단
목표(가치)	우정(온정, 신뢰) 회복
행위	나보다 동료를 먼저 생각하는 진정한 우정이 필요하다.

「개미들도 우정이 있다」의 실천논증 구조

여기서 주목해야 할 또 하나의 점은 한 편의 글이 갖는 설득력, 공감대의 효과이다. 생물학의 전문적 지식으로만 쓴 글이었다면 자연 계열의 식자층 외에 다른 타 계열의 식자층이나 일반인으로부터 외면당했을 가능성이 크다. 하지만 이 글의 의미 전달의 경우 인문 계열, 자연(이공) 계열, 사회 계열의 지식과 경험이 논거로 융합되어 합리적으로 수용되고 있다.

대전제	우정(관포지교): **인문 계열**
근거(1): 사실논거	개미의 생태: **자연 계열(이공 계열)**
근거(2): 소견논거	박경리의 소설 「불신시대」(현대사회는 불신의 시대): **인문사회 계열**
결론	우정(온정, 신뢰회복): 인문+사회+이공 계열

병렬적 근거 제시

이와 같이 다양한 학문 분야를 통섭적으로 제시할 때 일반인에게도 거부되지 않고 부담스럽지 않은 글로 다가올 수 있다. 따라서 대학의 글쓰기도 전공을 쉽게 전달할 수 있는 스토리텔링을 활용한 논거, 스토리텔링화된 융합적인 논거들의 제시가 필요하다. 더욱이 대학의 글쓰기는 전문화만을 추구하는 것은 아니다. 다른 전공이나 일반인들과 자신의 전공을 서로 교류하고 상호 소통해야 한다. 왜냐하면 지식과 경험의 편협은 사고와 식견을 좁혀 한 가지에만 매몰되게 할 수 있다. 이런 편협한 사고는 학생의 다양한 가능성과 창의성을 가로막는 장애 요인이 될 수 있다.

3. 설득적 분석과 논거를 활용한 에세이

스토리텔링을 활용한 논거를 어디에 어떻게 배치하고 배열해서 글을 써나가야 하는가에 대한 방법을 살펴보았다. 이어 설득적 논거를 활용한 에세이를 살펴보자.

다음의 글은 요리와 실험의 유사성을 스토리텔링으로 구성했다. 요리의 레시피와 실험의 프로토콜의 유사한 상황을 유비 추론으로 구성한 다음 똥손과 금손으로 스토리를 전개한다. 그리고 또 한 번, 손이 야무진 사람이 있지만 실험에 적합한 손이 있는 것은 아니며 실험에서 한 번에 성공하는 것은 신의 손이며, 이런 손은 거의 없음을 주지시킨다. 그러면서 실험에서는 꾸준히 반복과 연습을 통해 금손이 될 수 있음을 제시한다. 그런데 그 반복과 연습을 통해 얻어지는 실험의 금손만큼 시약 회사의 엄청난 노력의 결과로 상용화된 시약이 하향평준화되어 시판됨에 따라 초보자들도 결과를 낼 수 있다는 것을 전하는 글이다.

요리와 실험은 비슷하다. 똑같은 레시피로도 맛있는 음식을 만들어내는 사람과 먹지 못할 음식을 내놓는 사람이 있는 것처럼, 똑같은 프로토콜로 한 번에 실험을 성공하는 사람과 실패하는 사람이 존재한다. 요리에 손맛이 있는 것처럼 실험에도 손맛이 있다. 얼마나 실험에 집중을 하고 한 과정 한 과정을 꼼꼼하게 하는지에 따라 똥손과 금손이 갈리는 것이다.

사실 고난도의 실험이라는 것은 실험 자체가 어려운 것이 아니다. 생명과학 실험에서 사용하는 상용화된 시약에는 시약 회사들의 엄청난 노력이 담겨 있다. 실험자들이 사용하기 쉽게 각 과정을 얼마나 간단하게 만들 수 있는지, 실험 시간을 얼마나 줄일 수 있는지 고려한 효율성, 정확성 그리고 경제성이 높은 시약들을 계속 개발해내고 있다.

내가 대학원에서 처음 실험을 배우던 시절에 비하면 계속해서 발전하는 시약들과 몇 번의 구글 검색과 네트워크로 지금은 웬만한 실험 프로토콜은 쉽게 구할 수 있다. 아마 이 점은 요리도 마찬가질 터이다. 기능이 향상된 다양한 주방 가전제품, 블로그와 유튜브 속 엄청난 양의 레시피를 그리고 먹음직스러운 비주얼을 자랑하는 사진들은 누구에게나 요리를 하고 싶은 마음과 잘할 수 있다는 자신감을 심어준다. 그러나 현실은 그렇게 쉽지 않다.

원래부터 손끝이 야무진 사람이 있는가 하면 그러지 않은 사람이 있다. 그렇다고 해서 나는 꼭 실험에 적합한 손이 있다고는 생각하지 않는다. 한 번에 성공한 것이 신의 손이라면 꾸준한 반복과 연습을 통해서 금손까지는 충분히 올라갈 수 있다. 플라크 어세이도 사실 몇 번 반복해서 하다 보면 얼마 가지 않아 금손이 되어 이쁜 플라크를 관찰할 수 있다. 프로토콜을 미리 숙지하고 각 과정에서 필요한 시약들을 미리 준비하고, 필요한 기계들을 미리 세팅해 놓고, 필요한 실험기기들을 동선이 얽히지 않도록 준비하는 것, 여기서부터 금손은 시작된다.

최근 나는 연구하고 있는 백신에 포함된 바이러스의 성분을 정량적으로 검출할 수 있는 방법을 개발했다. 이 검출 방법에 대해 검토(validation) 과정을 거치는데 같은 시약으로 한 명이 20번 이상의 실험을 했을 때 오차값 내에서 변화가 있는지 없는지를 확인한다. 또 같은 시약으로 세 명의 다른 실험자가 실험을 했을 때에도 오차값 내에서 동일한 결과가 나오는지를 확인해야 한다. 우리 팀의 두 명의 테크니션과 함께 이 검토 과정을 몇 번 반복했다. 실험실 경력이 최소 15~20년인 이들은 나름 금손이라고 자부하는 이들인데 세 명의 결과가 오차값 내에서 유의하긴 했지만 결과를 나타내는 숫자는 생각보다 많이 달랐다. 동일한 시약으로 동일한 장소에서 실험을 했는데도 불구하고 말이다. 실험 중간의 아주 작은 과정들, 예를 들어 플

> 레이트를 세척할 때 세척액을 얼마나 깨끗하게 털어냈는가와 플레이트가 마르기 전에 얼마나 신속하게 다음 과정의 용액을 넣어줬는지 등 프로토콜에는 나오지 않는 아주 작은 부분들이 변수로 작용한 것이었다. 이는 언어로 프로토콜에 표현될 수 없는, 경험을 통해 몸에 배어 있는 실험자들의 암묵적 지식(암묵지)인 것이다. '과학하다'라는 동상의 진정한 의미를 아는 길은 과학을 하는 과정 곳곳에 수도 없이 숨어 있는 암묵지를 깨닫는 데 있다. 과학자들의 암묵지는 어벤저스의 인피니티 스톤을 닮았다. 타노스가 스톤을 하나하나 모아 건틀렛에 장착해 슈퍼파워를 소유하듯, 과학자도 암묵지를 하나하나 익혀 신의 손이 된다.
>
> 실험의 베테랑인 우리 셋의 결괏값이 이 정도면 경험이 없는 실험자들의 결괏값은 어떨까? 여기서 깨달은 것이 있다. 상용화된 시약 키트는 초보자들도 결과를 낼 수 있도록 '하향평준화'된 것이라는 사실 말이다.
>
> —문성실, 「신의 손」 부분

위의 글이 설득적인 분석과 논거를 통해 어떻게 스토리텔링을 활용하여 글을 전개해 나가고 있는가를 보자. 위의 글은 먼저 화제에서 "요리 : 실험 = 레시피 : 프로토콜"을 논거(유비추론)로 활용했다. 이것을 바탕으로 시약 실험에는 "똥손, 금손, 신의 손"이 있음을 스토리텔링해서 전체 글을 전개해 나가고 있다. 그 과정을 세분화해서 살펴보면 다음과 같다.

▶ 현 상황 인식 및 글의 전개 ① 현상 분석 → 시약 회사들의 노력	요리와 실험은 비슷하다. 똑같은 레시피로도 맛있는 음식을 만들어내는 사람과 먹지 못할 음식을 내놓는 사람이 있는 것 처럼, 똑같은 프로토콜로 한 번에 실험을 성공하는 사람과 실패하는 사람이 존재한다. 요리에 손맛이 있는 것처럼 실험에 도 손맛이 있다. 얼마나 실험에 집중을 하고 한 과정 한 과정을 꼼꼼하게 하는지에 따라 똥손과 금손이 갈리는 것이다.
▶ 현 상황 인식 및 글의 전개 ② • 실험과 요리의 유사성을 통한 스토리텔링 실험과 요리의 유사성: 실험 프로토콜과 요리 과정의 기능 향상	사실 고난도의 실험이라는 것은 실험 자체가 어려운 것이 아니다. 생명과학 실험에서 사용하는 상용화된 시약에는 시약 회사들의 엄청난 노력이 담겨 있다. 실험자들이 사용하기 쉽게 각 과정을 얼마나 간단하게 만들 수 있는지, 실험 시간을 얼마나 줄일 수 있는지 고려한 효율성, 정확성 그리고 경제성이 높은 시약들을 계속 개발해내고 있다. 내가 대학원에서 처음 실험을 배우던 시절에 비하면 계속해서 발전하는 시약들과 몇 번의 구글 검색과 네트워크로 지금은 웬만한 실험 프로토콜은 쉽게 구할 수 있다. 아마 이 점은 요리도 마찬가질 터이다. 기능이 향상된 다양한 주방 가전제품, 블로그와 유튜브 속 엄청난 양의 레시피를 그리고 먹음직스러운 비주얼을 자랑하는 사진들은 누구에게나 요리를 하고 싶은 마음과 잘할 수 있다는 자신감을 심어준다. 그러나 현실은 그렇게 쉽지 않다.

▶ 글의 확장 손이 야무진 사람 = 실험에 적합한 손: 따로 없음 반복과 연습 → 금손	원래부터 손끝이 야무진 사람이 있는가 하면 그러지 않은 사람이 있다. 그렇다고 해서 나는 꼭 실험에 적합한 손이 있다고는 생각하지 않는다. 한 번에 성공한 것이 신의 손이라면 꾸준한 반복과 연습을 통해서 금손까지는 충분히 올라갈 수 있다. 플라크 어세이도 사실 몇 번 반복해서 하다 보면 얼마 가지 않아 금손이 되어 이쁜 플라크를 관찰할 수 있다. 프로토콜을 미리 숙지하고 각 과정에서 필요한 시약들을 미리 준비하고, 필요한 기계들을 미리 세팅해놓고, 필요한 실험기기들을 동선이 얽히지 않도록 준비하는 것, 여기서부터 금손은 시작된다.
▶ 백신 개발과 실험 결과 도출의 어려움 → 동일 시약, 동일 장소에서의 실험 결과도 달라질 수 있음 ▶ 언어와 논리로만 표현할 수 없는 프로토콜 → 경험적인 암묵적 지식	최근 나는 연구하고 있는 백신에 포함된 바이러스의 성분을 정량적으로 검출할 수 있는 방법을 개발했다. 이 검출 방법에 대해 검토(validation) 과정을 거치는데 같은 시약으로 한 명이 20번 이상의 실험을 했을 때 오차값 내에서 변화가 있는지 없는지를 확인한다. 또 같은 시약으로 세 명의 다른 실험자가 실험을 했을 때에도 오차값 내에서 동일한 결과가 나오는지를 확인해야 한다. 우리 팀의 두 명의 테크니션과 함께 이 검토 과정을 몇 번 반복했다. 실험실 경력이 최소 15~20년인 이들은 나름 금손이라고 자부하는 이들인데 세 명의 결과가 오차값 내에서 유의미하긴 했지만 결과를 나타내는 숫자는 생각보다 많이 달랐다. 동일한 시약으로 동일한 장소에서 실험을 했는데도 불구하고 말이다. 실험 중간의 아주 작은 과정들, 예를 들어 플레이트를 세척할 때 세척액을 얼마나 깨끗하게 털어냈는가와 플레이트가 마르기 전에 얼마나 신속하게 다음 과정의 용액을 넣어줬는지 등 프로토콜에는 나오지 않는 아주 작은 부분들이 변수로 작용한 것이었다. 이는 언어로 프로토콜에 표현될 수 없는, 경험을 통해 몸에 배어 있는 실험자들의 암묵적 지식(암묵지)인 것이다.
▶ 과학의 과정에 숨어 있는 암묵지 → 어벤저스의 인피니티 스톤을 스토리텔링	'과학하다'라는 동사의 진정한 의미를 아는 길은 과학을 하는 과정 곳곳에 수도 없이 숨어 있는 암묵지를 깨닫는 데 있다. 과학자들의 암묵지는 어벤저스의 인피니티 스톤을 닮았다. 타노스가 스톤을 하나하나 모아 건틀렛에 장착해 슈퍼파워를 소유하듯, **과학자도 암묵지를 하나하나 익혀 신의 손이 된다.**
▶ 하향평준화된 시약 키트 → 실험의 베테랑도 다른 결괏값: 시약 회사의 노력	실험의 베테랑인 우리 셋의 결괏값이 이 정도면 경험이 없는 실험자들의 결괏값은 어떨까? 여기서 깨달은 것이 있다. 상용화된 시약 키트는 초보자들도 결과를 낼 수 있도록 '하향평준화'된 것이라는 사실 말이다.

실습 및 강평

1. 다음 시 작품을 읽고 나무의 입장에서 한 편의 스토리텔링을 상상할 수 있다. 아래 주어진 문장을 이어서 이야기를 완성해 보자.

꽃이 피었다
도시가 나무에게
반어법을 가르친 것이다
이 도시의 이주민이 된 뒤부터
속마음을 곧이곧대로 드러낸다는 것이
얼마나 어리석은가를 나도 곧 깨닫게 되었지만
살아 있자, 악착같이 들뜬 뿌리라도 내리자
속마음을 감추는 대신
비트는 법을 익히게 된 서른 몇 이후부터
나무는 나의 스승
그가 견딜 수 없는 건
꽃향기 따라 나비와 벌이
붕붕거린다는 것,
내성이 생긴 이파리를
벌레들이 변함없이 아삭아삭
뜯어 먹는다는 것
도로변 시끄러운 가로등 곁에서 허구한 날
신경증과 불면증에 시달리며 피어나는 꽃
참을 수 없다 나무는, 알고 보면
치욕으로 푸르다

—손택수, 「나무의 수사학」 전문

- 스토리텔링: 나무가 원래 살던 곳은 산이었다. 나무는 자연 속에서, 자연의 일부로서 다른 생명체들과 더불어 살고 있었다. 그러던 어느 날, 나무는 뿌리째 뽑혀 도시의 가로수 목적으로 옮겨지게 되었다. [이어서 작성]

2. 두 가지 유사한 상황을 활용해 유비 추론으로 스토리텔링을 만들어 에세이를 전개해 보자. 본문에서 예시한 다음의 표를 활용하기로 한다.

▶ 현 상황 인식 및 글의 전개 ①	
▶ 현 상황 인식 및 글의 전개 ②	
▶ 글의 확장 ①	

▶ 글의 확장 ②	
▶ 글의 확장 ③	
▶ 마무리	

제 14 장 주제별 발표와 토론 2: 프레젠테이션의 이해

1. 프레젠테이션의 개념

본 장은 12장에 이어서 학생들이 발표를 준비하는 과정에서 주의해야 될 점을 소개하기로 한다. 따라서 본 장은 이론적, 실무적 참조점이 될 것이다. 발표와 토론을 준비하는 과정에서 참고하면서 실제 발표와 토론을 진행해 보는 것이 중요하다. 12장에서 제시된 발표의 유의 사항과 더불어 발표 및 프레젠테이션에 있어서 주의해야 할 점은 무엇인지 이해하도록 하자.

현대 사회를 정의하는 표현 중에 '자기표현의 시대'라는 말이 있다. 말 그대로 자신의 생각과 감정을 적극적으로 표현하여 자신을 드러내야 하는 시대가 도래한 것이다. 겸손이 미덕인 시대는 지났다. 물론 타인을 존중하는 태도는 여전히 중요한 덕목 중 하나다. 그러나 급변하는 현대 사회에서 자신의 생각이나 의견을 드러내 내세우지 않는 겸손의 태도는 더 이상 미덕이 아닌 무지(無智)요, 침묵은 금이 아닌 무능(無能)이 되어 버렸다. 급변하는 현대 사회의 경쟁에서 살아남기 위해서는 적극적으로 자신의 의견을 개진하여, 자신이 혹은 자신의 생각이나 의견이 사회에 필요함을 알릴 필요가 있다. 이를 위해 현대인이 갖추어야 할 필수적인 능력 중 하나가 바로 의사소통 능력이다.

의사소통은 언어적, 비언어적 요소를 사용하여 서로의 생각이나 감정, 정보를 주고받으며 자신과 상대방, 공동체에 대해 이해하고, 자신이 속한 사회 공동체의 일원으로 살아가는 총체적 과정을 의미한다. 언어를 이용한 의사소통은 크게 표현 영역과 이해 영역으로 구분된다. 표현 영역은 언어를 통해 상대방에게 의미를 전달하는 영역으로 음성 언어를 사용하느냐 문자 언어를 사용하느냐에 따라 말하기와 쓰기로 나뉜다. 이해 영역은 주어진 의미를 수용하는 영역으로 역시 매개 언어에 따라 듣기와 읽기로 나뉜다. 주로 음성 언어에 의해 표현되는 의사소통은 화자(말하는 이)와 청자(듣는 이) 간의 상호 협력에 의해 이루어진다. 이렇게 쌍방향적 소통에 의해 이루어지는 의사소통은 발화와 동시에 소멸된다는 시간적 제약뿐만 아니라 한정된 공간의 사람에게만 전달될 수 있다는 공간적 제약을 지니고 있다. 의사소통 과정에서 발생하는 대부분의 오해와 실수는 이러한 시간적·공간적 제약에 원인을 두고 있다. 그렇기 때문에 원활한 의사소통을 위해서 의사소통 능력을 향상시키기 위한 기술의 이해는 필수적이다. 그럼에도 불구하고 많은 학생들은 의사소통 기술의 의미와 중요성에 대해 인식하고 있지 못하다.

말하기는 표현 영역을 담당하고 있는 의사소통 행위 중의 하나다. 자신의 생각이나 의견을 적극적으로 표현하여 자신의 가치를 증명해야 하는 '자기표현의 시대'에 말하기 기술은 어느 분야에서나 필수적인 조건이다. 물론 일상생활에서 이루어지는 말하기를 통해서도 자신의 생각이나 의견을 적극적으로 표현할 수 있는 다양한 기회가 제공된다. 그렇기 때문에 일상생활에서 이루어지는 말하기의 원리와 기술을 체득하는 일도 간과할 수는 없을 것이다. 그러나 많은 사람들에게 자신의 생각이나 의견을 표현하여, 자신의 가치를 증명하고 각인시킬 수 있는 가장 효과적인 말하기는 바로 프레젠테이션이다.

1) 프레젠테이션의 개념

프레젠테이션(presentation)이란 일반적으로 시청각 자료를 활용하여 상대방을 설득하거나 이해시켜 원하는 결과를 만들어 내는 적극적인 의사소통 행위를 말한다. 국립국어원에서는 프레젠테이션이라는 용어를 '시청각설명회(視聽覺說明會)'라는 용어로 순화하여 사용할 것을 권고한 바 있으나 여전히 프레젠테이션이라는 용어가 보편적으로 사용되고 있다.

프레젠테이션은 발표자가 한 명 이상의 청중들을 대상으로 하여 일련의 의미를 전달하기 위해 이루어지는 적극적인 의사소통 행위라고 할 수 있다. 프레젠테이션에서의 의사소통은 음성 언어를 매개로 하는 말하기가 중심이 된다. 말하기라는 의사소통 행위는 시간적 요소와 공간적 요소를 필수적으로 함의하고 있다. 발표자는 효과적인 의미 전달을 위해 음성 언어를 비롯하여 비언어적 요소(몸짓, 표정, 시선 등), 시청각 자료 등 다양한 수단을 활용하는데, 의미 전달이라는 목적 달성을 극대화하기 위해 활용하는 대표적인 보조 수단이 바로 시청각 자료이다. 결국 프레젠테이션은 발표자가 한정된 시간 내에 일정한 공간에서 한 명 이상의 청중들을 대상으로 시청각 자료를 활용하여 일련의 의미를 전달하고자 하는 의사소통 과정을 뜻한다.

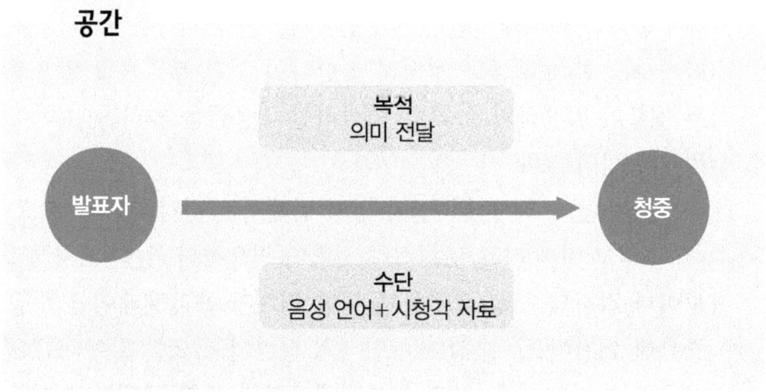

〈프레젠테이션의 의사소통 과정〉

프레젠테이션의 개념에 대한 이해가 선행되어야 하는 이유는 프레젠테이션의 개념 속에 프레젠테이션을 구성할 때 고려해야 할 필수적인 요소들이 함의되어 있기 때문이다. 프레젠테이션의 개념을 통해 확인할 수 있는 프레젠테이션의 구성 요소는 크게 발표자, 청중, 목적, 의미(내용), 시간, 공간, 수단 등이다. 프레젠테이션을 구성하는 요소들은 하나하나가 프레젠테이션의 성공 여부를 좌우하는 중요한 요건이 된다.

많은 사람들이 프레젠테이션을 준비하는 과정에 대한 어려움을 토로한다. 또한 프레젠테이션을 구성하는 과정에서도 십중팔구는 오류를 범한다. 프레젠테이션을 준비하는 과정에서 겪는 어려움이나 구성하는 과정에서 범하는 오류의 대다수는 프레젠테이션에 대한 이해가 부족하기 때문이다.

예컨대, 3주 후 수업에서 발표가 있다고 가정하자. 그런데 곤란하게도 이번 발표는 자유 주제다. 자신이 프레젠테이션의 주제와 제목을 정해야 하는 상황이 온 것이다. 여러분이라면 무엇을 고려하여 어떻게 주제를 선정할 것인가? 아마 대부분은 주제를 선정할 때 자신이 관심 있는 것, 혹은 잘 알고 있는 것을 주제로 선정하고자 할 것이다. 그리고 프레젠테이션의 목적이 정보를 전달하는 것인지, 자신의 의견을 설득하는 것인지를 고려하여 전달하고자 하는 핵심 의미를 주제로 선정할 것이다. 3주 후 이 발표는 실패할 가능성이 크다. 그 이유는 간단하다. 발표자와 목적, 의미에 대한 이해만 있기 때문이다. 사람들은 대부분 자신이 좋아하는 것을 다른 사람도 좋아할 것이라고 생각한다. 그러나 사람마다 입맛이 다르듯이 흥미나 관심도의 영역도 다를 수 있다. 그렇기 때문에 청중의 나이, 성별, 집단의 특성 등을 분석하여 청중의 관심사와 선호도를 파악하는 것이 필요하다. 운이 좋게 나의 관심도와 청중의 선호도가 일치하였다 하더라도 문제는 여전히 남는다. 대부분의 프레젠테이션은 한정된 시간 안에서 이루어진다. 주어진 시간 안에 소화가 가능한 주제를 선정하지 못한다면 시간 부족으로 발표를 마무리하지 못하는 경우가 발생하거나, 혹은 핵심적인 내용들을 놓치는 '수박 겉핥기'식의 발표가 될 가능성이 크다.

성공적인 프레젠테이션이 되기 위해서는 각각의 구성 요소에 대한 이해와 분석, 그리고 이에 따른 구체적인 전략이 필요하다. 일면 거창하고 복잡한 과정처럼 보이나 각각의 구성 요소들에 대한 이해가 프레젠테이션 성공 여부를 좌우하는 중요한 요건이 될 수 있다는 인식의 전환이 필요할 뿐이다. 성공적인 프레젠테이션을 위한 첫걸음은 바로 프레젠테이션에 대한 이해부터 시작된다는 사실을 잊지 말아야 할 것이다.

2) 프레젠테이션의 단계

프레젠테이션을 준비하고 진행하는 과정은 크게 기획, 구성, 발표의 3단계로 나누어 볼 수 있다.

기획 ➡ 구성 ➡ 발표

〈프레젠테이션의 단계〉

기획 단계는 어떤 목표와 목적을 가지고, 어떤 내용을, 어떤 사람들에게, 어떻게 전달할 것인가를 결정하는 단계를 말한다. 구성 단계는 기획 단계에서 결정된 내용을 어떻게 효과적으로 전달할 수 있을지를 고려하여 발표 내용을 작성하고 슬라이드를 제작, 디자인하는 단계이다. 끝으로 발표 단계는 기획과 구성이 완료된 프레젠테이션의 내용을 청중에게 명확히 전달하여 이해시키고 설득시키는 단계이다.

프레젠테이션을 준비하는 과정에서 범하는 가장 큰 오류는 파워포인트 등을 활용하여 슬라이드를 만드는 데 약 90% 이상의 시간을 할애한다는 것이다. 프레젠테이션의 구성, 특히 슬라이드를 구성하는 데 모든 전력을 쏟아붓는 것이다. 그러나 프레젠테이션의 개념 부분에서 살펴본 바와 같이 프레젠테이션의 목적은 청중에게 의미를 전달하여 청중을 이해시키거나 설득시키는 것이다. 시청각 자료는 의미를 효과적으로 전달하기 위한 도구에 불과하다. 시각적 수단으로 정보를 전달하는 비주얼커뮤니케이션(visual communication)의 비중이 점차 강화되는 사회라고는 하지만, 여전히 프레젠테이션의 일차적인 목적은 청중과의 교감과 공감대를 형성하여 청중을 이해시키고 설득시키는 것이다. 수단이 목적에 선행되어 헛된 노력과 시간을 낭비하고 있는 것이다.

프레젠테이션이 말하기 영역임을 감안한다면 더 많은 시간과 노력을 기울여야 하는 것은 오히려 발표 단계다. 프레젠테이션의 핵심은 발표를 위한 자료를 작성하는 것이 아니라 발표에 있다. 프레젠테이션의 핵심이 발표 자료를 작성하는 것이 아닌 발표에 있다는 사실은 쉽게 확인할 수 있다. 프레젠테이션의 핵심이 발표 자료를 작성하는 데 있다면 청중이 프레젠테이션 장소에 모이는 일은 없을 것이다. 잘 만들어진 자료가 목적이라면 이메일 등을 활용하는 것이 더욱 합리적이고 경제적이기 때문일 것이다. 결국 프레젠테이션 자체가 필요 없는 상황에 도달하게 된다. 청중이 소중한 시간과 비용을 사용하면서까지 프레젠테이션 장소에 모이는 것은 시청각 자료에 담겨 있는 내용, 그 이상의 무언가를 원하기 때문이다. 프레젠테이션 장소를 찾는 청중의 기대와 요구에 부합할 수 있는 발표, 이것이 프레젠테이션의 본질임을 잊지 말아야 한다.

성공적인 프레젠테이션으로 가는 첫걸음은 프레젠테이션의 3단계를 철저히 준수하는 것이다. 프레젠테이션의 단계를 준수한다는 것은 단순히 프레젠테이션의 준비 과정을 기획과 구성, 발표의 단계로 나누는 것에서 끝나는 것이 아니다. 기획과 구성, 발표의 단계를 나누고, 발표 상황에 따라 단계별로 수행해야 할 개략적인 과제를 반드시 정리해야 한다. 발표 상황에 따라 달라질 수는 있겠으나 일반적으로 활용할 수 있는 프레젠테이션의 단계별 실행 과제를 제시하면 다음과 같다.

프레젠테이션의 단계	단계별 실행 과제
기획 단계	• 발표 일정 수립 및 역할 분배 • 청중 및 장소 분석 • 발표 목표 및 주제 설정 • 자료 수집 및 정리
구성 단계	• 발표 내용 구성 • 슬라이드 작성 • 슬라이드 디자인
발표 단계	• 발표 예행연습 • 발표 준비(장소 및 장비 확인) • 발표

3) 프레젠테이션의 유형

프레젠테이션의 유형을 구분하는 방법은 여러 가지가 있다. 일반적으로 프레젠테이션의 유형은 청중의 수, 제작 도구, 목적 등과 같은 기준에 따라 구분된다. 청중의 수에 따라 일대일 프레젠테이션, 일대소수 프레젠테이션, 일대다수의 프레젠테이션 등으로 나눌 수 있으며, 제작 도구에 따라 파워포인트 프레젠테이션, 동영상 프레젠테이션, 플래시 프레젠테이션, 한글 워드프로세서 프레젠테이션, 프레지 프레젠테이션 등으로 구분할 수 있다. 프레젠테이션의 유형을 구분하는 방법은 여러 가지가 있으나 가장 기본이 되는 것은 프레젠테이션의 목적에 따라 유형을 나누는 것이다.

프레젠테이션의 목적은 크게 정보를 제공하거나, 의견을 수렴하여 문제를 해결하거나, 혹은 설득을 통해 행동의 변화를 요구하는 것으로 나누어 볼 수 있다. 프레젠테이션의 목적을 기준으로 하여 프레젠테이션의 유형을 구분하면 크게 정보 전달형, 의견 수렴형, 행동 요구형의 3가지로 나눌 수 있다.

(1) 정보 전달형

정보 전달형 프레젠테이션은 정보를 제공하는 데 목적이 있다. 주로 발표자가 가지고 있는 전문적인 지식이나 새로운 정보를 청중들에게 전달하여 청중들의 이해를 끌어내기 위한 프레젠테이션이다. 정보 전달형 프레젠테이션은 보통 발표자와 청중의 상호작용을 통해 진행되는 것이 아니라 일방적으로 정보가 전달되는 특징이 있다. 그렇기 때문에 전달하고자 하는 정보가 간결하고 명확하게 전달될 수 있도록 기획 단계부터 신경을 써서 준비해야 한다. 발표 과정에서는 많은 정보의 전달보다는 핵심적인 정보를 부각시켜 전달하고, 청중의 입장을 고려하여 중요하다고 판단되는 정보부터 알기 쉽게 설명해야 한다.

(2) 의견 수렴형

의견 수렴형 프레젠테이션은 상호 관심을 갖고 있는 문제에 접근하여 적절한 해결안을 모색하는 데 목적이 있다. 의견 수렴형 프레젠테이션에서는 발표자의 프레젠테이션 내용을 바탕으로 참가자 전원이 주어진 문제를 함께 논의하여 발전적인 해결안을 찾아가는 과정이 주로 이루어진다. 그러나 의견 수렴형 프레젠테이션의 목적은 단지 문제 해결안을 정하는 데 있지는 않다. 협력적 과정을 통해 공정하고 합리적인 문제 해결에 도달하는 과정이 중요한 것이다. 문제 해결안을 찾지 못해도 성과가 없는 것은 아니다. 문제 해결안을 찾기 위해 의견을 수렴하는 과정을 통해 참가자 전원이 해당 문제에 대한 관심과 이해가 넓어질 뿐만 아니라 인식의 틀도 확장할 수 있기 때문이다.

의견 수렴형 프레젠테이션에서 발표자는 자신의 프레젠테이션을 바탕으로 하여 공정하고 합리적이며 발전적인 의견들이 수렴될 수 있도록 프레젠테이션을 기획해야 한다. 발표 과정에서 발표자는 청중이 적극적으로 참여하여 의견을 제시할 수 있도록 열린 분위기를 만들어주는 것이 중요하다. 또한 자신의 일방적이고 편향된 의견을 고집하지 않고 다양한 의견을 수렴해야 한다. 아울러 가능하면 청중들에게 공정한 발언 기회를 주어야 하며, 소수의 의견도 경청하여 수렴해야 한다.

(3) 행동 요구형

행동 요구형 프레젠테이션은 개인적인 이익이나 공동체의 이익을 위해 청중을 설득하여 행동의 변화를 끌어내는 데 목적이 있다. 프레젠테이션을 통해 청중을 설득하여 청중의 가치관이나 의식을 변화시키는 것이다. 그러나 행동 요구형 프레젠테이션의 근원적인 목적은 단순한 인식의 변화에 그치는 것이 아니다. 인식의 변화에 뒤따르는 적극적인 행동을 요구하는 것이 행동 요구형 프레젠테이션의 최종 목표라 할 수 있다. 따라서 행동 요구형 프레젠테이션에는 구체적인 행동안을 제시하는 것이 좋다. 실천 가능한 구체적인 행동안을 제시하여야 하며, 행동의 변화에 뒤따르는 효과나 이익 역시 구체적으로 제시해야 설득력을 높일 수 있다.

행동 요구형 프레젠테이션에서 발표자는 청중이 자신의 생각이나 의견에 동조할 수 있도록 청중의 특성에 맞는 전략을 선택해야 한다. 이성적이고 합리적인 성향이 강한 청중이라면 논리에 호소해야 하며, 실리적 성향이 강한 청중이라면 행동의 변화를 통해 얻게 될 편의나 이익을 구체적으로 제시해야 설득이 용이하다. 또한 감성적인 성향이 강한 청중이라면 청중의 감성적인 측면을 자극하여 공감을 끌어내는 것도 중요하다. 청중과의 공감을 끌어내기 위해서는 청중의 마음을 점층적으로 움직일 수 있도록 프레젠테이션을 기획해야 한다. 프레젠테이션의 도입 단계부터 청중의 감성을 서서히 자극하여 감성적 자극의 강도를 점점 높여간다면 더욱 큰 감동을 끌어낼 수 있을 것이다.

2. 프레젠테이션의 방법

프레젠테이션을 기획한다는 것은 발표자가 원하는 목적을 달성하기 위해 프레젠테이션의 전체적인 방향과 실행 방법을 설계하는 것이다. 프레젠테이션의 성공 여부는 기획 단계에 달려 있다 해도 과언이 아니다. 기획 단계를 통해 프레젠테이션의 전반적인 틀이 형성되기 때문이다. 기획 단계에서는 전략회의를 통해 수행해야 할 과제들을 선정하여 단계별로 진행해야 한다. 전략회의란 프레젠테이션에 직·간접적으로 관련이 있는 사람들이 모여 프레젠테이션에 대해 의견을 교환하고 전략을 수립하는 회의를 말한다. 성공적인 프레젠테이션에 도달하기 위해서는 여러 차례의 전략회의를 거치면서 중점적으로 수행해야 할 과제들을 선정하고, 각 과제별로 적용 가능한 필수적인 전략들을 점검해야 한다. 혹 의견을 교환한 대상이 없이 혼자 프레젠테이션을 준비하더라도 단계별 수행 과제에 맞춰 프레젠테이션을 구성해야 긍정적인 결과를 얻을 수 있을 것이다.

기획 단계에서 중점적으로 수행해야 할 과제로는 발표 일정 수립 및 역할 분배, 청중 및 장소 분석, 발표 목적 및 목표 설정, 발표 주제 및 제목 선정, 자료 수집 및 정리 등이 있다.

1) 일정 수립

프레젠테이션 기획 단계에서 가장 먼저 확인해야 할 과제는 발표 일정을 수립하는 것이다. 발표 일정을 수립한다는 것은 최초의 전략회의를 통해 프레젠테이션의 진행 과정을 시간 요소를 고려하여 분배하는 과정을 말한다. 전략회의는 언제 할 것이며, 몇 차례를 할 것인지, 또한 언제까지 어떠한 내용들을 다룰지를 본격적으로 논의하는 것이다.

발표 준비 기간은 10일 내외로 기획하는 것이 좋다. 준비하는 시간이 많으면 많을수록 좋다고 생각할 수 있으나, 발표 준비 일정이 길어지면 오히려 집중력과 능률이 저하되는 경우가 많기 때문이다.

<table>
<tr><th>10일~7일 전</th><th>6일~4일 전</th><th>3일~2일 전</th><th>1일 전</th><th>발표일</th></tr>
<tr><td>전략 회의</td><td rowspan="2">슬라이드 작성
및 디자인</td><td>1차 예행연습</td><td>최종 예행연습</td><td>장소 확인, 준비</td></tr>
<tr><td>자료 수집 및 정리</td><td>수정 보완</td><td>준비사항 점검</td><td>프레젠테이션</td></tr>
</table>

전체 10일의 준비 과정 중 처음 4일 동안은 전략회의와 자료 수집 및 정리 과정을 거친다. 전략회의 과정에서는 먼저 발표 일정을 수립하고 발표 구성원별로 역할을 분배한다. 다음으로 청중과 장소, 시간 등의 요인을 분석하여, 프레젠테이션의 목적과 목표를 설정하고 주제와 제목을 결정한다. 자료 수집 및 정리 과정에서는 발표 구성원별로 자료를 수집하여 취합하고, 목표와 주제에 부합하는 자료를 선별하여 정리한다.

전략회의를 통해 마련한 내용과 선별된 자료를 바탕으로 다음 3일 동안은 슬라이드를 작성하고 디자인한다. 슬라이드 작성과 디자인이 완료되면 발표일 기준으로 3일 전 발표자는 발표 구성원을 대상으로 1차 예행연습을 시행한다. 1차 예행연습을 통해 미흡한 점, 혹은 개선해야 할 사항들을 수정, 보완한다. 수정, 보완된 내용을 반영하여 발표일 하루 전 발표 구성원을 대상으로 최종 예행연습을 한다. 두 차례의 예행연습이 진행되는 동안 발표자는 개인적으로 프레젠테이션을 수차례 반복하여 숙달하는 방법을 병행해야 한다. 반복되는 연습을 통해 성공적인 프레젠테이션에 대한 확신과 자신감을 획득할 수 있기 때문이다. 최종 예행연습이 끝나면 메모 카드와 유인물, 기타 필요한 장비들을 점검한다.

발표일 당일에는 최소 한 시간 전에 도착하여 발표 장소를 확인하고 장비들을 점검한다. 모든 준비와 점검을 마쳤다면 편안한 마음으로 프레젠테이션을 시작한다.

2) 역할 분배

대학에서 진행되는 프레젠테이션은 대부분 수업 상황에서 제시된다. 개별 발표로 진행되는 경우도 있겠으나 수강 인원을 감안하여 발표 구성원을 3인 이상으로 정하는 경우가 대부분이다.

발표 구성원이 한 명 이상이라면 프레젠테이션 준비 과정의 효율성을 올리고 발표 구성원들의 적극적인 참여를 독려하기 위한 역할의 분배는 필수적이다. 프레젠테이션의 기획 단계에서 이루어지는 발표 구성원 간 역할의 분배는 크게 두 가지 방향에서 이루어질 수 있다. 하나는 프레젠테이션 진행 과정에 대한 역할의 분배고, 다른 하나는 전략회의에서의 역할 분배다.

프레젠테이션 진행 과정에서의 역할은 크게 발표자, 자료 수집 및 정리자, 슬라이드 작성자, 총괄 진행자 등으로 나눌 수 있다. 프레젠테이션 과정에서의 역할은 발표 구성원의 성향에 따라 분배해야 능률을 높일 수 있다. 외향적인 성향의 사람이라면 발표자, 혹은 총괄 진행자의 역할을 담당하는 것이 좋으며, 내성적인 성향의 사람이라면 자료 수집 및 정리자, 혹은 슬라이드 작성자의 역할을 담당하는 것이 좋다.

전략회의는 프레젠테이션 준비를 위한 첫 모임이다. 첫 모임에서 적극성을 발휘하여 회의를 주도해 주는 사람이 있다면 일사천리로 기획 단계가 진행되겠으나, 안타깝게도 대부분의 발표 구성원 안에 그러한 존재는 없다. 설령 능동적이고 적극적인 사람이 발표 구성원에 포함돼 리더십을 발휘하여 프레젠테이션을 적극적으로 기획했다고 가정하자. 첫 모임부터 역할을 찾지 못한 다른 구성원은 모든 전략회의에서 방관자로 전락하게 될 것이다. 첫 단추부터 잘못 끼어진 것이다.

프레젠테이션의 시작인 기획 단계부터 발표 구성원의 능동적인 참여를 유도하기 위해서는 전략회의에서의 역할 분배도 필요하다. 전략회의에서의 역할은 크게 이끄미, 기록이, 부름이, 칭찬이 등이 있다. 이끄미는 전략회의를 끌어가는 사회자의 역할을 담당하며. 기록이는 회의의 내용을 기록, 정리하는 역할을 담당한다. 부름이는 다른 구성원들이 필요한 사항이 있을 때마다 가벼운 잔심부름을 해주는 역할을 담당하며, 칭찬이는 전략회의 간 다른 구성원을 칭찬하여 격려해 주는 역할을 담당한다.

대부분의 전략회의에서는 사회자와 기록자를 제외한 다른 구성원들은 회의에서 소외되거나 방관적인 태도를 유지하는 경우가 많다. 그러나 사회자와 기록자를 제외한 다른 구성원에게 부름이나 칭찬이와 같은 지위와 역할을 부여하면 회의 분위기도 좋아질뿐더러 의무감과 책임감을 갖고 회의에 적극적으로 임할 수 있게 된다. 아울러 전략회의의 역할을 고정하지 않고 회의별로 역할을 계속 바꿔본다면 유대감과 친근감을 향상시키는 데도 도움이 될 것이다.

3) 청중 분석

프레젠테이션의 기획 단계에서 가장 중요하게 수행해야 할 과제는 바로 청중에 대한 정보를 수집하고 분석하는 것이다. 프레젠테이션은 발표자가 아닌 청중들을 위한 말하기 행위다. 청중들의 참여와 관심을 끌어내기 위해서는 청중들이 프레젠테이션을 통해 얻고자 하는 것이 무엇인가에 대해 초점을 맞출 필요가 있다. 또한 청중의 관심도와 수준 등을 파악하여야 효과적인 의미 전달이 가능해진다.

청중 분석에서 가장 선행되어야 하는 것은 청중의 요구를 파악하는 것이다. 청중들이 왜 이 프레젠테이션을 들으려고 하는가를 파악하는 것이다. 청중들의 참석 목적이 정보를 얻고자 하는 것인지, 아니면 새로운 의견을 듣고자 하는 것인지, 혹은 문제를 해결하기 위한 방안을 모색하기 위한 것인지에 따라 프레젠테이션의 목적을 달리 설정해야 한다. 정보를 얻고자 하는 사람에게는 필요한 정보를 제공해 주어야 하며, 새로운 의견을 듣고자 하는 사람에게는 기존의 논의들과는 차별성을 지니는 새로운 의견들을 제시해 주어야 한다. 또한 문제를 해결하기 위한 방안을 모색하는 사람들에게는 문제의 원인을 분석하여 합리적인 해결 방안을 제시하고 이에 대한 기대 효과까지 구체적으로 제시해 주어야 한다. 청중의 요구를 외면한 프레젠테이션은 반드시 청중으로부터 외면 받게 된다는 사실을 잊지 말아야 한다.

청중 분석은 특히 프레젠테이션의 주제를 선정하고 내용을 구성할 때 필수적이다. 선정하고자 하는 주제에 대해 청중이 얼마나 많은 지식과 정보를 공유하고 있는지를 파악하는 것은 매우 중요하다. 또한 해당 주제에 대해 얼마나 관심이 있는지, 혹은 어떤 주제들을 선호하는지는 프레젠테이션의 주제를 선정하고 내용을 구성할 때 매우 중요한 역할을 담당한다.

- 주제와 대한 지식과 정보 수준
- 주제에 대한 관심 정도
- 주제에 대한 선호도 여부

청중 분석의 기본 사항은 주를 이루는 청중의 연령, 성별, 규모, 학력, 전공 분야, 직업, 참가 동기 등이다. 주를 이루는 청중의 정보들을 분석하여 청중에 특성에 맞는 프레젠테이션 전략을 수립해야 한다.

청중의 연령에 따른 전략은 심리학의 일반적인 통념에 의존해야 한다. 노년층의 청중은 보통 예의와 경험을 중시 여기는 경우가 많다. 발표 과정에서 언행에 최대한 예를 갖추고 연륜과 경험을 존중하는 태도를 유지해야 한다. 중장년층의 청중은 대부분 정치에 대한 관심이 많으며 특히 진보적인 성향을 보이는 경우가 많다. 감성적인 접근보다는 논리적인 접근이 필요하며, 논란의 소지가 있는 정치적으로 민감한 사안의 주제는 가급적 지양하는 것이 좋다. 젊은층의 사고방식은 대부분 진취적이며 자유롭고 낙천적이다. 형식적이고 강압적인 프레젠테이션보다는 자유롭고 편안한 이야기 형식의 분위기를 조성하는 것이 좋다.

청중의 성별에 따른 전략 역시 심리학의 일반적인 통념에 의존한다. 심리학자들에 따르면 여성은 남성에 비해 감성에 민감하고 감정 표현 역시 적극적이라고 한다. 여성이 감성에 민감하고 감정 표현도 적극적인 이유는 감성 처리를 담당하는 우뇌가 남성에 비해 활성화되어 있기 때문이다. 따라서 여성 청중이 주를 이루는 경우는 감성을 자극하여 공감을 끌어내는 전략을 활용하는 것이 좋다. 반면에 남성 청중이 주를 이루는 경우에는 논리적인 구성과 논리적 표현들을 적극적으로 활용하는 것이 좋다. 역시 논리의 처리를 담당하는 좌뇌가 여성에 비해 활성화되어 있기 때문이다. 아울러 성 인지 감수성의 중요함이 강조되는 현대 사회에서 남성과 여성을 구분하는 불필요한 언급은 삼가야 한다. 대상을 불문하고 분위기를 전환한답시고 건네는 성적인 농담이 오히려 분위기를 냉각시킬 수 있음을 명심해야 한다.

청중의 규모에 대한 분석은 장소 분석과 밀접한 관계를 맺고 있다. 청중의 수에 따라 발표 장소가 달라지기 때문이다. 청중의 수가 40명 이하일 경우는 발표 장소가 회의실, 세미나실, 일반 강의실 등이 될 것이다. 그러나 청중의 수가 40명을 넘어가게 되면 발표 장소는 대강의실 혹은 대강당으로 변경된다. 발표 장소가 회의실, 세미나실, 일반 강의실인 경우는 슬라이드의 최소 글자 크기가 18 이상이면 충분하나, 같은 자료를 대강의실 혹은 대강당에서 활용하면 뒷좌석의 청중들은 확인이 어려울 수 있다. 청중의 규모가 40명 이상이라면 프레젠테이션을 구성할 때 글자 크기를 최소 25 이상으로 해야 한다. 동일한 맥락에서 청중의 규모가 40명 이상의 프레젠테이션에서는 명확한 전달을 위해 마이크를 사용하는 것이 좋다. 성량이 아무리 풍부하더라도 발표 과정에서 음성에 변화를 주기 어렵기 때문이다.

청중의 학력과 전공 분야, 직업에 대한 분석은 앞에서 언급한 청중의 수준과 관심도, 선호도를 파악하기 위함이다. 주지한 바와 같이 청중의 수준과 관심도, 선호도는 프레젠테이션의 주제를 선정하고 내용을 구성하는 데 필수적인 요소다. 청중이 주제에 대해 전문가적 지식과 정보를 가지고 있다면 기존의 지식을 답습하지 말고 새롭고 흥미로운 정보나 새로운 해석들을 제공해야 한다. 또한 청중을 수준과 관심도, 선호도를 고려하여 주제를 선정하였음에도 불구하고 청중이 해당 주제에 대한 지식과 정보가 부족한 경우도 있다. 청중이 예상과 달리 해당 내용에 대한 지식과 정보가 부족하다고 하여 전문용어를 남발하거나 청중을 무시하는 경우가 종종 있는데, 지나친 자기 과시는 오히려 독이 될 수 있음을 명심해야 한다.

청중의 참가 동기는 프레젠테이션을 기획하는 데 중요한 요소가 될 수 있다. 프레젠테이션의 참가 동기는 자발적인가 혹은 강제적인가로 구분되는데, 강제적으로 참가한 청중이 주를 이룰 경우에는 발표 시작 단계에서 적절한 동기 부여를 제공하는 것이 효과적이다.

청중에 대한 정보는 많으면 많을수록 프레젠테이션의 전략을 수립하는 데 도움이 된다. 그러나 자칫 개인 정보와 관련된 사항들이 포함될 수 있으므로 전략을 마련하는 데 꼭 필요한 항목만을 조사하여야 한다. 또한 조사 항목에는 조사 가능한 항목만을 포함해야 하므로 발표 상황에 따라 발표 구성원 간의 협의를 통해 조사 항목을 선정하도록 한다.

4) 장소 분석

프레젠테이션의 기획 단계에서 이루어지는 장소 분석은 프레젠테이션을 하게 될 장소의 환경을 분석하고 점검하는 것이다. 프레젠테이션 과정에서 준비한 영상의 소리가 나오지 않거나 슬라이드를 만드는 데 사용한 소프트웨어가 설치되어 있지 않아 낭패를 본 경험이 한 번쯤은 있을 것이다. 이러한 실패의 원인은 바로 장소 분석이 이루어지지 않았기 때문이다. 프레젠테이션 장소가 익숙한 공간이라고 할지라도 반드시 방문하여 장소를 분석하고 대책을 마련해야 하며, 방문이 어려운 장소라면 전화 통화나 인터넷 등을 활용하여 필요한 내용을 확인하고 대책을 마련해야 한다.

프레젠테이션의 기획 단계에서 확인해야 할 기본적인 장소 점검 사항을 정리해 보면 다음과 같다.

장소 점검 사항	점검 내용
규모	회의실, 세미나실, 일반 강의실, 대강의실, 대강당 등 장소의 규모와 성격 파악
기자재	마이크/칠판의 종류 확인, 빔 프로젝터/음향기기/컴퓨터/모니터/스크린/복사기 유무 확인
소프트웨어	파워포인트 등 소프트웨어 설치 여부 확인, 동영상 관련 코덱 설치 여부 확인
조명	조명의 밝기 및 조절 가능성 확인, 암막 커튼 유무 확인
발표 위치	청중과의 거리 확인, 단상/전자교탁/리모컨 유무 확인

5) 목적 및 목표 설정

프레젠테이션의 목적과 목표는 청중 분석과 장소 분석을 통해 얻은 정보를 바탕으로 설정하는 것이 좋다.

먼저, 프레젠테이션의 목적은 앞서 청중 분석 부문에서 언급한 것처럼 청중의 요구 분석을 바탕으로 설정해야 한다. 청중들의 참석 목적이 정보를 얻고자 하는 것인지, 아니면 새로운 의견을 듣고자 하는 것인지, 혹은 문제를 해결하기 위한 방안을 모색하기 위한 것인지에 따라 프레젠테이션의 목적을 달리 설정해야 한다.

프레젠테이션의 목표는 프레젠테이션의 목적을 달성하기 위해 성취해야 하는 구체적인 과제다. 흔히 목적과 목표의 개념을 혼동하여 사용하는 경우가 많은데, '목적'이 직접 관찰하고 측정할 수 없는 장기적이고 추상적인 가치와 방향을 의미한다면, '목표'는 객관적인 관찰이나 측정이 가능한 구체적이고 실질적 대상을 의미한다. 예컨대, 축구 선수 손흥민의 목적은 '세계 최고의 축구 선수가 되는 것'이고, '세계 최고의 축구 선수가 되기 위한 목표는 '올해 프리미어리그에서 30골 이상을 기록하는 것'이다. '세계 최고의 축구 선수'라는 가치는 장기적이며 추상적이고 주관적인 가치다. 목적이 추상적이고 주관적인 가치라는 사실은 지금 당장 세계 최고의 축구 선수가 누구인가를 몇몇에게 물어만 봐도 확인할 수 있다. 질문에 대한 대답이 일률적이지 않을 것이라는 사실은 자명하기 때문이다. 이처럼 목적은 장기적으로 추구하고자 하는 방향을 의미하는 것이다. 이에 반해, '올해 프리미어리그에서 30골 이상을 기록하는 것'이라는 목표는 구체적이며 객관적이다. 수치화 할 수 있으며, 목표의 달성 여부를 쉽게 파악할 수 있다. 세계 최고의 축구 선수가 되기 위해 성취해야 하는 구체적인 과제 중 하나인 것이다.

*** 축구 선수 손흥민**

목적: 세계 최고의 축구 선수가 되는 것이다.

목표: 올해 프리미어리그에서 30골 이상을 달성한다.
올해 프리미어리그에서 20개 이상의 도움을 달성한다.
월드컵에서 대한민국을 4강 이상까지 이끈다.

성공적인 프레젠테이션을 위해서는 프레젠테이션의 목적을 달성하기 위해 구체적이고 명확한 목표를 제시해야 한다. 프레젠테이션의 목적을 달성하기 위한 구체적인 목표는 3개 이상을 제시하는 것이 좋다. 프레젠테이션의 목표를 뒷받침할 수 있는 핵심 내용으로 본론을 구성하고, 본론의 핵심 내용을 구체화할 수 있는 하위 항목들을 설정하면, 서론, 본론, 결론의 목차 구성이 보다 용이하기 때문이다.

6) 주제 및 제목 선정

프레젠테이션의 목적과 목표를 설정한 이후 이어지는 과제는 프레젠테이션의 주제와 제목을 선정하는 일이다. 프레젠테이션의 목적과 목표를 설정하는 과제와 주제와 제목을 선정하는 과제는 사실 거의 동시에 이루어진다. 선후의 차이에 큰 의미는 없으나 가능하면 프레젠테이션의 목적과 목표를 설정한 후 주제와 제목을 선정하는 것이 좋다. 프레젠테이션의 목표를 핵심적으로 요약하거나 압축적으로 보여 줄 수 있는 것이 프레젠테이션의 제목이기 때문이다.

일반적인 프레젠테이션은 주제가 결정된 경우가 대부분이다. 그러나 거시적인 관점에서 대주제가 정해졌다고 하더라도 개인별 주제를 정하는 것은 발표자의 몫이다. 예컨대, '환경오염 문제'라는 주제로 발표회가 열린다면 환경오염의 형태에 따라 '대기오염 문제'를 비롯하여 '토양오염 문제', '수질오염 문제' 등 다양한 개인별 주제들이 선정될 수 있을 것이다. 물론 개인별 주제까지 이미 결정되어 있다면 전략회의에서 주제를 선정하는 작업은 논의의 대상에서 제외된다.

프레젠테이션의 주제를 선정할 때 가장 고려해야 할 사항은 청중의 지식과 정보 수준, 관심사와 선호도 등을 파악하는 것이다. 앞서 청중 분석 단계에서 언급한 바와 같이 프레젠테이션의 주제를 선정하기 위한 청중 분석은 필수적이다. 선정하고자 하는 주제에 대해 청중이 얼마나 많은 지식과 정보를 공유하고 있는지, 해당 주제에 대해 얼마나 관심이 있는지, 혹은 어떤 주제들을 선호하고 불호하는지는 프레젠테이션의 주제를 선정할 때 매우 중요한 역할을 담당한다. 또한 프레젠테이션의 주제는 시간 요소를 감안하여 선정해야 한다. 대부분의 프레젠테이션은 한정된 시간 안에서 이루어지기 때문에 주어진 시간 안에 소화가 가능한 주제를 선정하는 중요하다.

프레젠테이션의 목적과 목표, 주제까지 결정되었다면 이제 프레젠테이션의 제목을 선정해야 한다. 이따금 프레젠테이션의 주제와 제목을 혼용하는 경우가 있으나 프레젠테이션의 제목은 주제와 구분하여 별도로 선정하는 것이 좋다. 예컨대, 앞서 '환경오염 문제'라는 대주제 중에서 '대기오염 문제'라는 개인 주제를 선정했다고 가정하자. '대기오염 문제'라는 주제로 프레젠테이션을 한다면 '대기오염 문제'가 지속되면 건강한 미래의 삶이 보장되지 않을 것이라는 의미를 전달하기 위해 '미래에 대한 기대를 삼킨 대기'라는 제목을 선정해 볼 수 있을 것이다. '대기오염 문제'라는 주제를 밋밋하게 제목으로 혼용하는 것보다는 청중의 관심과 이목을 끄는 데 도움이 될 것이다.

프레젠테이션의 제목은 프레젠테이션의 목표를 핵심적으로 전달하거나 집약적으로 보여줄 수 있어야 한다. 아울러 프레젠테이션의 주제를 강렬하게 전달할 수 있어야 한다. 청중의 시선을 사로잡고 마음을 움직일 수 있도록 창의성을 발휘하여 신선하면서도 강한 인상을 줄 수 있는 제목을 선정하는 것이 좋다. 프레젠테이션의 제목은 청중과의 첫 대면이니 전략회의 간 발표 구성원들의 다양한 의견을 수렴하여 신중히 선정해야 할 것이다.

7) 자료 수집 및 정리

프레젠테이션의 기획 단계에서 마지막으로 이루어지는 과제는 자료의 수집과 정리다. 프레젠테이션의 기획 단계에서 자료의 수집과 정리는 긴 시간과 많은 노력을 필요로 한다. 그러나 자료는 프레젠테이션을 구성하기 위한 필수 재료다. 다양하고 신선한 재료가 맛있는 음식을 만들어 내 듯, 풍부하고 다양한 자료가 있어야 이상적인 프레젠테이션의 내용을 구성할 수 있다.

자료의 수집은 지속적이며, 협력적으로 이루어져야 한다. 자료의 수집은 보통 기획 단계에서 이루어진다. 그러나 프레젠테이션의 구성 단계나 예행연습 과정에서도 자료가 추가로 반영될 수 있기 때문에 준비된 자료가 있다고 하더라도 지속적으로 자료를 수집해야 한다. 아울러 역할 분배 과정에서 자료 수집 및 정리자를 정했더라도 자료의 수집은 발표 구성원 전체가 협력적으로 수행해야 한다. 한 사람만이 자료를 수집할 경우 자료가 편향될 가능성이 있기 때문이다.

수집 가능한 자료의 종류로는 프레젠테이션의 객관성과 신뢰성을 확보할 수 있는 통계자료와 전문가의 연구 결과 등이 있다. 또한 프레젠테이션의 설득력과 전달력을 확보할 수 있는 사진이나 그림, 동영상 등이 있다. 자료 수집하는 과정에서 유의할 점은 지식 재산권(저작권)을 침해해서는 안 된다는 점이다. 따라서 자료를 수집할 때는 출처가 명확한 자료를 수집해야 하며, 해당 자료를 사용하게 된다면 반드시 출처를 밝혀야 한다.

자료의 정리 단계는 수집된 자료를 선별하여 배치하는 과정이다. 수집된 자료를 분석하여 체계적으로 정리하고 적절한 위치에 배치하는 것이다. 자료를 선별하는 과정에서 유념해야 할 사항은 욕심을 버리는 것이다. 자료를 선별하다 보면 '계륵(鷄肋)' 같은 자료가 존재한다. 버리자니 아깝고 사용하자니 적절한 위치를 찾기가 어렵다. '계륵' 같은 자료는 과감히 버려야 한다. 얼마나 잘 버리느냐가 프레젠테이션의 성패를 좌우한다는 사실을 유념해야 한다.

자료 수집 방법과 정리 요령

- 최신 자료이면서 객관적으로 신뢰가 가는 자료를 선택한다.
- 출처와 정보(조사 기관, 대상, 일시, 장소, 방법 등)을 분명히 밝힌다.
- 개인 블로그 등 신뢰성이 부족한 인터넷 자료는 삼간다.
- 객관적인 출처를 알 수 있는 통계자료(통계청 자료)를 활용한다.

3. 프레젠테이션의 구성과 기술

프레젠테이션의 구성 단계는 기획 단계에서 준비한 내용을 바탕으로 시청각 자료(슬라이드)의 내용을 구성하고 디자인하는 과정을 의미한다. 프레젠테이션에서 시청각 자료는 청중에게 의미를 보다 효과적으로 전달할 수 있는 수단이다. 프레젠테이션의 내용을 구성하는 원칙과 전략, 시청각 자료를 디자인하는 전략들을 알맞게 활용하면 발표 단계에서 청중의 집중력과 이해도가 높아질 수 있다.

1) 내용 구성의 원칙

프레젠테이션의 구성은 프레젠테이션의 내용을 작성하는 것에서부터 시작한다. 프레젠테이션의 내용을 작성하기 위해서는 일반적인 글쓰기에서와 같이 기본적인 원칙들을 준수해야 한다. 프레젠테이션의 내용을 구성할 때 지켜야 할 기본적인 원칙으로는 단순성, 의외성, 신뢰성, 이야기화(storytelling) 등이 있다.

(1) 단순성

프레젠테이션의 내용을 작성할 때 지켜야 할 첫 번째 원칙은 단순성이다. "세련미의 극치는 단순함이다."라는 레오나르도 다빈치의 말과 같이 단순함은 대상을 명확하고 분명하게 만드는 힘이 있다. 실패로 이어지는 프레젠테이션의 특징은 과욕을 부린 복잡한 구성과 핵심을 전달하지 못하는 장황한 내용, 부실한 내용을 감추기 위한 화려한 디자인이 주를 이룬다는 것이다.

단순한 구성은 프레젠테이션의 전달력과 청중의 이해력을 높이는 효과가 있다. 전체의 내용을 도입부, 본론부, 결론부의 3단계로 나누고, 본론부의 핵심 내용을 3가지로 정리하면 간결하면서도 체계적인 구성을 만들 수 있다. 기획 단계에서 언급한 바와 같이 '계륵'과 같은 내용은 과감히 버리고, 전체적인 균형감을 유지하며, 3가지의 하위 항목들을 만들어 나가면 단순하면서도 체계적인 구성이 완성될 것이다.

슬라이드의 내용을 구성하는 가장 쉬운 방법은 글로 슬라이드를 가득 채우는 것이다. 프레젠테이션을 준비하는 사람에게는 가장 쉬운 방법이지만 청중에게는 최악의 프레젠테이션이다. 내용을 파악해야 할 시간적 여유도 없을 뿐만 아니라 문장들을 읽어 내느라 발표자의 발표 내용도 들을 수 없기 때문이다. 내용을 빠르고 명확하게 전달하기 위해서는 슬라이드의 내용을 단순하게 구성해야 한다. 문자 정보는 가능하면 차트나 도표, 그림이나 사진 등의 정보로 가공하여 시각화하는 것이 좋다. 정보의 시각화는 추상적인 개념을 구체적이고 단순하면서도, 강렬한 언어로 바꿔 기억에 오래 남게 하기 때문이다. 명사 혹은 명사형으로 문장을 끝내고, 조사나 마침표도 가급적 생략하여 내용을 간결하게 표현하도록 한다.

슬라이드의 디자인도 단순함을 유지해야 한다. 슬라이드에 지나치게 화려한 배경이나 장식, 애니메이션 등을 사용하게 되면 청중은 오히려 내용에 집중하지 못하게 된다. 화려한 디자인이 청중의 이목을 끌 수는 있겠으나 중요한 것은 프레젠테이션의 내용이다. 슬라이드의 디자인보다는 내용에 집중하는 것이 좋다. 시각화, 글자 크기, 글자 색, 순차적 제시를 위한 애니메이션과 같이 가독성과 전달력을 높일 수 있는 디자인을 제외하고는 디자인은 최대한 단순하게 구성하는 것이 좋다.

(2) 의외성

'창의적'이라 말은 더 이상 창의적이지 않을 정도로 현대 사회의 삶을 영위하는 데 보편적 원칙이 되었다. 그럼에도 불구하고 프레젠테이션의 원칙에서 다시

'창의성'을 언급하는 이유는 창의적인 내용 구성이 청중의 관심과 집중력을 높이는 강력한 힘이 있기 때문이다. '창의성'이 기존의 의미를 바탕으로 새로운 의미를 만들어 내는 것이라면, '의외성'은 기존의 가치와 의미를 뒤집는 것이다. 창의적인 내용 구성은 청중의 기대와 예상을 무너뜨리는 의외성에서 출발한다.

창의적인 내용 구성의 핵심은 청중의 기대와 예상을 무너뜨려 관심을 유발하고, 기존의 상식이나 가치가 가지고 있는 허점을 공략하여 공백을 채워주는 것이다. 일반적인 상식을 뒤엎는 반전 구성은 프레젠테이션을 진행하는 내내 청중의 관심도과 집중력을 유지하는 데 효과적이다.

창의적인 내용 구성은 프레젠테이션을 진행하는 과정에서도 전략적으로 활용할 수 있다. 예컨대, 스티브 잡스는 'MacBook Air'가 얼마나 얇아졌는가를 설명하기 위해 들고 있던 서류봉투에서 MacBook Air를 꺼내들었다. 신제품이 얼마나 얇아졌는가를 보여줄 수 있는 방법은 수없이 많을 것이다. 그러나 스티브 잡스는 서류봉투라는 청중이 예상하지 못한 수단이나 도구를 활용하여 설명의 효과를 극대화한 것이다. 이처럼 의외성 가득한 연출은 프레젠테이션 내용의 전달력을 높일 뿐만 아니라 청중의 가슴 속에 내용을 각인시키는 효과가 있다.

청중의 기대와 예상을 뒤집을 수 있는 의외성 가득한 내용 구성은 프레젠테이션에서 선택이 아닌 필수다. 청중의 예상대로 흘러가는 프레젠테이션에서 청중은 아무런 감흥도 얻을 수 없기 때문이다. 청중의 관심과 흥미를 유발하고 감동을 주기 위한 의외성은 프레젠테이션의 필수 요소임을 명심해야 한다.

(3) 신뢰성

아리스토텔레스는 『수사학』에서 설득의 3요소로 로고스(Logos), 파토스(Pathos), 에토스(Ethos)를 설정한 바 있다. 상대를 설득하기 위해서는 우선 논리가 확보되어야 하며(로고스), 상대의 감정을 이해할 수 있어야 하고(파토스), 상대방이 자신을 신뢰해야 한다는 것이다(에토스). 아리스토텔레스는 상대방을 설득하는 데 있어 가장 중요한 요소로 에토스를 꼽았다. 인간은 감성적이고 충동적인 존재이기 때문에 말하는 사람을 신뢰해야만 설득이 가능하다는 것이다.

프레젠테이션에서도 청중의 신뢰성을 확보하는 것이 무엇보다 중요하다. 발표자에 대한 믿음과 신뢰는 프레젠테이션에 대한 호감도과 관심도를 높이는 효과가 있기 때문이다. 신뢰성을 확보하기 위해서 발표자는 복장에 신경을 써야 한다. 많은 학생들이 프레젠테이션에서 복장의 중요성을 간과하는 경우가 있는데, 단정한 복장은 청중의 신뢰감을 확보할 수 있는 가장 확실하고 손쉬운 방법이다. 예컨대, 셜록 홈스를 연상하게 하는 복장을 입은 사람이 "저 사람이 범인이야"라고 외쳤을 때와 슬리퍼에 반바지 차림의 사람이 같은 말을 외쳤을 때, 누구의 말을 더 신뢰할지는 자명하다.

프레젠테이션 내용의 신뢰성을 확보하기 위해서는 믿을 만한 근거를 활용해야 한다. 주장이나 의견을 뒷받침하는 근거로 실제 사례, 통계자료, 전문가의 의견 등과 같이 객관적이며 공신력 있는 자료를 활용해야 내용의 신빙성을 높일 수 있다. 또한 프레젠테이션의 내용을 구성을 할 때는 출처가 명확한 정보를 활용해야 한다. 출처가 불분명한 정보나 자료들은 내용의 진위여부를 확인하기 어려운 경우가 많다. 불확실한 정보들로는 절대로 청중의 신뢰를 얻을 수 없다. 출처가 명확한 정보를 활용해야 청중으로부터 신뢰감을 얻을 수 있음을 명심해야 한다.

(4) 이야기화(Storytelling)

이야기화, 즉 스토리텔링이란 프레젠테이션의 내용에 이야기를 입히는 것을 의미한다. 청중에게 전달하고자 하는 내용들에 재미와 생기를 입혀서 생생한 이야기를 전달하는 것이다. 예컨대, 중학교 수업 시간에서 배운 역사 지식들은 우리의 기억에서 사라진 지 오래지만, 그보다 더 오래전 할머니, 할아버지로부터 들은 '옛날이야기'는 우리의 기억에 아직도 남아 있을 것이다. 이러한 경험적 근거는 이야기의 구조가 전달력과 기억력을 높여준다는 사실을 방증하는 것이라 할 수 있다.

프레젠테이션에 스토리텔링을 적용하면 일방적이고 딱딱한 정보 전달식 프레젠테이션에서 벗어날 수 있다. 또한 청중의 이해력과 설득력을 높여 프레젠테이션의 효과를 극대화할 수 있다. 프레젠테이션에 스토리텔링을 적용하는 기본적인 방법은 전체의 내용을 하나의 이야기로 구성하는 것이다. 그러나 전체 내용을 하나의 이야기로 구조화하는 것은 기획 단계에서부터 철저한 준비가 있어야 가능하다. 또한 프레젠테이션의 성격이나 특성에 따라 전체의 내용을 하나의 이야기로 구조화하는 데는 한계가 따른다.

프레젠테이션에서 스토리텔링을 적용할 수 있는 가장 효과적인 방법은 부분적인 스토리텔링이다. 방송에서 역사 지식을 알려주는 강연자의 강연에 대중이 열광하는 이유는 바로 강연자가 부분적인 스토리텔링을 활용하고 있기 때문이다. 핵심적으로 전달해야 할 내용에 대하여 각본을 짜서 생생한 이야기로 전달하는 것이다. 부분적인 스토리텔링을 활용하면 청중의 집중력을 확보할 수 있을 뿐만 아니라 내용의 전달력도 극대화할 수 있다. 프레젠테이션의 내용 중에서 이야기화 할 수 있는 핵심 내용을 선정하여, 청중의 관심과 흥미를 끌 수 있는 이야기를 구성해 내는 것 또한 프레젠테이션을 성공적으로 이끄는 원칙임을 명심해야 한다.

2) 내용 구성 전략

프레젠테이션의 내용을 구성한다는 것은 시청각 자료의 내용을 작성하는 과정뿐만 아니라 프레젠테이션의 내용을 구조화하는 과정도 포함한다. 기획 단계에서 정리된 목표와 자료들을 바탕으로 내용을 작성하기 위해 프레젠테이션의 내용을 구조화하는 것이다. 프레젠테이션의 내용 구성에서는 구조가 핵심이다. 체계적으로 구조화된 내용은 청중의 집중력을 향상시켜 의미 전달을 극대화할 수 있기 때문이다. 따라서 프레젠테이션의 목적을 효과적으로 달성하기 위해서는 구성 단계에서 프레젠테이션의 내용을 구조화하는 전략이 필수적으로 반영되어야 한다.

도입부	• 인사말 • 프레젠테이션의 주제와 목표(결론) 소개 • 프레젠테이션의 전체 구성 소개

⬇

본론부	• 본론의 핵심 내용 제시 • 핵심 내용을 뒷받침하는 구체적인 근거 자료 제시

⬇

결론부	• 본론에 대한 요약, 정리 • 발전 가능성 / 기대 효과 등 제시 • 여운과 감동 제시

프레젠테이션의 내용을 구성하는 가장 보편적인 방법은 '도입부-본론부-결론부'의 3단계로 구조화하는 것이다. 프레젠테이션의 내용 구성 단계는 일반적인 글쓰기 구성 단계와 동일하나 각각의 부문에 담아야 할 내용과 전략은 글쓰기와 다르다.

(1) 도입부

❶ 예의와 절차를 지켜라

도입부는 크게 인사말과 프레젠테이션의 내용 소개 부문으로 나눈다.

인사말에 포함될 수 있는 내용으로는 사회자 혹은 발표 주최에 대한 예의 표시, 인사, 자기소개, 발표 구성원의 역할 소개, 청중에 대한 감사의 말, 진행 안내 등이다. 인사말은 청중에 대한 기본적인 예의인 동시에 존경의 표시다. 짧은 시간을 활용하여 청중에게 긍정적인 인상을 심어줄 수 있는 기회라는 사실을 잊어서는 안 된다. 별도의 슬라이드를 구성할 필요는 없지만 발표 대본에 미리 인사말을 준비해 놓는 것이 좋다. 다만, 날씨나 교통 상황 등 프레젠테이션의 주제와 직접적으로 관련 없는 이야기를 필요 이상으로 길고 지루하게 말하는 것은 지양해야 한다.

프레젠테이션의 내용을 소개하는 부문은 프레젠테이션의 주제와 목표 소개, 그리고 전체 구성에 대한 소개로 나눌 수 있다. 프레젠테이션의 내용을 소개하는 부문은 도입부의 핵심으로 프레젠테이션의 성패를 좌우할 정도로 중요하다. 청중은 도입부의 소개를 통해 프레젠테이션을 더 들을 가치가 있는지 없는지를 판단하기 때문이다. 프레젠테이션의 주제와 목표를 소개하기 위한 슬라이드 구성은 프레젠테이션의 제목으로 대체한다. 프레젠테이션의 주제와 목표를 압축적으로 보여줄 수 있는 제목을 선정하여 제시하고, 이를 바탕으로 프레젠테이션의 주제와 목표를 소개한다. 프레젠테이션의 전체 구성에 대한 소개를 위해서는 프레젠테이션의 목차를 활용한다. 슬라이드에 정리한 목차를 하나하나 열거하는 것이 아니라 프레젠테이션의 진행 과정이 목차와 같은 절차를 통해 진행됨을 이야기하듯 설명해 준다.

❷ 청중의 관심과 흥미를 끌어내라.

프레젠테이션의 내용을 소개하는 부문에서는 청중의 관심과 흥미를 유발하기 위한 전략적 구성도 필요하다. 청중의 흥미를 유발할 수 있는 전략적 구성으로는 질문 구성과 인용 구성, 반전 구성 등이 있다.

질문 구성은 본론의 내용을 시작하기 전, 프레젠테이션의 핵심 내용과 관련된 질문을 하나 이상 만들어 청중 전체에게 질문을 던지는 것이다. 질문에 대한 해답을 찾는 과정을 통해 청중은 자연스럽게 프레젠테이션에 대해 관심을 갖게 되며, 자신의 생각을 이야기하는 행위를 통해 프레젠테이션에 적극적으로 참여하게 되는 계기가 될 수 있다. 인용 구성은 저명한 인물의 명언이나 서적의 일부 내용을 인용하여, 해당 프레젠테이션의 필요성과 효과를 강조하는 것이다. 청중에게 프레젠테이션의 목표를 보다 명시적으로 전달할 수 있으며, 동기를 부여할 수 있다는 점에서 효과적이다. 반전 구성은 일반적인 상식을 뒤집는 것에서 시작된다. 일반적인 상식을 뒤집을 만한 예문이나 사진, 영상 등을 활용하여 기존의 논의들과의 차별성을 강조하다면 청중의 관심과 흥미를 붙잡아 두는 데 도움이 될 것이다.

❸ 결론을 먼저 제시하라.

도입부에서 청중에게 강렬한 인상을 심어주지 못한다면 청중의 관심과 흥미가 떨어져서 프레젠테이션이 진행되는 내내 어려움을 겪게 되는 경우가 많다. 도입부의 전략적 구성을 적극적으로 활용하기 어렵다면 프레젠테이션의 결론을 도입부에서 먼저 제시하는 것도 청중의 관심을 집중시키는 데 도움이 된다.

장시간 이어지는 지루한 프레젠테이션을 듣다가 '그래서 요점이 뭔데?'라는 생각을 한 번쯤은 해 봤을 것이다. 프레젠테이션에서 청중이 원하는 것은 결국 프레젠테이션의 요지인 결론인 것이다. 프레젠테이션의 내용을 구성할 때 결론은 마지막에 배치하는 것이 일반적이다. 그러나 대다수의 청중들은 결론이 나올 때까지 인내심을 갖고 기다려주지 않는다. 그렇기 때문에 청중이 원하는 결론을 도입부에 먼저 제시하여야 청중의 관심을 붙잡아 둘 수 있다. 청중의 요구에 맞춰 결론을 도입부에 제시하고, 본론부에서는 결론에 도달하게 된 근거를 구체적으로 설명한다. 결론부에서는 본론의 핵심 내용과 결론의 내용을 다시 정리하고 강조하는 것으로 마무리한다. 이러한 '결론-근거-결론'의 구성도 청중의 집중력을 유지하기 위한 전략적 방법으로 적극 활용할 수 있을 것이다.

(2) 본론부

❶ 내용의 일관성을 유지하라

본론부는 프레젠테이션을 통해 청중들에게 전달하고자 하는 의미의 핵심 부문이다. 그러나 본론부의 내용은 청중들에게 전달하고자 하는 의미의 핵심인 동시에 결론의 내용을 뒷받침할 수 있는 핵심 근거가 될 수도 있다. 따라서 본론부의 핵심 내용들은 일관성과 통일성을 유지하며 결론을 향해 있어야 한다.

□ 근거 1:

□ 근거 2:

□ 근거 3:

■ 결론:

내용의 일관성과 통일성을 확보하기 위해서는 기획 단계에서 논점을 체계화하는 것이 필요하다. 논점을 체계적으로 구성하기 위해서는 프레젠테이션의 목적이라 할 수 있는 결론을 먼저 설정하고, 결론을 뒷받침할 수 있는 핵심 근거들을 정리해야 한다. 핵심 근거를 설정할 때는 핵심 근거와 결론 사이에 인과관계를 확보해야 한다. 각각의 근거들이 결론과 '[근거] ~ 때문에 [결론] ~ 해야 한다'는 문장 구조로 수용되는가를 점검하면, 손쉽게 인과관계를 확보할 수 있다.

또한 결론과의 관련성에 유의하여 핵심 근거들 간 연관성을 확보해야 프레젠테이션의 일관성과 통일성을 유지할 수 있다. 결론과의 관련성에 주목하다보면 하나의 핵심 근거가 다른 근거들과 동떨어지는 경우가 종종 있다. 핵심 내용 간 상호 연관성을 유지하지 못한다면 논점이 흐려져 청중의 집중력도 흐려지는 결과를 초래한다. 결론과의 인과관계에 주목하되, 핵심 내용들 간의 상호 연관성도 고려하여 핵심 내용을 구성해야 한다.

❷ 숫자 '3'을 활용하라

프레젠테이션의 구성을 도입부, 본론부, 결론부의 3부문으로 나눈 것처럼 본론의 핵심 내용과 하위 항목도 3가지로 항목화하여 정리하는 것이 좋다. 심리학자들에 의하면 '3'이라는 숫자는 우리에게 가장 친숙한 숫자이며, 가장 안정감을 주는 숫자라고 한다. 이러한 친숙함과 안정감은 기억력을 높이는 효과를 발휘한다. 청중의 기억에 오래 남기를 바란다면 '3'이라는 숫자를 적극 활용해야 한다.

> 오늘 아침, 여러분께 보여 드릴 놀라운 것들을 준비했습니다. 모든 고전 명작들이 그러하듯 오늘 저의 프레젠테이션 또한 3막으로 구성했습니다. 자, 무엇부터 시작해야 할까요? 제1막, iMAC입니다.
>
> —스티브 잡스의 프레젠테이션 'Special Event' 부분

프레젠테이션의 거장으로 불리는 스티브 잡스의 프레젠테이션 특징은 '3-3-3 구조'를 적극적으로 활용하고 있다는 점이다. '3-3-3 구조'를 활용하면 프레젠테이션의 내용을 일목요연하게 구조화할 수 있으며, 과도한 정보의 양을 제한하여 전달력과 이해력을 높일 수 있다. 먼저 프레젠테이션의 전체 내용을 도입부와 본론부, 결론부의 3부문으로 나누고, 본론부의 핵심 내용을 세 가지 항목으로 나누어 구성한다. 세 가지로 항목화한 본론부의 핵심 내용을 다시 세 가지 하위 항목으로 세분화하면 '3-3-3의 구조'가 완성된다. 상황에 따라 하위 항목에 대한 내용을 보완하거나 증명할 수 있는 통계자료, 사진, 동영상 등을 역시 3개의 슬라이드로 구성하면 전달력을 높이는 데 도움이 될 것이다.

❸ 반복해서 제시하라

장시간 이어지는 프레젠테이션에서 청중은 집중력을 잃기 쉽다. 청중의 집중력을 유지할 수 있는 가장 효과적인 방법은 프레젠테이션의 내용과 단계를 반복적으로 제시하는 것이다.

정보를 전달하는 가장 효과적인 방법은 바로 내용을 반복하는 것이다. 정보를 전달하는 가장 효과적인 방법이 반복이라는 사실은 매일 새로운 정보를 전달하는 뉴스의 구조를 통해 확인할 수 있다. 뉴스가 시청자들에게 새로운 정보를 전달하는 구조는 초반부에 주요 뉴스를 안내하고, 각각의 세부 뉴스를 전달한 후, 뉴스 후반부에 주요 뉴스를 요약하는 순서로 이루어져 있다. 새로운 내용을 보다 명

확하고 효과적으로 전달하기 위해서 '조감 → 구체화 → 요약'의 전략을 활용하여 같은 내용을 3번 반복하는 것이다.

본론부의 핵심 내용도 '조감 → 구체화 → 요약'의 전략을 활용하여 구성하는 것이 좋다. 흔히 본론의 내용을 요약하는 것은 결론부에만 제시하는 것으로 알고 있는 사람이 많다. 그러나 본론부의 각 핵심 내용이 끝날 때마다 본론부의 핵심 내용을 요약하여 제시해 주면, 혹 프레젠테이션 중간에 집중력을 잃었던 청중도 집중력을 되찾을 수 있다. 프레젠테이션 내용의 전달력과 이해력을 높이고, 청중의 집중력을 다잡을 수 있는 가장 효과적인 전략이 내용의 반복임을 유념해야 한다.

프레젠테이션의 단계를 반복적으로 제시하는 것도 청중의 집중력을 유지하는 데 도움이 된다. 장시간 이어지는 프레젠테이션에서 본론부의 내용이 길어질 경우, 청중은 집중력을 잃고 프레젠테이션의 진행 과정을 놓치는 경우가 있다. 말 그대로 길을 잃은 것이다. 복잡한 구조의 건물에서 길을 찾을 때 가장 먼저 해야 하는 일은 자신의 현재 위치를 확인하는 것이다. 현 위치를 확인해야 목적지에 도달할 수 있는 경로에 다시 진입할 수 있기 때문이다.

프레젠테이션에서 길을 잃은 청중을 다시 목적지에 도달할 수 있는 경로로 이끌기 위해서는 현 위치, 즉 현재 진행 단계를 반복적으로 제시해 주어야 한다.

프레젠테이션의 단계
[기획 단계] • 발표 일정 수립 및 역할 분배 • 청중 및 장소 분석 • 발표 목표 및 주제 설정 • 자료 수집 및 정리

프레젠테이션의 이해	
개념	[기획 단계] • 발표 일정 수립 및 역할 분배 • 청중 및 장소 분석 • 발표 목표 및 주제 설정 • 자료 수집 및 정리
단계	
유형	

프레젠테이션의 진행 단계를 지속적으로 보여줄 수 있는 방법은 두 가지가 있다. 하나는 슬라이드 상단에 제목과 하위 항목을 제시하는 방법이고, 다른 하나는 슬라이드 좌측에 전체 구성과 현재 단계를 표시해 주는 방법이다. 자신이 전체 내용을 파악하고 있다고 하여 청중도 전체 내용을 파악하고 있을 거라는 확신에 프레젠테이션의 진행 단계를 제시하지 않는 경우가 종종 있다. 도입부에서 전체 내용을 조망하였다고 하더라도 프레젠테이션의 진행 단계를 반복적으로 보여줄 필요가 있다. 프레젠테이션의 진행 단계를 반복적으로 제시하는 것도 청중의 집중력을 유지하는 데 도움이 된다는 사실을 잊지 말아야 한다.

(3) 결론부

결론부의 내용은 세 가지 정도로 구성하는 것이 좋다. 프레젠테이션의 전체 내용을 요약하는 단계와 전망이나 기대 효과를 제시하는 단계, 청중의 감성을 자극하여 여운과 감동을 전하는 단계로 순차적으로 구성하는 것이다.

❶ 단순하게 제시하라

결론부의 핵심은 프레젠테이션의 전체 내용을 간단하고 명료하게 요약하는 것이다. 도입부와 본론부에서 제시했던 핵심 내용을 최대한 단순화하여 요약, 정리해야 한다. 또한 향후 전망이나 기대 효과 등을 간단히 정리하여 해당 프레젠테이션의 발전 가능성을 제시해야 한다.

결론부에서 가장 주의해야 할 사항은 요약과 전망을 최대한 단순화해야 한다는 것이다. 간혹 결론부에서 본론부에서 설명하지 않은 새로운 내용을 추가하는 경우가 있는데, 결론부에는 절대 새로운 정보나 내용을 추가해서는 안 된다. 결론부는 말 그대로 프레젠테이션을 마무리하는 단계다. 새로운 정보나 내용을 제시하게 되면 본론부의 내용과 뒤섞여 청중의 혼란을 야기할 수 있다. 본론부의 내용을 요약하여 반복 제시함으로써 내용의 전달력을 높이고, 전망이나 기대 효과 등을 정리하여 발전 가능성과 프레젠테이션에 대한 긍정적인 이미지를 심어주는 것이 좋다.

❷ 영화의 결말처럼 마무리하라

본론부가 청중의 이성적이고 논리적인 부분을 자극하는 단계라면, 결론부는 청중의 감성적인 부분을 자극하는 단계다. 결론부의 마지막에는 청중의 감적성적 부분을 자극하여, 청중의 마음속에 감동과 여운을 남겨줘야 한다.

프레젠테이션의 핵심 내용을 대변할 수 있는 인용구나 사진 등을 활용하면 청중들에게 영화의 결말과 같은 여운과 감동을 남겨줄 수 있다. 먼저, 마지막 슬라이드에 프레젠테이션의 핵심 내용을 상징적으로 대변할 수 있는 인용구나 사진 등의 이미지를 제시한다. 다음으로 인용구나 사진 등과 함께 프레젠테이션의 핵심 내용을 다시 한 번 강조해 준다. 마지막으로 청중들의 감성을 자극하며 강한 인상을 남겨줄 수 있는 마지막 문구로 프레젠테이션을 마무리한다. 여기에 해당 내용과 관련된 잔잔한 배경음악을 활용하면 극적인 효과를 더 높일 수 있다.

❸ 질의응답을 통해 내용을 보완하라

프레젠테이션 과정에서 유념해야 할 사항 중의 하나는 시간을 엄수해야 한다는 것이다. 주어진 시간 내에 프레젠테이션을 마칠 수 있도록 기획 단계부터 예행연습까지 철저한 준비가 수반되어야 한다. 그러나 발표 과정에서 청중의 부정적 반응으로 인해 보충 설명을 하다가 시간이 지연되는 경우가 종종 있다.

정해진 시간을 준수하면서도 내용을 보완할 수 있는 가장 효과적인 방법은 질의응답 시간을 활용하는 것이다. 질의응답을 통해 내용을 보완하면 정해진 시간을 준수할 수 있을 뿐만 아니라 프레젠테이션 내용에 대한 이해의 폭도 넓힐 수 있다. 추가적인 설명이 필요한 부분들을 메모하여 정리해 놓거나 예상되는 질문들에 대한 답변을 정리하여 준비해 놓으면 질의응답 시간을 효율적으로 활용할 수 있을 것이다.

질의응답 시간은 프레젠테이션 내용의 이해 여부를 확인할 수 있는 필수적인 과정이며, 다양한 의견을 수렴하거나 의견을 교환할 수 있는 상호작용의 과정이다. 완벽에 가까운 프레젠테이션을 진행하였다고 하더라도 청중의 이해도는 차이를 보이는 경우가 많다. 질의응답 과정을 통해 내용에 대한 청중의 이해도를 파악하고 부족한 부분들에 대한 보충설명이 이어진다면 그야말로 완벽한 마무리가 될 것이다.

3) 디자인 전략

프레젠테이션은 음성 언어를 매개로 하는 말하기 중심의 의사소통이다. 청각을 통한 이해와 전달이 프레젠테이션의 주를 이룬다는 것이다. 그러나 동일한 자극의 반복은 집중력을 저하시키는 요인이 될 수 있다. 청중의 집중력을 향상시키기 위한 효과적인 방법은 청각적 자극과 시각적 자극을 병행하는 것이다. 따라서 프레젠테이션에는 청중의 시선을 사로잡을 수 있는 시각적 자극, 즉 디자인 전략이 필요하다.

(1) 시각화

시각화는 슬라이드를 디자인하는 전략의 핵심 요소다. 슬라이드의 구성을 시각화하는 방법은 크게 두 가지가 있다. 하나는 문자 정보를 도표나 도형, 그래프 등으로 가공하여 제시하는 것이고, 다른 하나는 전달하고자 하는 내용의 이해를 돕기 위해 연관된 사진이나 그림 등을 같이 제시하는 것이다.

프레젠테이션에 문자 정보의 양이 많아지면 많아질수록 청중의 피로감은 증가한다. 청중의 집중력과 내용의 전달력을 높이기 위해서 프레젠테이션에서는 문자 정보의 양을 최소화해야 한다. 문자 정보를 최소화할 수 있는 효과적인 방법은 정보를 가공하여 도표나 도형, 그래프 등으로 시각화하여 제시하는 것이다. 시각화된 자료는 전달하고자 하는 내용을 함축적으로 보여줘 전달력을 높일 뿐만 아니라 청중의 시선을 집중시키는 역할을 한다.

품사의 분류

[체언]

- 체언은 문장의 몸, 역할을 함
- 문장에서 주체가 되는 자리에 주로 사용
- 명사: 대상의 이름을 가리키는 말
- 대명사: 사람이나 사물의 이름을 대신 나타내는 말(인칭 대명사/지시 대명사 등)
- 수사: 사물의 수량이나 숫자를 나타내는 말(양수사/서수사)

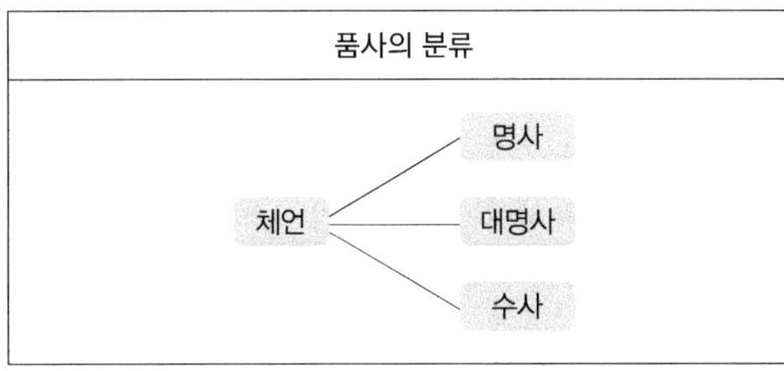

문자 정보를 시각적 자료로 가공할 때는 단순하게 구성해야 한다. 도표나 도형, 그래프 등의 구조나 내용이 복잡하면 문자 정보보다 이해하기가 어려워지기 때문이다. 또한 시각적 자료를 제작할 때는 전달하고자 하는 핵심 내용만 강조하는 것이 좋다. 불필요한 정보까지 시각적 자료에 담아내면 오히려 시선이 분산되어 전달력이 떨어질 수 있다. 숲 속에 다른 나무들과 뒤섞여 있는 나무보다는 들판에 서 있는 한 그루의 나무가 눈에 더 잘 띄며 강한 인상을 남긴다. 단순함이 의미를 명확하게 하며 강한 인상을 심어줄 수 있다는 사실을 잊지 말아야 한다.

슬라이드의 구성을 시각화하는 또 다른 방법은 전달하고자 하는 내용의 이해를 돕기 위해 연관된 사진이나 그림 등을 같이 제시하는 것이다. 하나의 슬라이드 안에 내용과 연관된 사진이나 그림을 제시하면, 추상적인 내용을 구체화하거나 가시화할 수 있는 효과가 있다. 내용과 연관된 사진이나 그림을 제시하여 슬라이드를 구성할 때는 청중의 시선 흐름에 주의해야 한다.

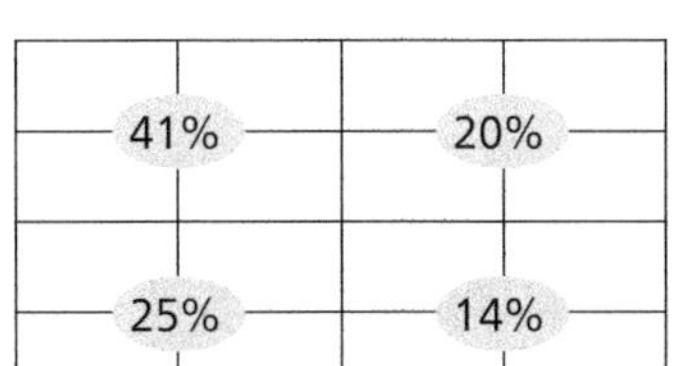

〈청중의 시선 흐름〉

일반적으로 슬라이드 안에서 청중의 시선은 좌측 상단에서 시작하여 'Z'자의 흐름을 보인다. 심리학자들의 견해에 따르면 통상적인 이해의 과정은 우뇌를 통해 전체적인 형상을 먼저 이해하고, 좌뇌를 통해 부분의 형상, 혹은 부분 간의 관계를 이해하게 된다고 한다. 전체적인 내용을 파악하고 세부적인 내용을 파악하는 과정이 이해력을 높일 수 있다는 것이다. 내용과 연관된 사진이나 그림은 구체적인 내용을 이해하기에 앞서 내용에 대한 관심과 흥미를 유발할 수 있을 뿐만 아니라 내용을 전체적으로 이해하는 데 도움을 준다. 이해의 과정을 고려하여 내용과 연관된 사진이나 그림은 청중의 시선이 시작되는 슬라이드의 좌측 상단, 혹은 좌측에 전략적으로 배치할 필요가 있다.

(2) 문장과 글자 크기

문자 정보를 활용하여 슬라이드의 내용을 구성할 때는 가독성(可讀性)을 높이기 위해 시각적 요소들을 고려해야 한다. 문자 정보를 활용하여 슬라이드의 내용을 구성할 때 필수적으로 고려해야 할 시각적 요소는 문장의 양과 문장 형태, 글자 크기와 글자 모양 등이 있다.

문장을 활용하여 슬라이드의 내용을 구성할 때 가장 먼저 고려해야 할 사항은 하나의 슬라이드 안에 담을 정보의 양을 선별하는 것이다. 가독성을 높일 수 있는 가장 효과적인 방법은 '7×7의 원칙'을 지키는 것이다. 하나의 슬라이드에는 반드시 하나의 핵심 내용만을 담아야 하며, 문장의 양은 7줄을 넘지 않도록 해야 한다. 단어의 길이에 따라 차이는 있겠으나 한 문장을 구성하는 한 줄은 7단어 이내로 작성해야 한다. 여백은 단순한 빈 공간이 아니라 청중에게 안정감을 선사하는 전략적 요소다. 슬라이드의 25%는 여백으로 남겨 놓아야 내용의 가독성을 높이고 청중에게 안정감을 줄 수 있다는 사실을 명심해야 한다.

슬라이드를 문장으로 작성할 때는 명사, 혹은 명사형을 활용하여 개조식(個條式)으로 작성해야 한다. 개조식이란 글을 쓸 때에 글 앞에 번호를 붙여 가며 중요한 요점이나 단어를 나열하는 방식을 말한다. 주어와 서술어로 이루어진 완전한 문장 형태가 아닌 명사, 혹은 명사형으로 문장을 나열하는 것이다. 명사, 혹은 명사형으로 문장을 나열할 때는 의미 관계를 표현하는 경우를 제외하고는 조사도 가능한 생략하는 것이 좋다. 또한 완전한 문장 형태와 달리 문장의 끝에 마침표도 넣지 않는다.

슬라이드의 내용을 구성할 때 원칙적으로 규정된 글자 크기는 없다. 다만 프레젠테이션 화면(스크린)에서 가장 먼 좌석의 청중이 내용을 판독할 수 있는가만 확인하면 된다. 가장 효과적인 방법은 장소 분석 간 발표 구성원들과 발표 장소를 방문하여 판독이 가능한 글자 크기를 점검해 보는 것이다. 발표 장소의 방문이 어렵다면 발표 장소와 청중의 규모를 고려하여 글자 크기를 선택해야 한다. 일반적으로 발표 장소가 회의실, 세미나실, 일반 강의실인 경우는 슬라이드의 최소 글자 크기가 18 이상이면 충분하나, 청중의 규모가 40명 이상인 대강의실이라면 프레젠테이션을 구성할 때 최소 글자 크기를 25 이상으로 해야 한다.

글자 모양은 슬라이드에서 사용할 글자체를 말한다. 프레젠테이션의 글자체는 고딕체, 혹은 고딕체 계열을 사용하는 것이 좋다. 고딕체가 다른 글자체에 비해 판독성과 가독성이 높기 때문이다. 고딕체 계열이 판독성과 가독성이 높다는 사실은 교통 표지판에 주로 사용되었던 글자체가 고딕체라는 사실을 통해 확인할 수 있다. 빠른 속도로 지나가는 자동차 안에서 순간 인지가 가능하도록 판독성이 높은 고딕체 계열을 활용하는 것이다. 최근에는 시인성(視認性)을 고려하여 도로명 표지판과 교통 표지판 등을 '한길체'로 교체하고 있다. 빠르게 진행되는 프레젠테이션에서도 판독성과 가독성을 높일 수 있도록 고딕체 계열을 포함하여 적절한 글자 모양을 사용하는 것이 효과적이다.

(3) 색의 활용

프레젠테이션에서 색의 활용은 시각적 효과를 높여주는 중요한 역할을 담당한다. 슬라이드 디자인 과정에서 색을 활용할 때는 바탕색과 글자색을 모두 고려하여야 한다. 슬라이드의 바탕색은 화려한 색보다는 하얀색, 초록색, 파란색, 검은색 등의 계열로 하는 것이 좋다. 하얀색 계열의 바탕은 대다수의 진한 글자색을 선택할 수 있다는 장점이 있으며, 초록색이나 파란색 계열의 바탕은 눈의 피로를 비교적 덜 느끼게 한다는 장점이 있기 때문이다. 검은색 계열의 바탕은 하얀색이나 노란색과 같이 밝은 글자색을 선택할 때 시인성(視認性)이 높아진다는 장점이 있다. 다만, 검은색 바탕에 주황색이나 빨간색 등의 글자색을 사용하면 글자가 번져 보이므로 주의를 해야 한다.

글자색은 바탕색을 고려하여 시인성을 높일 수 있는 색상을 선택해야 한다. 글자색을 선택할 때, 바탕색과 대비하여 청중의 시선을 끌 수 있는 효과적인 방법은 명도차를 활용하는 것이다. 색상이 서로 다른 색을 활용하는 것보다 명도가 서로 다른 색을 활용하는 것이 식별이 용이하다는 것이다. 바탕색과 색상차가 큰 글자색이 식별이 용이할 것이라 생각할 수 있으나, 색상차가 크면 각각의 강렬한 색감으로 인해 눈의 피로도가 증가하게 된다.

시각자료를 만들 시 유의 사항

- 하나의 슬라이드에는 하나의 내용만 담는다.
- 지나친 문자 정보보다는 기호나 도형, 그리고 차트나 그래프 혹은 도표 등으로 정리할 필요가 있다.
- 슬라이드에 사용되는 글자의 모양이나 크기는 가급적 통일시키는 것이 좋다.
- 지나치게 많은 색을 활용하지 않고, 시각적 집중도와 주목도를 고려하여 자극적인 원색을 사용하는 것은 좋지 않다.
- 프레젠테이션의 장소를 고려하여 글씨의 크기를 적당히 조절해 준다.

화면 구성 원칙

- **SSE 원칙**(프레젠테이션 제작의 원칙)
  ① Simple: 프레젠테이션의 화면은 간단하고 쉬워야 한다.
  ② Short: 프레젠테이션의 분량과 시간은 짧아야 한다.
  ③ Expensive: 프레젠테이션의 화면은 고급스러워야 한다.
- **3C 원칙**(프레젠테이션 시각 보조물 구성의 원칙)
  ① Clear: 시각 이미지가 등장하는 이유가 명료해야 한다.
  ② Clean: 시각 이미지는 깨끗하고 선명해야 한다.
  ③ Creative: 누구나 예상 가능한 상투적 이미지가 아니라 창의적인 이미지여야 한다.

강조하고 싶은 단어나 내용이 있을 때는 별도의 글자색을 활용할 수 있다. 그러나 하나의 슬라이드 내에서는 3가지 이하의 색상을 사용하는 것이 좋다. 하나의 슬라이드에 4가지 이상의 색상이 있는 경우 청중의 혼란을 야기할 수 있기 때문이다. 또한 별도의 글자색을 활용할 때는 활용 목적에 따라 색상을 모든 슬라이드에 일관되게 적용하는 것이 좋다. 예컨대, 핵심 단어를 강조하기 위한 목적으로 노란색을 선택했다면, 모든 슬라이드에서 노란색은 핵심 단어를 강조하는 목적으로 활용되어야 한다. 동일한 색상이 동일한 역할을 수행하고 있다는 사실이 반복되면 인지 과정이 단순해져 전달력을 높일 수 있기 때문이다.

색의 활용은 화려하고 멋진 디자인을 위한 전략적 요소가 아니다. 색의 활용은 시인성을 높여 글자의 식별을 용이하게 하고, 강조하고 싶은 부분을 두드러져 보이게 하여 전달력을 높이기 위한 전략적 요소라는 사실을 잊지 말아야 한다. 보다 단순하게 보다 명시적으로 슬라이드를 구성할 수 있도록 색을 활용해야 할 것이다.

실습 및 강평

1. 자신이 소개하고 싶은 명소(名所)나 인물을 소개하는 프레젠테이션 계획서를 완성해 보자.

- 제목:
- 주제:
- 소개하고 싶은 장소나 인물의 세부적인 내용:

- 발표 내용 조사 방법:

2. 자신을 소개하는 발표 시나리오를 간단하게 작성해 보자.

제 15 장 창의적 글의 실제 2

◆ 1. 동화
◆ 2. 소설

대개의 대학 강좌에서 15주차는 기말고사가 치러지는 시간이다. 이에 본 장은 특별한 이론적 내용보다는 관련된 읽기자료를 제시하기로 한다. 창의적 글쓰기의 전형적 형태는 문학작품이라고 할 수 있다. 8장에 이어서 이번 장에서는 동화와 소설의 전문을 소개한다. 강원대학교에서 글쓰기를 강의하면서 현역 작가로 활동 중인 분들의 작품도 포함되어 있다. 현 단계 우리나라 문학작품의 형태와 체제에 대해 일부 작가의 사례를 통해 감상하고 익히는 기회가 될 것이다.

1. 동화

팔십 점 턱걸이

권석순

오늘은 첫째 시간부터 받아쓰기 시험을 보았습니다. 솔이는 다섯 살부터 한글을 배웠기 때문에 자신이 있었습니다. 연필을 쥔 손에 힘을 주면서, 적어도 80점은 넘길 거라고 고개를 끄덕였습니다.

100점까지 바라지 않는 건 엄마가 늘,

"80점은 넘길 수 있지?"

라고 말해 왔기 때문입니다.

선생님이 받아쓰기 문제를 불렀습니다.

"1번, 예쁘다."

"예쁘다가 아니고, 이쁘다지……."

뒷자리에 앉은 곤이가 중얼거렸습니다. 그러자 앞에 앉은 솔이가 홱 뒤돌아보면서 작은 소리로 말했습니다.

"이쁘다가 아니고, 예쁘다지……."

그러고 나서 솔이가 이어서

"촌스럽게……."

하고 웅얼거렸습니다.

그러다가 선생님한테 들키고 말았습니다.

"무슨 일 있니?"

"솔이가 '촌스럽게'라고 했어요."

곤이가 일러바치자 아이들이 킥킥거렸습니다. 그러자 솔이 얼굴이 벌게졌습니다.

"곤이가 '이쁘다'라고 해서요."

"이쁘다라는 말이 왜 촌스러울까?"

선생님이 솔이와 눈을 맞추며 물었습니다. 솔이도 왜 그 말을 했는지 몰라 우물쭈물했습니다. 그러다가 퍼뜩 얼굴 하나를 떠올렸습니다.

"시골에 사시는 우리 할머니는요. 저만 보면, '이쁜 강아지'래요."

"아하, 그랬구나. 그런데 '이쁘다'는 촌스러운 말이 아니란다. '예쁘다'와 '이쁘다'는 같은 말이거든."

"네에."

솔이는 머리를 끄덕이며 벙긋 웃었습니다.

"곤이야, 선생님이 1번 문제를 '예쁘다'라고 불렀는데, 넌 왜 '이쁘다'라고 했니?"

"우리 할아버진 서울 사시는데, 저만 보면 '이쁘다'라고 해서요."

"하하, 할아버지와 할머니들은 '이쁘다'라는 말이 정겹기 때문이란다."

"아하."

아이들은 다들 머리를 끄덕였습니다.

"맞아, 우리 할아버지도……."

"맞아, 우리 할머니도……."

"우리 할머닌 예쁘다고 해."

"우리 할아버지도 예쁘다고 해."

아이들이 웅성거리자, 선생님은 큰소리로 입을 열었습니다.

"나도 너희들이 이쁘고 예뻐. 후훗! 자, 2번 문제를 부를까요?"

"네!"

아이들은 합창하듯이 입을 모아 대답했습니다.

솔이는 2번부터 8번까지의 답은 자신 있게 써나갔습니다. 그런데 9번 문제부터 까다로웠습니다.

"9번, 꼬끼오."

솔이는 순간 당황했습니다. '꼬끼요'라고 써야 할지, 아니면 '꼬끼오'라고 써야 맞는지 헷갈렸습니다. 선생님이 10번 문제 부르기 바로 전까지 끙끙대다가 '꼬끼요' 라고 써 버렸습니다.

10번 문제도 만만치 않았습니다.

"10번, 음매."

솔이는 마지막 문제에서 답을 썼다가 지우고, 지우고 썼다가를 반복했습니다. '음매'인지, '음메'인지 도무지 생각나지 않았습니다. 그러나 갑자기 80점은 맞을 수 있을 거라는 배짱이 생겼습니다. 그제야 솔이는 우물쭈물하지 않고 '음메'라고 써 버렸습니다.

아니나 다를까, 이번에도 턱걸이를 하고 말았습니다. '꼬기요'와 '음메'라고 쓰는 바람에 두 개나 틀렸기 때문입니다. 그러나 주눅 들 일은 아닙니다. 엄마가 80점 정도는 '괜찮다'고 하실 테니까요. 어쩌면, '잘 보았다'고 칭찬할지도 모릅니다.

그런데 걱정거리는 중학교에 다니는 형의 반응입니다. 형은 솔이의 받아쓰기 시험지가 눈에 띄었다 하면,

"난 항상 100점이었다"

하고 으쓱대기 일쑤였으니까요. 그러나 형에게 들키지 않게 시험지만 잘 감추면 별 탈이 없을 것도 같습니다. 그렇게 생각하니 집으로 돌아가는 발걸음도 가벼웠습니다.

솔이가 집 안으로 들어서는데, 느닷없이 형의 목소리가 들려 왔습니다. 솔이는 절로 움찔거렸습니다. 학교에서 공부하고 있어야 할 형이 솔이보다 먼저 집에 와 있다니요.

"형아, 왜 일찍 왔어?"

"형아가 오늘 치과 치료받느라 일찍 왔단다."

솔이의 말에 엄마가 대답했습니다.

형은 다짜고짜 솔이의 가방을 열어보면서

"오늘도 받아쓰기했지? 어디 보자."

하면서 가방 안을 뒤적였습니다.

"또 80점이야?"

"백 점 받을 수 있었는데, 하필이면……."

솔이는 머리를 긁적였습니다.

"뭐가 틀렸나 보자……, 엥?"

틀린 답을 훑어보던 형은 당황해 하며 뒤꽁무니를 빼려고 합니다. 그러자 엄마도 궁금한지 다가왔습니다.

"왜? 잘못된 게 있니?"

"'꼬기오'와 '음매'가 틀렸어."

솔이가 응원을 청하듯 엄마한테 바짝 다가가며 말했습니다.

"아이고, 그렇네. 형이 초등 1학년 때 틀린 답을 동생도, 호호……."

엄마는 신기한 물건이나 보듯, 시험지를 들여다보며 웃었습니다.

"아우는 형을 닮는다고……."

솔이가 아빠 말 흉내를 내며 능글거리자, 형은 슬금슬금 뒤로 물러나면서 공부방으로 꼬리를 감추었습니다.

그러자 솔이는 80점짜리 시험지를 활짝 펴 들고 마음껏 웃었습니다.

"우하하하……."

—『동안』 2021년 가을호

2. 소설

목욕탕의 유지들

채대일

오늘날 지구상에는 193종의 원숭이와 유인원이 살고 있다. 그 가운데 192종은 온몸이 털로 덮여 있고, 단 한 가지 별종이 있으니, 이른바 '호모 사피엔스'라고 자처하는 털 없는 원숭이가 그것이다. 지구상에서 대성공을 거둔 이 별종은 보다 고상한 욕구를 충족시키느라 많은 시간을 보내고 있으며, 기본적인 욕구를 무시하는 데에도 똑같은 양의 시간을 소비한다. 그는 모든 영장류들 중에서 가장 큰 두뇌를 가졌다고 자랑하지만, 두뇌만이 아니라 성기도 가장 크다는 사실을 감추려고 애쓰면서 이 영광을 힘센 고릴라한테 떠넘기려고 한다. 그는 무척 말이 많고 탐구적이며 번식력이 왕성한 원숭이다. 지금이야말로 이 원숭이의 기본 행동을 검토해야 할 적기다.

—데스먼드 모리스의 『털 없는 원숭이』 중에서

1

한 무리의 성난 유인원이 나무 위와 땅에서 꽥꽥 소리를 지르며 날뛰고 있다. 나뭇가지에는 과일이 주렁주렁 매달려 있다. 긴팔원숭이들이 나무 위에서 과일을 손에 쥐고 금방이라도 던질 기세를 취한다. 땅에서는 검은 털로 뒤덮인 침팬지와 고릴라가 송곳니를 드러내고 근육을 잔뜩 긴장시키고 있다. 맞은편에는 과실이 풍성한 숲에서 쫓겨 나가는 또 다른 유인원들이 서 있다. 두 발을 땅에 곧게 딛고 서 있는 이들은 가슴팍과 사타구니에만 체모가 짙게 덮여 있고, 다른 곳은 살갗이 훤히 드러나 보이게 성깃성깃하다. 가슴이 불룩한 것들은 어린것을 안고 달래며, 음부가 도드라진 것들은 장대를 하나씩 들고 뒷걸음질한다.

털이 있는 유인원과 털이 없는 유인원 사이에는 '한 무리의 성난 유인원이' 시작될 때부터 허 교수가 벌거벗은 채 서 있다. 괴성을 지르는 유인원 때문에 허 교수는 왜 여기에 자신이 서 있는지조차 생각할 겨를도 없이 동공만을 확장하며 양쪽을 번갈아 본다. 영역 다툼…… 추방…… 허 교수는 시간이 더 지체되기 전에 둘 중 한쪽을 선택해야 할 것 같은 느낌이 든다. 그리고 이내 생각을 굳혔는지 긴 나뭇가지를 집어 들고 자신과 마찬가지로 털이 없는 유인원을 향해 뛰어간다.

"일어나요. 무슨 낮잠이유."

책상에 엎드려 있던 허 교수는 아내의 목소리에 몸을 일으킨다. 책을 읽다가 잠들었던 그의 왼손에는 연필이 꼭 쥐어져 있다. 정신이 들자 흉물스러운 물건이라도 되는 양 연필을 방바닥에 떨어뜨린다. 별난 꿈도 다 있네. 동물원에 다녀온 것도 아니고, 오십 줄에 접어들어 〈혹성 탈출〉 같은 꿈을 꾸다니. 그리고 자신이 옷을 입고 있는지 몸을 더듬어 본다.

꿈은 괴이하고 생경했다. 못마땅함을 드러내는 그들의 습성과 그것을 지켜보고 있던 자신의 벌거벗은 몸뚱어리가 현실로 귀환한 후에도 자꾸만 머릿속에서 맴도는 것이 영 꺼림칙하다. 더구나 살아오며 침팬지나 고릴라를 실제로 본 적이 없지 않은가? 아니, 허 교수가 찝찝하게 생각하는 것은 몸을 더듬다가 사타구니에서 느꼈던 축축함 때문인지도 모르겠다. 허 교수는 혀를 차며 속옷을 벗는다. 마지막으로 몽정을 했던 것이 언제였던가? 아득하기만 하다. 쯧쯧, 그래도 그렇지. 불혹을 지나 하늘의 뜻을 헤아릴 나이가 넘은 게 언젠데. 육신 하나 제대로 다스리지 못해 이렇게 민망한 짓을 하다니.

허 교수는 속옷을 들어 냄새를 맡고 주변을 두리번거리다가 책상 서랍을 열어 구겨 넣었다.

달력으로 눈을 돌렸다. 안식년으로 학교에 나가지 않게 되어 근래에는 날짜 감각은커녕 요일 감각조차 희미했다. 6월 첫째 주 수요일. 목욕탕이 쉬는 날이었다. 허 교수는 약에 쓸 개똥을 중얼거리며 점심을 먹으러 거실로 나간다.

아내에게는 안식년이라 말했지만, 사실 허 교수는 정직 중이었다. 동료 교수가 찔렀는지 갑자기 학교에서 자체 감사를 시작했고 프로젝트 연구비에 손을 댄 게 드러났다. 3억을 바로 토해내고 정직 처분을 받는 것으로 감사는 마무리됐다. 프로젝트는 동료 교수에게 넘어갔다. 서둘러 횡령 사실을 인정하고 낮은 자세로 어떤 처분이든 받겠다고 하자 다행히 검찰의 기소만은 면할 수 있었다. 김 교수 그놈이 학교가 아니라 바로 검찰에 제보를 했다면…… 생각만 해도 끔찍하다. 그 송사를 어찌 감당했을꼬. 제 놈은 구린 데 없을라고. 박사 논문을 빌미로 연구 조교 덮친 걸 내 모를 줄 알고. 끙, 두고 보라지.

밥을 껄끄럽게 씹어 넘기고 소파에 앉아 아침에 보다가 접어 두었던 신문을 펼쳤다. 해외 토픽난으로 눈을 옮기자 '담배 먹는 동물들'이라는 제목으로 생담배를 먹는 요크셔테리어와 끽연을 하는 침팬지의 사진이 이 단 기사와 함께 실려 있다. 그리고 오수의 꿈과 조금 전의 민망한 생각이 떠올라 혀를 끌끌 차며 신문을 접을 때였다. 휴대 전화벨이 울렸다.

"원시탕(原始湯)입니다. 점심하셨으면 나오시죠. 지난번에 드렸던 쿠폰 챙겨서요."

"오늘 문 여나요?"

"지난번에 말씀드리지 않았습니까? VIP 패밀리들만을 위해 문을 연다구요."

몸에 벌레가 스멀스멀 기어다니는 듯한 느낌이 들었다. 전화를 끊고 손으로 몸을 턴다.

허 교수는 서재로 들어가 아까 보다 만 『털 없는 원숭이』를 펼쳐 쿠폰을 찾았다. 쿠폰에는 후공(猴公)이라는 인장이 붉게 찍혀 있다.

'VIP 패밀리를 위한 특별 원족. 6월 첫째 주 수요일.'
지난주에 책과 함께 후공이 준 선물이었다. 후공은 원시탕의 이발사이자 주인인, 조금 전에 전화를 걸어왔던 사람의 아호였다. 허 교수는 책상 서랍에서 속옷을 꺼내 다시 한번 냄새를 맡은 뒤에 검정 비닐봉지에 담는다. 그리고 설거지를 하는 아내 몰래 안방으로 들어가 장롱에서 속옷을 꺼내 바지 주머니에 넣었다. 팬티를 안 입으니 아랫도리가 갑갑하지 않고 시원하네. 속옷 하나 안 걸쳤다고 이렇게 느낌이 다르다니. 노팬티로 생활하는 것도 좋으련만.

허 교수가 원시탕을 다니게 된 것은 학교 근처에서 살다가 작년 가을에 이사를 오던 날부터였다. 벌거벗은 사람들이 한 장소에서 북적거리며 치부를 드러내 놓고 씻는다는 것이 허 교수에게는 왠지 우스꽝스러웠다. 그래서 대중탕을 이용하지 않고 보통은 집에서 샤워를 했지만, 그날은 이삿짐 정리도 덜 돼 있고 몸까지 찌뿌드드해서 사우나를 하러 갔다.

문 닫을 시간이 다 되어서 목욕탕은 한산했다. 하얀 이발사 가운을 입은 후공은 젖은 수건들을 정리하고 있었다. 허 교수가 옷을 벗고 욕장으로 들어가자 뒤이어 후공도 옷을 벗고 가위와 빗을 들고 따라 들어갔다.

허 교수가 몸에 비누칠하고 샤워를 끝낸 후 사우나실에 들어가 땀을 빼고 나오자 후공은 익숙한 집사처럼 허리를 굽혔다.

"처음 오셨군요?"

"오늘 이사를 왔습니다."

"앉으세요. 특별 서비스입니다."

그리고 허 교수가 한사코 만류해도 후공은 욕장 안에 있는 전신 거울 앞에 그를 데려가 앉히고 머리칼을 자르기 시작했다. 두 남자가, 벌거벗은 채, 한 사람은 앉아 있고, 한 사람은 서서, 털에 둘러싸인 성기를 덜렁거리며, 가위질을 시작한 것이다. 욕장 안에서의 가위질은 후공에게 특별한 일은 아니다. 먼저 온 손님의 머리를 만지고 있을 때는 나중에 온 손님에게 사우나부터 권하고, 일이 끝나면 으레 자신 또한 알몸으로 욕장에 들어가 나중 손님의 머리를 손질해 주었다. 허 교수는 알몸으로 앉아 있는 자신과, 성기를 덜렁거리며 가위질을 하는 후공의 몰골 때문에 참으려 해도 자꾸만 입에서 웃음이 새어 나왔다.

"무슨 즐거운 일이 있으신가 봅니다."

"예…… 저쪽 벽에 그려진 그림 때문이에요."

허 교수는 거울에 비친 그림으로 웃음을 얼버무렸다.

거울에 비친 반대편 벽은 그림이 입혀진 타일 조각들로 이루어져 있다. 파스텔 색조의 타일들이 모자이크처럼 붙여져 하나의 그림을 완성하고 있었다. 왼쪽에는 과실 나무가 울창한 숲이고 오른쪽은 벌판이다. 숲에는 털로 뒤덮인 영장류가, 벌판과 숲의 경계에는 상대적으로 털이 없는 영장류가 장대를 들고 뒷걸음질을 하고 있었다. 그림 아래는 냉탕이다.

"이곳이 원시탕 아니겠습니까? 아담의 자손들이 낙원에서 소외된 것이 선악과 때문이 아니라 털이 빠지는 진화를 겪었기 때문일지도 모른다는 생각이 들어 특별히 주문 제작한 것입니다."

그러고 보니 천장에는 시스티나 성당의 〈천지창조〉가 역시 타일로 조각조각 그려져 있었다. 비단 이것뿐이 아니었다. 냉탕의 천장에는 구름다리가 길게 놓였고, 출입구 쪽에는 평균대와 철봉이 나무의 형상으로 자리하고 있었다. 일반 대중탕치고는 규모도 컸고 인테리어도 고급스러웠다. 천장도 높아서 냉탕과 온탕에서 쏟아지는 물소리가 폭포에서 떨어지는 것처럼 들렸다.

이것이 허 교수가 우스꽝스러워하던 대중탕을 출입하게 된 시발점이다. 그 후 적어도 한 주에 한 번은 원시탕을 찾았고, 안식년을 갖고 나서부터는 거의 두 번씩 들렀다. 후공의 이발 솜씨와 동네 사람들의 근황을 풀어내는 입담도 원시탕을 드나드는 데 한몫을 하겠지만, 그의 소개로 알게 된 사람들 또한 허 교수로 하여금 대중탕을 찾게 만드는 요인이었다. 고등학교에서 미술을 가르치는 김 선생, 옷을 만드는 최 사장, 부동산 중개업을 하는 박 형, 그리고 전직 국회의원인 정 의원 등.

그중에서 정 의원에게는 지난 4월 총선 때의 일로 허 교수 자신만이 알고 있는 미안한 일이 한 가지 있었다.

정 의원이 원시탕을 다니는 데는 소중한 의미가 있다. 그의 말에 따르면, 대중탕은 인간들이 옷이라는 인위적인 보호물을 걸치지 않고서 태초의 알몸으로 만나는 곳이기 때문에 절대 평등한 장소였다. 알몸의 평등은 서로의 벽을 무너뜨려 살을 맞대고 지역구 주민들의 어려움을 들을 수 있게 해 주며, 그렇게 되면 이웃뿐만 아니라 더 나아가 온 나라에 정겨움이 넘쳐나게 된다는 것이다.

지난 총선 무렵에 허 교수와 정 의원은 목욕탕에서 인사를 나누었다. 그날도 후공은 욕장 안에서 정 의원의 머리를 손질하고 있었는데, 허 교수가 들어오자 서로를 소개해 주었다. 갈색 털로 덮인 성성이처럼 긴 팔과 축 처진 배를 가진 정 의원은 오랜 지기를 만난 것처럼 힘주어 악수를 청했다. 오른쪽 광대뼈에 푸르스름하게 옅은 반점이 있는 정 의원은 원시탕, 즉 대중탕의 평등성과 기능에 대해서 황제와 시민이 함께 이용한 로마의 목욕탕 문화를 끌어와 장황히 이야기했고, 지역구에서 시정되어야 할 일들을 물으며 허 교수와 같은 지식인이 지켜보고 있으니 더욱 청렴하고 부지런하게 의정 활동을 할 것이라며 다짐했다. 그리고 야당의 부패와 정기 국회 불참에 대한 직무 유기에 대해 신랄한 비판을 가하면서, 부조리한 정치 풍토를 쇄신하기 위해 다가오는 총선에서 자신을 지지해 달라는 당부의 말까지 잊지 않고 덧붙였다. 수인사를 마치고 돌아선 정 의원은 다른 사람에게 다가가 똑같은 이야기를 풀어 놓았다.

선거 운동이 본격적으로 시작되자 거리에는 입후보자의 사진이 붙었다. 이사를 온 지 얼마 되지 않아서 허 교수는 후보자의 됨됨이를 알 수도 없었지만, 집으로 선거 공보물이 배달되었을 때는 원시탕에서 만난 정 의원을 찍기로 이미 마음을 먹은 터였다. 물론 그 전에 정 의원으로부터 직접 전화가 걸려 왔을 때 인사치레의 지지 의사를 밝혔던 것도 허 교수가 마음을 굳히는 데에 적지 않은 작용을 했다.

그런데 선거 공보물을 열어 보았을 때 정씨 성을 가진 입후보자는 두 명이었다. 둘 다 흰 셔츠에 감색 정장을 입고 있었고, 가르마를 탄 머리 스타일도 비슷했다. 애써 정 의원의 얼굴을 떠올리려 해도 감색 정장을 입은 두 사람의 사진은 구분되지 않았다. 그렇게 한동안 두 사람을 보고 있자 왼쪽 볼에 흐릿한 반점이 있는 사람이 정 의원이라는 생각이 들었다. 처음에 수인사를 나눌 때 그의 얼굴에서 반점을 보았던 것을 기억한 것이다.

당선은 허 교수가 표를 던진 사람이 되었다.

선거가 끝난 지 한 달 정도가 지났을 때, 원시탕에서 허 교수는 샤워기 앞에서 샅을 벌려 비누칠을 하고 있는 정 의원을 다시 볼 수 있었다. 이번엔 허 교수가 정 의원에게 다가가 먼저 손을 내밀었다. 자신이 찍은 사람이 당선된 것이 반갑기도 했지만, 재선되고 난 후에도 대중탕을 찾는 정 의원의 사람됨이 좋아 보였다.

"재선을 축하드립니다. 정 의원님."

"……."

"의정 활동도 바쁘실 텐데……."

"개표 방송을 끝까지 보지 않으셨군요. 초반엔 제가 압도적으로 달려나가서 이긴 줄 알았는데, 삼백여 표 차이로 지지 않았지 뭡니까."

"……."

허 교수는 정 의원의 손을 잡고 있던 자신의 손을 거두어들이다가 복부와 얼굴을 번갈아 쳐다본다. 분명 선거 다음 날 아침 뉴스에서 얼굴에 반점이 있는 정 의원의 사진을 당선자의 모습으로 보았는데, 정작 당사자는 낙선했다고 말하니. 그리고 또 한 가지 허 교수의 눈을 속이는 일이 있었다. 정 의원의 얼굴에 있어야 할 반점이 사라지고 없었다.

"그런데…… 얼굴에 있던 반점은 어떻게?"

"그건 반점이 아니라, 국회에서 생긴 멍이었습니다. 국회라는 것도 제 밥그릇 지키려고 영역 다툼이 좀 심해야죠."

정 의원은 오른쪽 광대뼈 부근에 손을 가져가 쓰다듬었다. 이런 실언을 하다니. 눈에 치매가 들어앉았나? 허 교수는 자기 눈을 나무라며 정 의원의 자리에서 일어나 사우나실로 들어갔다.

2

후공에게서 전화를 받고 곧장 원시탕으로 간 허 교수는 맞은편에서 어깨를 움츠리고 걸어오는 사람과 출입구에서 어깨를 부딪쳤다. 아까의 꿈을 생각하다가 앞에서 오는 사람을 보지 못했다. 사정은 그쪽도 마찬가지였는지 미안하다는 말과 함께 4층 남탕으로 올라가는 엘리베이터 앞에 나란히 섰다.

특별한 사람들만을 위한 원족인데도 목욕탕은 보통 때와 다름이 없었다. 허 교수는 역시 후공이라는 생각을 하며 옷장에 옷을 집어넣고 돌아섰다. 그러자 맞은편에는 예의 긴 팔과 축 처진 배의 정 의원이 놀란 표정을 짓고 있었다. 오랜만이군요. 쿠폰을 받고 오셨군요. 후공의 모습이 보이지 않습니다. 안에서 가위질하나 보죠…… 등속의 얘기를 나누며 둘은 욕장 안으로 들어갔다.

두 사람은 나란히 샤워기 앞에 서서 물을 틀었다. 겨드랑이에 비누칠하다가 허 교수는 물을 잠갔다. 머리를 감고 있는 정 의원을 향해 돌아섰다. 그리고 허 교수는 전에 없이 정 의원의 등에 비누칠을 해 주었다.

"사과드릴 일이 있습니다. 실은 지난 총선 때, 정 의원님의 얼굴을 알아보지 못해 다른 사람을 찍었습니다. 그래서 정 의원님이 당선된 줄 알고 실언을 했던 것이고."

"그랬군요. 저도 사과드릴 일이 있습니다. 실은 아까 입구에서 부딪쳤던 사람이 바로 접니다."

"힘내세요, 정 의원님."

"그래야죠. 제 영역을 다시 찾아야죠."

이번엔 자세를 바꿔 정 의원이 허 교수의 등에 비누칠해 주었다. 나른한 햇살 아래서 동료의 털을 고르며 이를 잡아 주는 원숭이처럼.

"저기 정 의원님과 허 교수님도 오셨군요."

사업을 하는 최 사장은 비누칠을 끝내고 열탕으로 들어가는 두 사람을 알아보고 사우나실에 함께 앉아 있는 김 선생에게 말을 건넸다.

"후공이 초대한 모양입니다."

"저도 오늘 쿠폰을 받고 왔는데요."

고등학교에서 미술을 가르치는 김 선생은 열탕으로 시선을 돌렸다가 다시 스케치북으로 가져갔다. 그리고 멈추었던 스케치를 다시 시작한다. 목욕하는 사람이다. 스케치북은 김 선생의 몸에서 흘러내린 땀에 젖음과 마름이 반복되어 후줄근했다. 알몸의 윤곽선은 땀에 번져 얼핏 털이 나 있는 것처럼 보였다.

"김 선생님도 어지간하시군요. 이런 데까지 와서 직업의식을 보이시니."

"한 번 보시겠습니까? 신인류도 들어 있는데."

김 선생에게서 스케치북을 건네받은 최 사장은 앞장부터 차근차근 넘겨 보았다. 냉탕의 구름다리에 매달려 있는 사람, 쭈그리고 앉아 사타구니를 씻는 사람, 애무를 하듯 등을 밀어주는 사람, 전신 거울 앞에서 가위질하는 사람, 철봉에 거꾸로 매달려 있는 사람, 긴 팔과 축 늘어진 배를 하고서 엉거주춤 서 있는 사람, 열탕에서 얼굴만 내밀고 있는 사람, 돌출된 성기와 부푼 젖가슴을 가지고 있는 사람, 남근마저 없는 완전한 여성의 나신. 최 사장은 여기서 손이 멈췄다.

"아니, 이건 뭡니까? 위는 여자고 아래는 남자니, 또 이 여자 나체는요?"

"아까 신인류를 말하지 않았습니까? 인간 스스로 자기 몸을 개조해서 창조해 낸 신인류입니다. 거기 가슴이 있는 건 트랜스젠더고, 애틋하게 등을 밀어주는 사람은 동성연애잡니다. 모두 성 소수자죠."

"주여! 말셉니다."

"모르셨군요. 정기 휴일인 첫째와 셋째 수요일은 명목상으로 있는 것이고, 사실은 이들을 위해 영업을 합니다. 저기에 있는 신인류를 위해서 말이죠."

"그래도 이건 안 됩니다. 어떻게 이런 일이……."

김 선생은 나무 모양의 철봉이 있는 곳을 손으로 가리켰다. 실제로 그곳에는 김 선생이 말한 신인류가 십여 명 있었다. 웨이브 파마를 길게 늘어뜨리고 철봉에 거꾸로 매달려 있는 사람, 평균대에서 연인들처럼 밀어내기를 하고 있는 사람. 개중에는 깊이가 낮은 아이용 탕에서 네다섯 살쯤 보이는 아이와 물장난하는 신인류도 보였다.

"근데 저 아이들은 대체 뭐요?"

"변신 이전에 낳은 게 아닐까요?"

김 선생이 정기 휴일인 수요일에 원시탕을 드나들게 된 것은 후공의 배려 때문이었다. 사우나실에서 스케치하는 김 선생을 지켜보았던 후공은, 언젠가 그의 머리를 손질해 주면서 정기 휴일인 수요일에 원시탕을 방문해 줄 것을 부탁했다. 처음 신인류와 접했을 때 김 선생의 반응은 최 사장과 별반 다를 게 없었다. 목욕탕 문을 열고 들어섰을 때 긴 머리에 불룩한 가슴을 한 사람이 굽 낮은 힐을 신고 막 일어서고 있었다. 여탕에 들어온 줄 알고 화들짝 놀란 김 선생이 돌아서려고 할 때, 후공은 벙긋 웃으면서 김 선생 들어오세요, 라며 손짓했다.

그리고 같이 옷을 벗고 목욕탕으로 들어갔다.

"너무 이상하게 생각하지 마오. 저들은 우리를 위해 자신의 몸을 개조한 신인류이니까."

후공의 말에 따르면, 신인류가 태어난 동기는 지구상의 인구가 기하급수적으로 늘어났기 때문이었다. 의학의 발달로 기대 수명이 증가하고 인구과밀을 조절해 주던 페스트나 콜레라와 같은 질병들이 사라짐에 따라, 자연의 균형이 심하게 깨져 자구책으로 생겨난 것이 바로 그들이었다. 각각의 동물들은 개체군의 밀도가 한계에 달하면 군집 구조가 파괴되는데, 이때 조절자로서 자연이 보내 주는 사도(使徒)가 질병이라는 것이다. 이밖에도 개체 수 조절 능력을 발휘하여 새끼를 죽이거나 서로 난폭하게 싸우기도 하고, 심할 경우엔 제 몸을 불구로 만드는 자해 행위를 비롯하여, 낭떠러지로 몰려가 집단 자살을 하도록 히스테리를 유발하는 것이 자연의 법칙이라는 것이다. 그런데 휴머니즘의 깃발 아래에서 사회 구조를 무너뜨리지 않고 출산율을 낮추기 위한 방편으로 우리 인간이 선택한 것이 바로 저들, 신인류라 했다. 이들은 자신의 성을 스스로 개조했기 때문에 생식 능력이 없는 노새와 같아서 집단 히스테리와 같은 위험을 유발하지 않고 인구 증가를 막아 준다는 것이 후공의 논지였다. 그들이 편하게 씻을 수 있는 공간을 마련해 준 것은 자신이라도 인류를 대표해서 작으나마 사의를 표하기 위해서라고 했다.

"신인류의 등장은 우리에게 아직 희망이 있다는 증표일지도 모를 겝니다. 우리가 영장류에서 진화했다는 것은 주지의 사실이고, 어쩌면 신인류는 자연이 새롭게 보낸 사도일지도…… 그렇다면 원래의 모습에서 너무 멀어지는 것을 막기 위해서라도, 우리는 자연이 보낸 사도를 따라야 한다는 말이 될 겝니다. 언젠가는 되돌아가야 합니다. 우리가 떠나왔던 곳으로 말입니다."

김 선생은 후공의 신인류 창세기에 어느 정도 일리가 있다고 생각했다. 그 후 수요일에 시간이 날 때면 스케치를 하러 원시탕에 들렀다. 더러 안면이 있는 신인류에게는 누드를 그려 주기도 했고, 그러는 와중에 그들은 돌연변이가 아니라 또 다른 진화를 거친 영장류일지도 모른다는 생각을 점차 하게 되었다.

최 사장은 김 선생이 들려주는 자연과 사도를 기독교적 맥락에서 이해했다. 신인류론에 고개를 끄덕이던 최 사장은 스케치북을 들춰 사타구니를 씻는 그림에 눈길을 주었다. 왠지 자신과 닮았다는 생각이 들어서였다.

"혹시 여기에 저도 있습니까?"

"그럼요. 허 교수님과 정 의원님도 있는데요."

최 사장은 자신의 목욕 습관을 들킨 것 같아 정수리가 뜨끔했다. 생각해 보니 아랫도리에 비누칠을 할 때는 항상 쭈그리고 앉아 은밀하게 했기 때문이다. 그러나 인간이 가진 성의 본질이 으레 은밀한 것이고, 그 은밀함이 오밀조밀한 맛을 느끼게 한다고 생각하니, 오히려 감추려고 하는 자신의 모습에서 자연스러움이 느껴졌다. 인간의 관계에서도 은밀함은 밀회의 성격을 갖기 때문에 사이를 돈독하게 해 주는 것이 아닌가? 성서에서도 무화과 잎으로 생식기를 가림으로써 한층 더 남자와 여자가 가까워질 수 있었던 것인데, 부끄러워할 게 뭐가 있다고. 후공에게 내가 사향(麝香)을 대주는 것처럼 김 선생도 그림을 그려 줌으로써 후공과 은밀한 관계를 맺고 있는 것인데.

은밀함에 대한 생각을 최 사장은 비단 자신의 치부를 가리는 데만 적용하는 것은 아니다. 사업상 비즈니스 클럽을 드나들 때도 최 사장은 은밀함을 이용한다. 클럽에서 남자들은 보통 여성 도우미의 몸을 더듬는 데 열중하지만, 최 사장은 그녀들이 가지고 있는 성적 신호를 은밀히 즐겼다. 가슴이 파인 옷 속의 젖무덤을 힐끗 쳐다본다든가, 원피스 밖으로 봉긋 솟아난 가슴의 실루엣을 감상했다. 립스틱을 짙게 바른 입술과 술잔이 만나는 찰나나, 발그레 달아오른 귓불에 눈을 두곤 했다. 겨드랑이의 아포크린샘에서 발하는 체취도 빼놓을 수 없는 즐길 거리였다.

최 사장의 생각엔 인간이 옷을 입으면서부터 은밀한 부위가 가려져 신체의 다른 부분이 그 시각적 기능을 대신하기 위해 발달한 것으로 보였다. 반구형으로 유연한 곡선을 만들며 앞으로 돌출된 젖가슴은 엉덩이를, 구강의 점막이 밖으로 말려 뚜렷한 윤곽선을 그리는 입술은 선홍빛의 음순을 대신하는 것이라 생각했다. 이러한 변화가 특히 여성에게서 두드러지게 일어난 것이 그의 생각을 방증해 주는 증거였다. 인간이 완전한 직립보행과 옷을 입기 전에는 다른 영장류들처럼 남자가 여자의 뒤로 다가가 성교를 했을 것이다. 이때 여자는 다만 붉은 음부와 암내만 있으면 발정기의 신호를 보내기에 충분했다. 그러나 앞발이 손으로 변하면서부터 성교의 체위도 바뀌어 정면에 성적 신호가 발달했을 것이다. 그렇기 때문에 성적 흥분을 느끼게 되면 가슴과 입술이 부풀게 되고 유두와 밖으로 나온 점막은 색이 짙어지게 된다. 겨드랑이에 체모가 나고 분비샘이 발달하게 된 것도 같은 맥락이다. 여기에 대한 보충 설명으로 최 사장은 영장류를 끌어들였다. 그들은 인간과 비슷함에도 젖가슴이 발달하지 않고 축 처져 있다. 아직까지 성교가 뒤에서 이루어져 새끼에게 수유를 하는 기능 외에는 아무런 가치가 없기 때문이다.

은밀함에 대한 최 사장의 미학이 여기까지라면 그는 그저 편집증적인 관음증 환자에 불과할지도 모른다. 그러나 최 사장은 사업가답게 거래를 할 때에도 은밀함을 이용하는 사업 수완을 겸비하고 있었다. 다른 업체나 해외 바이어와 미팅할 때면 최 사장은 미모가 출중한 여직원을 함께 보냈다. 전문 코디와 분장사를 동원하여 직접적으로 드러나지 않을 만큼 성적 매력을 풍기게 했고, 여기다 은은한 사향수까지 뿌리게 했다. 이런 방법으로 대부분의 거래는 최 사장이 원하는 수준에서 달성됐다.

"땀도 이만큼 뺐으면 된 것 같은데, 이제 나가시죠? 허 교수님과 정 의원님께 인사도 드릴 겸."

최 사장과 김 선생은 사우나실에서 나와 열탕으로 갔다. 두 사람은 뜨겁지도 않은지 처음 그대로의 모습으로 얼굴만 내밀고 열탕에 앉아 있다. 최 사장은 짓궂은 표정을 지으며 열탕을 따라 빙 둘려 있는 섬돌에 앉으며 두 사람에게 말을 건넸다.

"연륜이 있어서 그런지 대단들 하십니다. 뜨거운 열탕에 그리 오래 계시니."

"최 사장, 목소리를 낮춰요. 저기를 봐요. 여자들이 있어요."

허 교수는 벌겋게 익은 팔을 탕 속에서 꺼내 철봉과 평균대가 있는 곳을 가리켰다.

"그러게 말입니다. 저도 오늘 쿠폰을 받고 왔는데, 이런 좋은 구경을 하게 돼서 여간 즐거운 게 아닙니다. 나와서 구경하세요. 점잖은 분들이 그렇게 얼굴만 내밀고 훔쳐보지 마시고."

옆에서 소리 없이 웃고 있던 김 선생은 최 사장의 팔을 툭 쳤다. 그리고 허 교수와 정 의원을 열탕에서 나오게 하고 최 사장에게 들려주었던 후공의 신인류에 대해 다시 설명하기 시작했다. 그제서야 두 사람은 고개를 끄덕이며 곁눈질이 아닌 정면으로 트랜스젠더와 동성연애자 들을 응시할 수 있었다. 더불어 허 교수는 후공의 인간애야말로 지고의 지성인이 겸비해야 할 문화적 소산이라 했고, 정 의원은 이 시대의 편견 없는 진정한 평등주의자라고 했다.

"저기 중개사 박 형 아닌가요?"

후공에 대한 찬사를 주고받다가 허 교수는 부동산 중개업을 하는 박 형을 냉탕에서 발견했다. 박 형은 두 사람이 열탕에 들어가기 전부터 물속에 하체를 담그고 냉탕에 있는 구름다리를 손으로 잡고 왔다갔다하고 있었다. 박 형의 나이는 작년에 칠십을 넘겼지만 원시탕에서 만난 사람들에게 자신을 박 형이라고 꼭 불러줄 것을 당부했다.

"그렇군요. 부를까요?"

"운동하는 모양인데, 그만둡시다."

그리고 최 사장의 제안에 따라 그들은 열탕 옆에 붙어 있는 온탕으로 들어갔다. 온탕은 아래에서 기포가 계속해서 올라와 온천처럼 물이 상승작용을 반복하고 있었다. 네 사람은 바가지를 깔고 앉아 상체를 밖으로 드러내고 하체만 물속에 담가 반좌욕 상태로 자리를 잡고 앉았다. 이 또한 최 사장의 제안이었다. 옛날에 궁중에서 하던 목욕법인데, 숙취를 깨는 데도 좋고, 상체와 하체의 온도 차이로 몸의 기 순환이 활발하게 일어나 남자에겐 부족한 양기가 보충되고 여자에겐 부족한 음기가 보충되어 정력에도 좋다고 했다. 뒤이어 최 사장은 냉탕에서 열심히 구름다리를 오가는 박 형에게 눈을 돌리며 양팔을 넓게 벌린다.

"저기 박 형이 왜 죽어라고 구름다리를 오가는지 아십니까? 언젠가 그리더군요. 원시탕을 다녀온 날은 회춘을 하게 된다구요. 특히 저 냉탕에서 구름다리를 오가고 나면 젊은 날의 혈기가 되살아난다구요. 그러나 그건 어디까지나 박 형 생각이고…… 사향에 대해서 들어보신 적이 있습니까?"

"향료를 말씀하시는 모양인데."

"허 교수님의 말씀이 맞습니다. 후공 부탁으로 제가 중국 공장에 갈 때마다 사향을 가져옵니다."

최 사장이 원시탕에 사향을 공급한 것은 몇 해가 되지 않는다. 그의 사업은 원래 여성 의류를 만드는 것이지 사향을 수입해서 파는 것이 아니었다. 후공은 최 사장에게 우리 인간이 잦은 목욕으로 동물성 체취를 잃고 있다고 했다. 최 사장은 후공의 부탁과 권유로 사향을 알아봤고, 더 나아가 사업을 향수로까지 확장했다. 덕분에 고양이와 노루에서 채취한 사향의 미묘한 차이를 구분할 수 있게 됐고, 중국의 운남과 사천 산이 최상품이라는 것도 알게 됐다.

후공은 사향을 사우나실에 걸어 놓았을 뿐만 아니라, 냉탕에는 사향수를 뿌려 놓고 손님들이 즐길 수 있게 했다. 물론 그 양은 매우 미미해서 최 사장 정도가 아니면 느낄 수 없었다. 그러니 후각에 사향에 대한 각인이 없다면, 보통 사람은 좀처럼 향의 본질을 파악할 수조차 없었다. 후공에게는 최상품인 사향노루의 것이라 했지만, 사실 원시탕에 사용된 사향은 사향쥐에서 채취한 것이다.

최 사장은 주위 사람들을 한 차례 둘러보았다. 모두 흐뭇해 하는 표정들이다. 사향노루 좋아하네. 구하기도 어렵지만 그게 값이 얼마라고.

"그래서 박 형이 회춘을 느끼는 겁니다. 아마 여러분도 이곳에서 때를 밀기보다는 사우나실이나 탕 속에서 시간을 보내다 갈 것입니다. 그것이 다 후공이 뿌려 놓은 사향 때문입니다."

최 사장이 후공과의 은밀한 비밀을 털어놓자, 허 교수는 오늘 몽정을 한 이유를 비로소 알 것 같았다. 집을 나와 쓰레기 봉지에 속옷을 버릴 때의 민망한 기분이 뿌듯함으로 바뀌기 시작했다.

그들이 사향과 후공에 대해서 이야기하는 동안 신인류는 모두 나가고 없다. 최 사장 무리와 그들과 비슷한 연배로 구성된 다른 한 무리가 남아 있다.

후공은 여전히 보이지 않았다. 대신 배달원이 욕장의 문을 열어 놓고 철가방 두 개를 들고 들어온다. 세신 침대 두 개를 길게 이어 붙여 놓고 배달원은 식탁에 사용하는 흰 비닐을 깐다. 하얀 세신 침대 위에 오향장육을 비롯한 요리 등속과 소주가 놓였다. 목욕탕 사장님은 곧 올 것이고 먼저 요리를 드시라는 말을 배달원은 전했다.

욕장에서 나온 배달원은 탈의실의 창문들을 열었다. 이어서 조끼 주머니에서 캔처럼 생긴 것을 두 개 꺼내 들어 핀을 뽑아 제거하고 탈의실 양쪽 끝에 던졌다. 그리고 바지 주머니에서 휴대 전화기를 꺼낸다.

"이렇게 고마울 때가. 후공이 곧 올 모양인데 이제 마무리하고 배나 채울까요?"

"그러죠. 명색 원족을 나왔으니 말입니다."

최 사장이 먼저 일어나자 나머지 세 사람도 온탕에서 나와 샤워기 앞에 나란히 서서 마지막 비누칠을 했다. 최 사장 옆에 정 의원이, 그다음엔 허 교수와 김 선생이 나란히 서서 벌거벗은 몸뚱어리에 정성을 다해 비누칠을 하던 바로 그때, 한 블록 떨어진 소방서에서는 사이렌을 울리며 소방차가 출동하고 있었다. 창밖으로 누런 연기를 뿜어내는 원시탕 앞에는 사람들이 몰려들었다. 호기심 많은 족속답게 연기를 보고 멀리서 뛰어오는 사람들도 있다. 화재경보기가 울렸고, 이어서 누군가 단말마의 소리로 '불이야'를 외친다.

탈의실에서 시작된 연기가 욕장의 열린 문 안으로 들어왔다.

'불이야'와 함께 손도 안 댄 요리가 욕장 바닥으로 떨어졌고, 냉탕에서 구름다리를 왕래하던 박 형도 물속으로 떨어졌다. 샤워기 앞에 나란히 서 있던 후공 예찬론자들도 비누나 수건을 떨어뜨렸고, 그도 아니면 콧물과 눈물과 소변과 정액을 바닥에 떨어뜨렸다.

최 사장은 정 의원 뒤로 가서 허리를 붙들었다. 그물에 걸린 참치가 몸부림치며 종족 보존을 위해 마지막으로 죽음의 사정을 하듯, 최 사장은 정 의원의 엉덩이에 정액을 거칠게 쏟아냈다. 놀란 정 의원은 긴 팔을 휘둘렀고, 그 팔에 맞아 허 교수는 바닥으로 자빠졌다. 발기된 최 사장의 거대한 성기를 본 김 선생의 얼굴에 발그레 홍조가 들었고, 자기도 모르게 오줌을 지리고 있다.

허 교수는 기다시피 욕장을 나왔다. 탈의실은 누런 연기로 가득했다. 이어서 김 선생이 바가지 두 개로 사타구니와 엉덩이를 가린 채 나왔다. 그 와중에도 허 교수는 옷을 입기 위해 자신의 옷장을 찾으려 했다. 이를 본 김 선생은 허 교수의 팔을 잡아당기며 자신이 들고 있던 바가지를 친절하게 하나 넘겨주며 함께 계단을 뛰어내려갔다.

원시탕 앞으로 막 소방차가 들어오고 있었고 구급차와 경찰차가 그 뒤를 따랐다. 소방대원들은 차가 완전히 정차하기도 전에 뛰어내려 소방호스를 끌어 내렸다. 주위에는 벌거벗은 사람들을 보기 위해 옷을 입은 사람들이 몰려 있었다.

원시탕과 마주한 골목에는 어깨를 구부정하게 움츠리고 입구를 멀거니 쳐다보는 또 하나의 알몸 사내가 서 있다. 원시탕의 주인이자 이발사인 후공이 가위와 수건을 들고 성성이처럼 서 있는 것이다.

목욕탕을 뛰쳐나오는 사람들은 그냥 알몸이거나 바가지로 음부를 가리고 놀란 원숭이처럼 하나같이 꽥꽥 괴성을 지르고 있다. 허 교수나 김 선생도 그러기는 마찬가지다. 그러다가 허 교수는 출입구를 멀거니 바라보던 후공과 정면으로 시선이 마주쳤다. 멍하게 서 있는 후공을 보자 허 교수는 바가지를 던져버리고 아주 오래 전 우리의 조상이었을 어느 성성이의 모습으로 뒤뚱뒤뚱 뛰어갔다.

3

호모 사피엔스는 호기심이 많고 장난기가 심한 것도 모자라, 겸손을 가장한 채 거들먹거리며 유지 노릇을 즐기는 별종이다.

—『동안』 2017년 여름호

참고문헌

가톨릭대학교 교양교육원, 『분석과 창의적 문제 해결』, 가톨릭대학교 출판부, 2005.

강정찬, 「창의적 문제 해결(Creative Problem Solving)을 적용한 수업설계 및 실행에 대한 사례연구」, 『교육혁신연구』 28권 2호, 2018.

교원임용박사, 「창의적 사고 기법 활용」, 『교원임용고시 아카데미』, 다음 카페〈https://cafe.daum.net/study-plan/T645/30?q=%EC%B0%BD%EC%9D%98%EC%A0%81%20%EC%82%AC%EA%B3%A0%EA%B8%B0%EB%B2%95〉, 검색일 : 2022. 1. 5.

국립국어원, 〈한국어 어문 규범〉(https://kornorms.korean.go.kr/main/main.do)

김규항, 『B급 좌파: 세 번째 이야기』, 리더스하우스, 2010.

김돈 외, 『대학 글쓰기와 의사소통』, 아카넷, 2011.

김동훈, 「프레젠테이션 1, 2」, 강의자료.

김상태, 『먼 꿈 가까운 꿈』, 문학사상사, 1997.

김양호, 『그 말이 정답—재미있고 감동적인 예화스피치 365』, 비전코리아, 2011.

김영채, 『창의력 수업을 위한 코칭 가이드』, 교육과학사, 2009.

김재성, 『퍼펙트 프리젠테이션』, 에이콘, 2012.

김현정, 「교양교육으로서의 글쓰기 교과의 본질과 방향」, 『교양교육연구』 6권 2호, 한국교양교육학회, 2012.

남기택 외, 『대학생을 위한 글쓰기와 포트폴리오』, 삼경문화사, 2013.

「대학 교양기초교육의 표준 모델」, 『교양교육표준안』, 한국교양기초교육원(http://www.konige.kr).

숙명여자대학교 교양교육원 의사소통센터, 『발표와 토론』, 경문사, 2011.

심영덕, 「대학생을 위한 올바른 글쓰기 전략」, 『한민족어문학』 51집, 한민족어문학회, 2007. 12.

윤정일, 「창의적 인재양성을 위한 전략과 교육과제」, 『창의적 인재 양성과 효율적 교육체제의 구축』 토론회 자료집 연구자료 RM 2006-52, 2006.

임칠성 외, 『말꽝에서 말짱되기』, 태학사, 2004.

임태섭, 『스피치 커뮤니케이션』, 커뮤니케이션북스, 2005.

장영희, 「걔 바보지요?」, 『샘터』 2000년 7월호.

정호성·이운영 편, 『한글맞춤법 표준어 규정 해설』, 국립국어원, 2018.

차동엽, 『잊혀진 질문』, 명진출판, 2012.

채대일, 「발표와 프레젠티션」, 강의자료.

최도식·국원호, 「윤리적 경험으로서의 자서전적 글쓰기 교육」, 『시학과 언어학』 31호, 시학과언어학회, 2015. 11.

최태경·정창엽 편, 『바른 국어 생활』, 국립국어원, 2014.

한국학중앙연구원, 〈디지털삼척문화대전〉(http://samcheok.grandculture.net/samcheok).

허재영, 「대학 글쓰기 교과의 운영 방식과 교재 개발 실태」, 『한말연구』 25권, 한말연구학회, 2009.

홍단비, 「창의적 사고와 글쓰기」, 강의자료.

다케시마 시나치로, 교학닷컴 편역, 『상대를 제압하는 공격적 프레젠테이션 비책』, 교학사, 2003.

로만 브라운, 염정용 역, 『말의 힘』, 이지앤, 2003.

스티븐 핑커,『언어본능: 정신은 어떻게 언어를 만드는가』, 동녘 사이언스, 2008.
움베르토 에코, 김광현 역,『해석의 한계』, 열린책들, 1995.
유발 하라리, 조현욱 역,『사피엔스』, 김영사, 2015.
이케가미 아키라, 이윤영 역,『90초 스피치』, 흐름출판, 2011.
제이슨 델 간디오, 김상우 역,『다른 세상은 가능하다』, 도서출판 동녘, 2011.
팀 허슨, 강유리 역,『탁월한 생각은 어떻게 만들어지는가』, 현대지성, 2020.
플라톤, 조대호 역,『파이드로스』, 문예출판사, 2008.
Jo Sprague 외, 이창덕 외역,『발표와 연설의 핵심 기법』, 박이정, 2008.

지은이 소개

▸ **남기택**

- 강원대학교 자유전공학부 교수, 문학평론가

▸ **최도식**

- 강원대학교 자유전공학부 교수

▸ **국원호**

- 강원대학교 교양교육센터 강사

▸ **박상익**

- 강원대학교 교양교육센터 강사

대학생을 위한
창의적 글쓰기와 토론

▌2022년 3월 1일 초판 1쇄 발행
▌2025년 8월 25일 초판 5쇄 발행

지은이와의 합의로 인지 첨부를 생략함

▌지은이 남기택·최도식·국원호·박상익
▌발행인 박 종 성
▌발행처 삼경문화사
▌우 07202 / 서울특별시 영등포구 양평로 30길 14 세종앤까뮤스퀘어 1108호
▌전화 02-732-1244 / 팩스 02_332_6185
▌등록 1998.07.06. 제2022-000099호

▌ISBN 978-89-88408-45-2 93800 값 23,000원